디지털 포용사회와 비대면 교육

디지털 포용사회와 비대면 교육

국정과제협의회 정책기획시리즈 **15**

김미량
권헌영
전정화
김법연

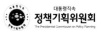

대통령직속
정책기획위원회
The Presidential Commission on Policy Planning

차 례

표 차례

그림 차례

국정과제협의회 정책기획시리즈
발간에 붙여

대통령직속 정책기획위원회
위원장 조대엽

1. 문재인 정부 4년, 정책기획위원회 4년을 돌아보며

문재인 정부가 출범한 지 4년을 훌쩍 넘어섰습니다. 돌이켜보면 전국의 거리를 밝힌 거대한 촛불의 물결과 전임 대통령의 탄핵, 새 정부 출범에 이르는 과정은 '촛불혁명'이라고 할 만했습니다. 2016년 촛불혁명은 법과 제도의 틀에서 전개된 특별한 혁명이었습니다. 1,700만 명의 군중이 모여 촛불의 바다를 이루었지만 법의 선을 넘지 않았습니다. 전임 대통령의 탄핵과 새 대통령의 선출이 법과 정치적 절차의 훼손 없이 제도적으로 진행되었습니다. '제도혁명'이라고도 부를 수 있는 참으로 특별한 정치 과정이 아닐 수 없습니다. 세계적으로 대의 민주주의의 위기와 한계가 뚜렷한 가운데 2017년 문재인 정부의 출범 과정은 현대 민주주의의 범위와 내용을 제도적으로 확장한 정치사적 성과라고도 할 수 있습니다.

현대 민주주의의 괄목할 만한 진화를 이끌고 제도혁명으로 집권한 문재인 정부가 5년차를 맞았습니다. 선거 후 바로 대통령 취임과 함께 국정기획자문위원회가 출발해 100대 국정과제를 선별하면서 문재인 정부의 정치 일정이 시작되었습니다. 집권 5년차를 맞으며 인수위도 없이 출발한 집권 초기의 긴박한 과정을 떠올리면 문재인 정부는 임기 마지막까지 국정의 긴장을 늦출 수 없는 운명을 지녔습니다. 어쩌면 문재인 정부는 '제도혁명정부'라는 특별한 성격을 갖는다는 점에서 거의 모든 정부가 예외 없이 겪었던 임기 후반의 '레임덕'이라는 표현은 정치적 사치일 수 있습니다. 문재인 정부의 남은 시간 동안 지난 4년의 국정 성과에 이어 마지막까지 성과를 만들어냄으로써 국정의 긴장과 동력을 잃지 않는 일이 무엇보다 중요한 시점입니다. 그것이 문재인 정부의 역사적 소명이기도 합니다.

정책기획위원회는 지난 4년간 대통령 직속기구로서 폭넓은 국정자문 활동을 했습니다. 정책기획위원회의 주된 일은 국정과제 전반을 점검하고 대통령에게 필요한 내용들을 보고하는 일입니다. 지난 4년 정책기획위원회의 역할을 구분하면 정책 콘텐츠 관리와 정책 네트워크 관리, 정책소통 관리라는 세 가지로 요약할 수 있습니다.

먼저, 정책 콘텐츠 관리는 국가 중장기 발전전략 및 정책 방향 수립과 함께 100대 국정과제의 추진과 조정, 국정과제 관련 보고회의 지원, 국정분야별 정책 및 현안과제 연구, 대통령이 요구하는 국가 주요 정책 연구 등을 포괄합니다. 둘째로 정책 네트워크 관리는 청와대, 총리실, 정부부처, 정부출연 연구기관, 정당 등과의 협업 및 교류가 중요하며, 학계, 전문가 집단, 시민단체 등과의 네트워크 확장을 포함합니다. 특히 정책기획위원회는 대통령 소속 위원회를 통괄하는 기능을 갖기도 합니다.

대통령 소속의 9개 주요 위원회로 구성된 '국정과제협의회'의 의장

위원회로서 대통령 위원회의 소통과 협업의 구심 역할을 했습니다. 셋째로 정책소통 관리는 정부부처 간의 소통과 협력을 매개하는 역할이나 정책 쟁점이나 정책 성과에 대해 국민들이 공감할 수 있도록 정책 담론을 생산하고 확산하는 일을 포괄합니다. 연구용역이나 주요 정책 TF 운용의 결과를 다양한 형태의 간담회, 학술회의, 토론회, 언론 기고, 자체 온라인 방송 채널을 통해 공유하기도 했습니다.

정책기획위원회의 1기는 정부 출범 시 '국정기획자문위원회'가 만든 100대 국정과제의 관리와 '미래비전 2045'를 만드는 데 중점이 두어졌습니다. 말하자면 정책 콘텐츠 관리에 중점을 둔 셈입니다. 정책기획위원회의 2기는 위기적 정책 환경에 대응하는 정책 콘텐츠 생산과 집권 후반부의 성과관리라는 측면에서 과제가 큰 폭으로 늘었습니다. 주지하듯 문재인 정부의 후반부는 세계사적이고 문명사적인 아주 특별한 시대적 위기를 맞고 있습니다. 코로나19 팬데믹이라는 문명사적 위기는 정책기획위원회 2기의 정책 환경을 완전히 바꾸었습니다. 정책기획위원회는 코로나19 발생 이후 포스트 코로나시대에 새롭게 부가되는 국정과제를 100대 과제와 조정 보완하는 작업, 감염병 대응과 보건의료체제 혁신을 위한 종합 대책의 마련, 코로나19 이후 거대 전환의 사회변동에 대한 전망, 한국판 뉴딜의 보완과 국정자문단의 운영 등을 새로운 과제로 진행했습니다.

정책기획위원회의 2기는 코로나19 팬데믹으로 인한 방역위기와 경제위기를 뚫고 나아가는 국가 혁신전략들을 지원하는 일과 함께, 무엇보다도 문재인 정부의 국정성과를 정리하고 〈국정백서〉를 집필하는 일이 남아 있습니다. 우리 위원회는 성과관리를 단순히 정부의 치적을 정리하는 수준이 아니라 국정성과를 국민의 성과로 간주하고 국민과 공유해야 한다는 차원에서 정책 소통의 한 축으로 간주하고 있습니다.

　우리 위원회는 문재인 정부가 촛불혁명의 정부로서 그리고 제도혁명의 정부로서 지향했던 비전의 진화 경로를 종합적 조감도로 그렸고 이 비전 진화의 경로를 따라 축적된 지난 4년의 성과를 포괄적으로 정리하기도 했습니다. 다양한 정책성과 관련 담론들을 세부적으로 만드는 과정이 이어지는 가운데, 우리 위원회는 그간의 위원회 활동 결과로 생산된 다양한 정책담론들을 단행본으로 만들어 대중적으로 공유하면 좋겠다는 데에 뜻을 모았습니다. 이러한 취지는 정책기획위원회 뿐 아니라 국정과제협의회 소속의 다른 대통령 위원회도 공유함으로써 단행본 발간에 동참하게 되었습니다. '국정과제협의회 정책기획시리즈'가 탄생했고 각 단행본의 주제와 필진 선정, 그리고 출판은 각 위원회가 주관해서 진행하는 것으로 했습니다.

　정책기획위원회가 출간하는 이번 단행본들은 정부의 중점 정책이나 대표 정책을 다루는 것이 아닙니다. 또 단행본의 주제들은 특별한 기준에 따라 선별된 것도 아닙니다. 이번에 출간하는 단행본 시리즈의 내용들은 정부 정책이나 법안에 반영된 것도 있고 그렇지 않은 것도 포함되어 있습니다. 따라서 이 책의 내용들은 정부나 정책기획위원회의 공식 입장이라고 할 수 없습니다. 정책기획위원회에서 지난 4년간 다양한 방식으로 논의된 정책담론들 가운데 비교적 단행본으로 엮어내기에 수월한 것들을 모아 필진들이 수정하는 수고를 더한 것입니다. 문재인 정부의 정책기획위원회에 모인 백여 명의 정책기획위원들이 다양한 분야에서 국가의 미래를 고민했던 흔적을 담아보자는 취지라 할 수 있습니다.

2. 문재인 정부 4년의 국정비전과 국정성과에 대하여

문재인 정부는 촛불시민의 염원을 담아 '나라다운 나라, 새로운 대한민국'을 약속하며 출발했습니다. 지난 4년은 우리 정부가 국민과 약속한 나라를 만들기 위해 진지하고도 일관된 노력을 기울인 시간이었습니다. 지난 4년, 국민의 눈높이에 미흡하고 부족한 부분이 있었습니다. 그러나 예상하지 못한 거대한 위기가 거듭되는 가운데서도 정부는 국민과 함께 다양한 국정성과를 만들었습니다.

어떤 정부든 공과 과가 있기 마련입니다. 한 정부의 공은 공대로 평가되어야 하고 과는 과대로 평가되어야 합니다. 아무리 미흡한 부분이 있더라도 한 정부의 국정성과는 국민이 함께 만든 것이기 때문에 국민적으로 공유되어야 하고, 국민적 자부심으로 축적되어야 합니다. 국정의 성과가 국민적 자부심과 자신감으로 축적되어야 새로운 미래가 있습니다.

정부가 국정 성과에 대해 오만하거나 공치사를 하는 것은 경계해야 할 일이지만 적어도 우리가 한 일에 대한 자신감과 자부심 없이는 대한민국의 미래 또한 밝을 수 없습니다. 정책기획위원회는 이 같은 취지로 2021년 4월 『문재인 정부 국정비전의 진화와 국정성과』라는 제목의 보고서를 만들었고, 이 보고서를 바탕으로 5월에는 문재인 정부 4주년을 기념하는 컨퍼런스도 개최했습니다.

문재인 정부는 2017년 출범 후 '국민의 나라, 정의로운 대한민국'을 국가비전으로 제시하고 5대 국정목표, 20대 국정전략, 100대 국정과제를 제시했습니다. '국민의 나라, 정의로운 대한민국'이라는 국정의 총괄 비전은 "대한민국의 모든 권력은 국민으로부터 나온다"라고 하는 헌법 제1조의 정신입니다. 여기에 '공정'과 '정의'에 대한 문재인 대통령의 통치 철학을 담았습니다. 정의로운 질서는 사회적 기회의 윤리인 '공정', 사회적 결과의 윤리인 '책임', 사회적 통합의 윤리인 '협력'이라는 실천윤리가 어울려 완성됩니다. 문재인 정부 4년은 공정국가, 책임국가, 협력국가를 향한 일관된 여정이었습니다. 그리고 문재인 정부의 국정성과는 공정국가, 책임국가, 협력국가를 향한 일관된 정책의 효과였습니다.

돌이켜보면 문재인 정부 4년은 중첩된 위기의 시간이었습니다. 집권 초기 북핵위기에 이은 한일통상위기, 그리고 코로나19 팬데믹 위기라는 예측하지 못한 3대 위기에 문재인 정부는 놀라운 위기 대응 능력을 보였습니다. 2017년 북핵위기는 평창올림픽과 다자외교, 국방력 강화를 통한 한반도 평화 프로세스로 위기 극복의 성과를 만들었습니다. 2019년의 한일통상위기는 우리 정부와 기업이 소부장산업 글로벌 공급망을 재편하고 소부장산업 특별법 제정 등 모든 수단을 동원해 제조업의 경쟁력을 강화함으로써 위기를 극복했습니다. 일본과의 무역마찰을 극복하는 이 과정에서 '아무도 흔들 수 없는 나라'를 만들겠다는 대통령의 약속이 있었고 마침내 우리는 일본과 경쟁할 만하다는 국민적 자신감을 갖게 되었습니다.

이제는 핵심 산업에서 한국 경제가 일본을 추월하게 되었지만 우리 국민이 갖게 된 일본에 대한 자신감이야말로 무엇보다 큰 국민적 성과가 아닐 수 없습니다.

2020년 이후의 코로나19 위기는 지구적 생명권의 위기이자 인류 삶의 근본을 뒤흔드는 문명사적 위기라 할 수 있습니다. 우리는 개방, 투명, 민주방역, 과학적이고 창의적 방역으로 전면적 봉쇄 없이 팬데믹을 억제한 유일한 나라가 되었습니다. K-방역의 성공은 K-경제의 성과로도 확인됩니다. K-경제의 주요 지표들은 우리 경제가 코로나19 이전으로 회복되었을 뿐 아니라 성공적 방역으로 우리 경제가 새롭게 도약하고 있다는 사실을 보여주고 있습니다.

문재인 정부 4년 간 겪었던 3대 거대 위기는 인류의 문명사에 대한 재러드 다이아몬드식 설명에 비유하면 '총·균·쇠'의 위기라 할 수 있습니다. 인류문명을 관통하는 총·균·쇠의 역사는 제국주의로 극대화된 정복과 침략의 문명사였습니다. 그러나 문재인 정부가 지난 4년 총·균·쇠에 대응한 방식은 평화와 협력, 상생의 패러다임으로 인류의 신문명을 선도하는 것이었습니다. 세계가 이 같은 총·균·쇠의 새로운 패러다임에 주목하고 있습니다. 문재인 정부가 총·균·쇠의 역사를 다시 쓰고 인류문명을 새롭게 이끌고 있다고 감히 말할 수 있습니다.

문재인 정부는 지난 4년, 3대 위기를 극복함으로써 '위기에 강한 정부'의 성과를 얻었습니다. 또 한국판 뉴딜과 탄소중립 선언, 4차 산업혁명과 혁신성장, 문화강국과 자치분권의 확장을 주도해 '미래를 여는 정부'의 성과를 만들었습니다. 돌봄과 무상교육, 건강공공성, 노동복지 등에서 '복지를 확장한 정부'의 성과도 주목할 만합니다. 국정원과 검찰·경찰 개혁, 공수처 출범 및 시장권력의 개혁과 같은 '권력을 개혁한 정부'의 성과에도 주목해야 합니다. 나아가 문재인 정부는 한반도 평화유지와 국방력 강화를 통해 '평화시대를 연 정부'의 성과도 거두고 있습니다.

위기대응, 미래대응, 복지확장, 권력개혁, 한반도 평화유지의 성과를 통해 강한 국가, 든든한 나라로 거듭나는 정부라는 점에 주목하면 우리는 '문재인 정부 국정성과로 보는 5대 강국론'을 강조할 수 있습니다. 이 같은 '5대 강국론'을 포함해 주요 입법성과를 중심으로 '대한민국을 바꾼 문재인 정부 100대 입법성과'를 담론화하고, 또 문재인 정부 들어 눈에 띄게 달라진 주요 국제지표를 중심으로 '세계가 주목하는 문재인 정부 20대 국제지표'도 담론화하고 있습니다.

2021년 4월 26일 국정성과를 보고하는 비공개 회의에서 문재인 대통령은 "모든 위기 극복의 성과에 국민과 기업의 참여와 협력이 있었다"는 말씀을 몇 차례 반복했습니다. 지난 4년, 국정의 성과는 오로지 국민이 만든 국민의 성과입니다. 그래서 문재인 정부 4년의 성과는 오롯이 우리 국민의 자부심의 역사이자 자신감의 역사입니다. 문재인 정부 4년의 성과는 국민과 함께 한 일관되고 연속적인 국정비전의 진화를 통해 축적되었습니다. '국민의 나라, 정의로운 대한민국'이라는 국가비전이 구체화되고 세분화되어 진화하는 과정에서 '소득주도성장·혁신성장·공정경제'의 비전이 제시되었고, 이러한 경제운용 방향은 '혁신적 포용국가'라는 국정비전으로 포괄되었습니다.

3대 위기과정을 극복하는 과정에서 문재인 정부는 '아무도 흔들 수 없는 나라', '위기에 강한 나라'라는 비전을 진화시켰고, 코로나19 팬데믹 위기에서 '포용적 회복과 도약'의 비전이 모든 국정 방향을 포괄하는 비전으로 강조되었습니다. 코로나 팬데믹으로 인한 방역위기와 경제위기를 극복하는 과정에서 대한민국은 새로운 세계표준이 되었습니다. 또 최근 탄소중립시대와 디지털 경제로의 대전환을 준비하는 한국판 뉴딜의 국가혁신 전략은 '세계선도 국가'의 비전으로 포괄되었습니다.

이 모든 국정비전의 진화와 성과에는 국민과 기업의 기대와 참여가 있었습니다. 그러나 우리는 문재인 정부의 임기가 그리 많이 남지 않은 시점에서 국민의 기대와 애초의 약속에 미치지 못한 많은 부분들은 남겨놓고 있습니다. 혁신적이고 종합적인 새로운 그림이 필요한 부분도 있고 강력한 실천과 합의가 필요한 부분도 있습니다. 무엇보다도 민주주의에 대한 새로운 기획이 필요합니다. 문재인 정부는 촛불혁명이라는 제도혁명을 통해 민주주의를 진화시킨 정치사적 성과를 얻었으나 정작 민주주의에 대한 새로운 전망을 제시하는 데는 미치지 못했습니다. 문재인 정부는 헌법 제1조의 민주주의를 실현하고자 했으나 문재인 정부 이후의 민주주의는 국민의 행복추구와 관련된 헌법 제10조의 민주주의로 진화해야 할지 모릅니다. 민주정부 4기로 이어지는 새로운 민주주의의 디자인이 필요합니다.

둘째는 공정과 평등을 구성하는 새로운 정책비전의 제시와 합의가 요구됩니다. 오늘날 대부분의 국가는 정의로운 공동체를 추구합니다. 정의로운 질서는 불평등과 불공정, 부패를 넘어 실현됩니다. 이 같은 질서에는 공정과 책임, 협력의 실천윤리가 요구되지만 우리 시대에 들어 이러한 실천윤리에 접근하는 방식은 세대와 집단별로 큰 차이를 보입니다.

신자유주의 시대에 성장한 청년세대는 능력주의와 시장경쟁력을 공정의 근본으로 인식하는 반면 기성세대는 달리 인식합니다. 공정과 평등에 대한 '공화적 합의'가 필요합니다. 소득과 자산의 분배, 성장과 복지의 운용, 일자리와 노동을 둘러싼 공정과 평등의 가치에 합의함으로써 '공화적 협력'에 관한 새로운 그림이 제시되어야 합니다.

셋째는 지역을 살리는 그랜드 비전이 새롭게 제시되어야 합니다. 공공기관 이전을 통한 중앙정부 주도의 혁신도시 정책을 넘어 지역 주도의 메가시티 디자인과 한국판 뉴딜의 지역균형 뉴딜, 혁신도시 시즌

2 정책이 보다 큰 그림으로 결합되어 지역을 살리는 새로운 그랜드 비전으로 제시될 필요가 있습니다.

넷째는 고등교육 혁신정책과 새로운 산업 전환에 요구되는 인력양성 프로그램이 결합된 교육혁신의 그랜드 플랜이 만들어져야 합니다.

다섯째는 커뮤니티 케어에 관한 혁신적이고 복합적인 정책 디자인이 준비되어야 합니다. 지역 기반의 교육시스템과 지역거점 공공병원, 여기에 결합된 지역 돌봄 시스템이 복합적이고 혁신적으로 기획되어야 합니다.

이 같은 과제들은 더 큰 합의와 더 많은 시간이 필요합니다. 그러나 이러한 쟁점들이 다음 정부의 과제나 미래과제로 막연히 미루어져서는 안 됩니다. 문재인 정부의 국정성과들이 국민의 기대와 참여로 가능했듯이 이러한 과제들은 기존의 국정성과에 이어 문재인 정부의 마지막까지 국민과 함께 제안하고 추진함으로써 정책동력을 놓치지 않는 것이 중요합니다.

코로나19 변이종이 기승을 부리면서 여전히 코로나19 팬데믹의 엄중한 위기가 진행되는 가운데 국민의 생명과 삶을 지켜야 하는 절체절명한 시간이 흐르고 있습니다. 문명 전환기의 미래를 빈틈없이 준비해야하는 절대시간이기도 합니다. 여기에 대응하는 문재인 정부의 남은 시간이 그리 길지 않습니다. 그러나 인수위도 없이 서둘러 출발한 정부라는 점과 코로나 상황의 엄중함을 생각하면 문재인 정부에게 남은 책임의 시간은 길고 짧음을 잴 여유가 없습니다.

이 절대시간 동안 코로나19보다 위태롭고 무서운 것은 가짜뉴스나 프레임 정치가 만드는 국론의 분열입니다. 세계가 주목하는 정부의 성과를 애써 외면하고 근거 없는 프레임을 공공연히 덧씌우는 일은 우리 공동체를 국민의 실패, 대한민국의 무능이라는 벼랑으로 몰아가는 것과 다르지 않습니다. 국민이 선택한 정부는 진보정부든 보수정부든 성공해야 합니다. 책임 있는 정부가 작동되는 데는 책임 있는 '정치'가 동반되어야 합니다.

정책기획위원회를 포함한 국정과제위원회들은 문재인 정부의 남은 기간 동안 국정성과를 국민과 공유하는 적극적 정책소통관리에 더 많은 의미를 두어야 합니다. 문재인 정부의 성과를 정확하게, 사실에 근거해서 평가하고 공유하는 데 더 많은 시간을 써야 합니다. 다른 무엇보다도 객관적이고 종합적인 국정성과에 기반을 둔 세 가지 국민소통 전략이 강조됩니다.

첫째는 정책 환경과 정책 대상의 상태를 살피고 문제를 찾아내는 '진단적 소통'입니다. 둘째는 국정성과에 대한 이해를 통해 민심과 정부 정책의 간극이나 긴장을 줄이고 조율하는 '설득적 소통'이 중요합니다. 셋째는 국민들이 삶의 현장에서 정책의 성과를 체감할 수 있게 하는 '체감적 소통'을 강조할 수 있습니다. 위기대응정부론, 미래대응정부론, 복지확장정부론, 권력개혁정부론, 평화유지정부론의 '5대 강국론'을 비롯한 다양한 국정성과 담론들이 이 같은 국민소통 전략으로 공유될 수 있기를 바랍니다.

정책기획위원회의 눈으로 지난 4년을 돌이켜보면 문재인 정부의 시간은 '일하는 정부'의 시간, '일하는 대통령'의 시간이었습니다. 촛불혁명으로 집권한 제도혁명정부로서는 누적된 적폐의 청산과 산적한 과제의 해결이 국민의 명령이었기 때문에 옆도 뒤도 보지 않고 오로지 이 명령을 충실히 따라야 했습니다. 그 결과가 '일하는 정부', '일하는 대통령'의 시간으로 남게 된 셈입니다.

정부 광화문청사에 있는 정책기획위원회 위원장실에는 한 쌍의 액자가 걸려 있습니다. 위원장 취임과 함께 우리 서예계의 대가 시중(時中) 변영문(邊英文) 선생님께 부탁해 받은 것으로 "先天下之憂而憂, 後天下之樂而樂"(선천하지우이우, 후천하지락이락)이라는 글씨입니다. 북송의 명문장가였던 범중엄(范仲淹)이 쓴 '악양루기'(岳陽樓記)의 마지막 구절입니다. "천하의 근심은 백성들이 걱정하기 전에 먼저 걱정하고, 천하의 즐거움은 모든 백성들이 다 즐긴 후에 맨 마지막에 즐긴다"는 의미로 풀어볼 수 있습니다. 국민들보다 먼저 걱정하고 국민들보다 나중에 즐긴다는 말로 해석됩니다. 일하는 정부, 일하는 대통령의 시간과 닿아 있는 글귀입니다.

문재인 정부의 남은 시간이 길지 않지만, 일하는 정부의 시간으로 보면 짧지만도 않습니다. 결코 짧지 않은 문재인 정부의 시간을 마지막까지 일하는 시간으로 채우는 것이 제도혁명정부의 운명입니다. 촛불시민의 한 마음, 문재인 정부 출범 시의 절실했던 기억, 국민의 위대한 힘을 떠올리며 우리 모두 초심으로 돌아가야 합니다.

앞선 두 번의 정부가 국민적 상처를 남겼습니다. 진보와 보수를 떠나 국민이 선택한 정부가 세 번째 회한을 남기는 어리석은 역사를 거듭해서는 안 됩니다. 문재인 정부의 성공이 우리 당대, 우리 국민 모두의 시대적 과제입니다.

3. 한없는 고마움을 전하며

아무리 작은 일이라도 일이 마무리되고 결과를 얻는 데는 드러나지 않는 많은 분들의 기여와 관심이 있기 마련입니다. 정책기획위원회는 앞에서 밝힌 바와 같이 정책 콘텐츠 관리와 정책 네트워크 관리, 정책 소통 관리에 포괄되는 광범한 활동을 수행하고 있습니다. 사실 이 책과 같은 단행본 출간사업은 정책기획위원회의 관례적 활동과는 별개로 진행되는 여벌의 사업이라 할 수 있습니다. 이러한 부가적 사업이 가능한 것은 6개 분과 약 백여 명의 정책기획위원들이 위원회의 정규 사업들을 충실히 해낸 효과라 할 수 있습니다. 무엇보다도 정책기획위원회라는 큰 배를 위원장과 함께 운항해주신 두 분의 단장과 여섯 분의 분과위원장께 감사의 말씀을 드려야 합니다. 미래정책연구단장을 맡아 위원회에 따뜻한 애정을 쏟아주신 박태균 교수, 국정과제지원단장을 맡아 헌신적으로 일해주신 윤태범 교수께 각별한 마음을 전합니다. 김선혁 교수, 양종곤 교수, 문진영 교수, 소순창 교수, 추장민 박사, 구갑우 교수께서는 6개 분과를 늘 든든하게 이끌어 주셨습니다. 한없는 고마움을 전합니다.

단행본 사업에 흔쾌히 함께 해주신 정책기획위원뿐 아니라 비록 단행본 집필에는 참여하지 않았지만 지난 4년 정책기획위원회에서 문재인 정부의 다양한 정책담론을 다루어주신 1기와 2기 정책기획위원 모든 분께 이 자리를 빌려 그간 가슴 한 곳에 묻어두었던 고마운 마음을 전합니다.

위원들의 활동을 결실로 만들고 그 결실을 빛나게 만든 것은 정부 부처의 파견 공무원과 공공기관의 파견 위원, 그리고 전문위원으로 구성된 위원회 직원들의 공이었습니다. 국정담론을 주제로 한 단행본들이 결실을 본 것 또한 직원들의 헌신 덕분입니다. 행정적 지원을 진두지휘한 김주이 기획운영국장, 정현용 국정과제국장, 백운광 국정연구

국장, 김찬규 전략홍보실장께 각별한 감사를 드리며, 본래의 소속으로 복귀한 직원들을 포함해 정책기획위원회에서 함께 일한 직원들 한 분 한 분께도 감사의 마음을 전합니다.

한국판 뉴딜을 정책소통의 차원에서 국민적으로 공유하기 위해 정책기획위원회는 '한국판 뉴딜 국정자문단'을 만들었고, 지역자문단도 순차적으로 구성한 바 있습니다. 한국판 뉴딜 국정자문단의 자문위원으로 함께 해주신 모든 분들께도 이 자리를 빌려 감사드립니다.

비대면 시대의 교육 분야
디지털 대응 전략

비대면 시대의 교육 분야 디지털 대응 전략

정보통신기술의 발달과 디지털 혁신의 가속화로 우리의 생활 전반은 폭발적으로 변화하고 있다. 제4차 산업혁명이라는 용어와 함께 빅데이터와 인공지능, 블록체인 등의 개념이 화두로 급부상하였다. 하이앤드 스마트폰은 시간과 장소의 구애없이 정보로의 접근을 용이하도록 하였고, 사물과 인터넷의 결합기술(IoT)은 더욱 편리한 생활을 영위할 수 있게 해주었다. 일부 기업에서 인공지능 면접관이 채용을 실시하기도 하며,[1] 자율주행 기술이 탑재된 자동차가 등장하였다.

하루가 다르게 발전하는 기술을 따라잡기도 힘든 상황에서 등장한 코로나19는 사회·경제의 패러다임을 완전히 변화시켰다. 특히 감염 위험을 늦추기 위하여 밀집, 밀접, 밀폐를 피해야 한다는 것이 상식이 되면서 삶과 밀접히 맞닿아 있는 대부분의 요소들이 비대면화되고 있다. 재택근무, 온라인 수업, 키오스크 주문 등은 이제 익숙한 일상이 되었으며, 사람이 모이지 않는 공간에서의 소비는 촉진되고 있다. 사실

---

1 최현주, 인공지능(AI) 면접 치러보니… "표정·목소리·뇌파까지 분석" 중앙일보, 2018. 3. 11. 기사 참조, 〈https://news.joins.com/article/22430484〉

온라인을 통한 서비스의 이용은 이미 우리 생활에 스며들고 있었으나 코로나19로 인해 더욱 촉진되고 있다. 정보통신 기술의 발달과 비대면 서비스의 발달에 따라 새로운 비즈니스 모델의 개발이 촉진되고 있으며, 이러한 생활방식의 변화는 디지털 사회로의 전환을 더욱 가속화시키고 있다.[2]

〈표 1〉 비대면 서비스 정의 및 주요 예시

구 분	정의 및 서비스 예시
연결 (Connect)	물리적 시·공간을 초월한 초연결 비대면 서비스 제공을 위한 유무선 통신전송 기술을 의미한다. 초당 테라급 영상을 실시간 처리할 수 있는 이머시브 미디어 고속 생성기술, 5G 프론트홀용 25Gbps급 광소자 생산기술 등이 이에 해당한다.
실감 (Experience)	사람 간에 오감 공유 및 원거리 사물 간 상호작용을 위한 초실감 콘텐츠 기술 및 스마트 디바이스를 의미한다. 초실감 인터랙션 콘텐츠 기술, 웨어러블 디바이스 데이터 패키징(파일, 스트림 포맷 등) 기술 등이 이에 해당한다.
지능 (Intelligence)	사용자의 다양한 욕구와 취향에 대한 빅데이터를 분석하고 AI를 기반으로 한 예측 및 제안 기술을 의미한다. 의료 및 소비, 문화/엔터테인먼트를 위한 복합지능 및 빅데이터 처리·유통 기술 개발 등이 이에 해당한다.
지식 (Knowledge)	공공 데이터 경제 촉진 및 공유와 경제 활성화를 위한 지식 참여, 접근, 공유 확산 기술을 의미한다. 화상회의 및 원격교육을 위한 AR/VR 스마트 미디어의 적용, XR 콘텐츠 인터렉션 기술개발 등이 이에 해당한다.
보안 (Secure)	개인 민간정보 및 디지털 저작권(Digital Right), 문서인증 등 비대면 추진에 필요한 데이터, 네트워크, 개인인증 등의 정보보호 기술을 의미한다. 화상회의 접근 인가 및 인증 및 블록체인 기반 도큐먼트 보안 보장 기술개발 등이 이에 해당한다.

---

2 비대면 서비스에 관한 〈표 1〉은 ; 유영수, Post-코로나 시대, '비대면(Untact) 미래서비스' 정의 및 분류에 대한 고찰, 한국 IT서비스학회 2020 춘계학술대회 자료집, 한국IT서비스학회, 2020, p. 600.

구 분	정의 및 서비스 예시
편의성 (Convenience)	사람과 기계의 복합적인 의사결정이나 이의 보조·보완 기술, 생활 불편이나 위험에 대체할 수 있는 디지털 트윈 기술을 의미한다. 원격업무, 의료 정책의 의사결정 지원 및 무인로봇/결제/배달 기술개발 등이 이에 해당한다.

〈표 2〉 비대면 서비스 유형과 세부 사업 현황

분류	비대면 서비스 유형	세부 사업 현황	기업 및 부처 사례
B2C	전자상거래	오픈마켓, 소셜커머스, 배달앱, Video, TV, 홈쇼핑, 가상현실 소비	G마켓, 옥션, 11번가, 인터파크, SSG, 롯데온, GSshop, CJmall, N쇼핑, 카카오쇼핑, 쿠팡, 위메프, 티몬, 배달의민족, 요기오/배달통, 롯데홈쇼핑, 현대H몰, NS홈쇼핑 등
	인터넷 강의	공영/사설 인강, 사이버 강의	EBSi, 강남구청 인터넷 수능방송, 메가스터디, 이투스, 스카이에듀, 대성마이맥 등
	구독 경제	온라인 영상 스트리밍, 정기배송 모델, 렌탈 진화형 모델	넷플릭스, 풀무원, 간편식, 다이어트 식단, 화장품, 세면용품, 커피, 주류, 란제리 등 대부분 제품에 대한 정기 구독 서비스
	재택 근무	스마트 워크, 화상회의	인젠트, NBP, 알서포트, 더존비즈온, 토스랩, 해든브릿지, 더블미 등
	스마트 상점	키오스크, 로봇 서빙, 자동결제, 공유 주방	달콤커피, 티로보틱스, 상화, LG전자, CJ푸드빌, 롯데지알에스, 아마존, 위쿡딜리버리 등
	무인 배송	드론 배달, 로봇 배달, 무인물류	아마존, 페덱스, 배달의민족, 우정사업본부, KT 등
	온라인 채용	온라인 일자리 박람회, 온라인 시험	교육부, 고용노동부, 중소기업벤처부, 산업통상자원부, 환경부, 광주광역시, 한국전력공사 등
	e-컬처	e-스포츠, e-엔터테인먼트, 랜선 무대, 온라인 콘서트	KBO, SM엔터테인먼트, 네이버 등

분 류	비대면 서비스 유형	세부 사업 현황	기업 및 부처 사례
B2C	스마트 금융	비대면 금융 서비스, 챗봇, 오픈뱅킹, 마 이데이터, 핀테크, 가상화폐, 로보어드 바이저, P2P 금융	KB국민은행, 신한은행, 우리은행, IBK 기업은행, 카카오뱅크, 미래에셋대우, 네 이버파이낸셜 등
	비대면 의료	원격 의료, 디지털 헬스케어	강원 디지털헬스케어, 라이프시맨틱스 등
B2B	전자구매, 생산, 판매	e-ERP, e-SCM, e-CRM, 비대면 생산, 제조	삼성, 현대 등 대기업, 비대면 생산 관련 중소기업 간 협력을 위한 온라인 플랫폼 (에이팀벤처스, 고스디자인, 샤플 등)
	전자 무역	e-Trade, 화상회의	이씨플라자, BuyKorea, ec21, 알리바바 닷컴, 아마존 비즈니스
G2B	공공조달	나라장터	조달청
	온라인 해외 수출	온라인 해외 바이어 상담, 수출 지원	중소기업벤처부, 한국무역협회, 중소기 업중앙회 등
	온라인 박람회/ 전시회		금융위원회 온라인 핀테크 박람회, 중국 수출입상품교역전 등
G2C	전자정부	민원 24, 홈택스, 인 터넷 등기소 등	행정안전부, 국세청, 법무부 등
	온라인 교육	스마트 교실	교육부
	온라인 전 시/박물관	-	국립중앙박물관, 서울역사박물관
G2G	원격 회의	-	온나라 영상회의
	정부 간 수출입 계약	-	산업부(대한무역투자진흥공사)
	인터넷 직거래	중고물품, 부동산, 중고차 등	당근마켓, 번개장터, 헬로마켓, 옥션, 중 고나라, 두꺼비세상, 피터팬, 직차, 첫차

코로나 뉴노멀이라는 말이 등장한 것처럼 우리 경제는 방역과 비대면 중심으로 변화하고 있다. 코로나19로 인한 급격한 환경 리스크에 직면하고 생활방역이 일상화된 것으로 전망됨에 따라 '비대면을 통한 초연결 사회'가 새로운 모델로 주목되고 있으며, 우리 정부도 포스트 코로나19 언택트·뉴노멀 시대 대응을 위한 디지털 뉴딜정책의 일환으로 한국판 뉴딜을 제시하기도 하였다.[3]

[그림 1] 한국판 뉴딜의 주요 과제

[한국판 뉴딜 1.0 → 2.0 추진 과제 변화]

	한국판 뉴딜 1.0		한국판 뉴딜 2.0
디지털 뉴딜	①D.N.A. 생태계 강화	→	①D.N.A. 생태계 강화
	②교육 인프라 디지털 전환	↗	②비대면 인프라 고도화(통합)
	③비대면 산업 육성		③메타버스 등 초연결 신산업 육성(신설)
	④SOC 디지털화	→	④SOC 디지털화
그린 뉴딜			①탄소중립 추진기반 구축(신설)
	①도시·공간·생활 인프라 녹색 전환	→	②도시·공간·생활 인프라 녹색 전환
	②저탄소·분산형 에너지 확산	→	③저탄소·분산형 에너지 확산
	③녹색산업 혁신 생태계 구축	→	④녹색산업 혁신 생태계 구축
휴먼 뉴딜 ↑ **(안전망 강화)**	①고용·사회 안전망	⤬	①사람 투자
	②사람 투자		②고용·사회 안전망
			③청년정책(신설)
			④격차해소(신설)

출처 : 대한민국 정책브리핑 정책위키

---

3 우리 정부는 2020년 7월 14일 대통령 주재 한국판 뉴딜 국민보고대회를 개최하여 「한국판 뉴딜 종합계획」을 확정, 발표하였다. 코로나19로 인한 극심한 경기침체 극복 및 구조적 대전환 대응이라는 이중 과제에 직면한 가운데, 선도 국가로 도약하는 대한민국으로의 대전환을 위하여 28대 세부과제를 제시했다. ; 기획재정부, 「한국판 뉴딜 종합계획」 발표–선도국가로 도약하는 대한민국으로의 대전환–, 기획재정부 2020. 7. 14. 보도자료

비대면 산업을 위한 혁신의 가속화와 코로나19 상황의 지속은 여러 문제를 노출하고 있는데 특히 디지털 격차나 양극화, 불평등의 심화 등의 문제가 심각하다. 비대면 서비스 수요 증가에 따른 영향을 분석한 설문조사에 따르면, 비대면 산업을 육성하기 위하여 기술혁신이 필요하긴 하나, 이에 따른 부작용으로 디지털 격차나 양극화 등 불평등이 심화될 수 있다는 응답을 확인할 수 있었다. 특히 저소득층 등 취약계층의 디지털 소외 문제가 심각해지면서 디지털 격차에 대하여 심각하게 우려하고 있다는 응답이 높게 나타나(매우 크다 46.2%, 크다 44.5%), 이에 대한 정책 마련을 고민할 필요가 있다.[4]

디지털 격차를 해소하기 위한 방안으로 세계는 디지털 포용에 주목하고 있다. 포용은 지속가능한 국가발전과 불평등 극복을 위한 시대적 요구로서 디지털 대전환 시대에서는 그 중요성이 더욱 부각되고 있다. 디지털 포용에 대하여 국가별로 정의하는 바는 조금씩 다르나, 공통적으로는 디지털 시대를 살아가는 전 국민이 디지털 역량을 갖추고, 차별없는 디지털 이용 환경 속에서 디지털 기술과 서비스 혜택을 소외와 배제없이 함께 누리는 것을 의미한다.[5]

이에 사회 각 분야 모두가 디지털 기술의 혜택을 누릴 수 있도록 하는 것이 앞으로의 과제라 할 것이며, 이때 각 사회와 산업의 특성에 맞는 포용정책을 구상하는 것이 중요할 것이다.

교육, 의료, 복지, 문화, 일상 등 모든 분야가 중요하지만 우리는 특

---

4 배영임·심혜리, 코로나19, 언택트 사회를 가속화하다, 이슈&진단 No. 416, 경기연구원, 2020. 05. 20.
5 이은수·한유정·주윤경, 디지털 포용 정책 동향과 사례 - 2020년 주목해야 할 디지털 포용 선진 사례 20선 -, Digital Inclusion Report 1호, 한국정보화진흥원, 2020, p. 2.

〈표 3〉 주요 국가 및 기관의 디지털 포용 정의

국가	기관	정의
유럽	유럽연합 (EU)	디지털 포용은 모든 사람이 디지털 경제와 사회에 기여하고 이익을 얻을 수 있도록 하기 위한 노력
	ENTELIS	디지털 포용이란, 디지털 격차 해소 및 디지털 문해력 증진을 위한 정책, 디지털 도전에 대응하기 위해 교육, 서비스 및 기회 제공을 위한 전략
영국	Government of UK	디지털 포용은 인터넷의 기회에 접근하기 위해 자신 있게 온라인에 접속하기 위한 접근성, 기술 및 동기부여를 갖는 것
호주	Australian Digital Inclusion Index	디지털 포용은 삶의 질을 향상시키며 교육을 추진하고, 사회의 모든 요소들에 걸쳐 경제적 복지를 증진시키는 통로로 기술을 이용하는 것으로 사회적 포용을 의미
뉴질 랜드	20/20Trust	디지털 포용은 21세기의 사회적 통합으로, 개인과 소외계층이 ICT에 접근하고 기술의 사용과 활용을 보장하여, 지식과 정보사회의 참여와 혜택을 누릴 수 있는 것
	Digital Inclusion Research Group	디지털 포용은 모든 사람이 디지털 기술을 사용하여 사회에 참여할 수 있는 공평한 기회를 갖는 것

출처: 한국정보화진흥원, Digital Inclusion Report

히 교육 분야에 주목하고자 한다. 디지털 전환 시기와 함께 찾아온 코로나19는 우리 사회에 전과 다른 영향을 끼치고 있는데 교육 분야에는 더욱 큰 영향력을 미치며 문제를 제기하고 있다.

유엔교육과학문화기구(United Nations Educational, Scientific and Cultural Organization: UNESCO)가 발표한 내용에 따르면 2020년 4월 기준 전 세계 193개국에서 약 16억 명의 학생들이 휴교령으로 교육을 받지 못하였다. 미국의 경우 대부분의 주에서 모든 교육과정을 온라인으로 전환하기로 결정하였으며, 한국 역시 교육부 주도 하에 2021년 상반기 초중고 및 대학 전 과정을 온라인 개학으로 진행하였고,[6] 이렇게 온라인 개학 및 등교·원격수업이 병행됨에 따라 등교일수가 평년 대비 50%

내외로 감소하였다.[7] 코로나19 장기화로 인한 등교일수의 축소는 학습·정서의 결손을 발생시킬 수 있다는 우려를 불러일으켰는데, 실제로 「2020년 국가수준 학업성취도 평가」에서 학습결손이 발생하고 있음을 확인할 수 있었다. 평가 결과에 따르면, 교과별 성취수준에서 3수준(보통학력) 이상 비율은 전년 대비 중학교는 국어와 영어, 고등학교는 국어에서 감소하였다. 또한 1수준(기초학력 미달)의 경우, 중학교 수학을 제외한 모든 과목에서 전년보다 증가하였다.[8]

이러한 평가 결과는 실제로 등교일수의 축소가 학습과 정서의 결손으로 이어졌다는 것을 의미한다. 비대면 교육이 불가피한 상황에서 공교육이 정상적으로 작동하지 못하자 중위권 학생들이 상·하위권 양쪽으로 이탈하는 현상도 가속화되고 있다. 잘하는 학생들은 더 잘하고 못하는 학생들은 더 못하는 학력 양극화가 뚜렷해진 것이다.[9]

또한 교육 분야의 경우 취약계층에 대한 IT 인프라 부족의 문제, 정보보안과 해킹 문제, 교사의 디지털 역량 미흡의 문제, 학생 참여도와 집중도 저하와 같은 문제도 발생하고 있다. 기술환경의 급격한 변화와 발전이 지속되고, 이에 더해 코로나19 상황이 쉽게 해결되지 않을 것

---

6 류태호, 코로나19 팬데믹 이후 교육의 '뉴노멀'은? 프레시안. 2020. 5. 25. 기사 참조,
   〈https://m.pressian.com/m/pages/articles/2020052509170549331#0DKW〉

7 2020년 기준 평균 등교일수는 초등학교 92.3일, 중학교 88.1일, 고등학교 104.1일로 평년 190일 대비 대부분 50%정도 감소한 것으로 파악되고 있다. ; 교육부, 「교육회복 종합방안」 기본계획, 교육부 2021. 7. 29. 발표자료.

8 교육부, 2020년 국가수준 학업성취도 평가 결과 및 학습지원 강화를 위한 대응 전략 발표, 교육부 2021. 6. 2. 보도자료.

9 홍석재, "코로나19 학습결손, 정말 심각하게 보고 있다"-유은혜 사회부총리 겸 교육부 장관 인터뷰, 한겨레, 2021. 5. 8. 기사 참조, 〈https://www.hani.co.kr/arti/society/society_general/994346.html〉

으로 예상되는 상황과 함께 비대면으로 전환되는 과정에서 모든 학생들에게 소외와 배제없이 질 높은 교육이 이루어질 수 있도록 중장기적인 정책 설계가 필요한 시점이다.

자라나는 어린이와 청소년들의 교육 보장과 함께 디지털 포용 관점에서의 지식 습득, 디지털 환경에서의 교육 서비스 혁신 촉진을 위한 정책 개선 방안을 다각도로 검토할 필요가 있다. 이를 위하여 먼저 코로나19에 따른 교육 환경의 문제와 실제 현장에서의 변화 등을 살펴보고, 교육 환경 변화에 따른 비대면 교육서비스의 현황 역시 살펴본다. 이어 주요 국가별 정책과 온라인 수업 실시 사례 등을 살펴보고, 한국의 정책과 온라인 수업에서의 고려사항과 정책의 개선 방안을 제시한 선행연구 분석을 종합하여 온라인 수업 실시에 따른 이슈를 정리하고 시사점을 도출, 이를 바탕으로 종합적으로 정리하여 비대면 교육서비스 정책의 개선 방안과 추진 과제들을 제언한다.

현재 비대면 상황에서 이루어지는 교육과 관련하여 교육의 정보화, 스마트 교육, 디지털 교육, 원격교육 등 다양한 용어가 혼재되어 사용되고 있다. 각 용어마다 상세한 의미는 조금씩 차이를 보이나 실제 사용은 디지털 기기를 통한 교육 또는 4차 산업혁명 시대를 맞이하여 교육 환경 및 체제를 디지털화(化)하는 교육이라는 맥락으로 사용되고 있다. 이러한 용어에 대한 일관된 정의 확립이 필요하다는 의견도 제시되고 있으나 각 장의 전개에 따라 필요한 용어를 혼재하여 사용하도록 한다.

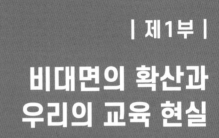

| 제1부 |

비대면의 확산과
우리의 교육 현실

제1장 코로나19 확산 등 교육 현장 변화에 따른 문제점과 이슈

1. 비대면 교육 실시 및 확산에 따른 교육 현장의 변화

가. 코로나19와 온라인 개학

코로나19 발생 이후 감염 확산이 지속되자 전국 유·초·중·고의 개학이 여러 번 연기되었다. 개학이 연기됨에 따라 시급히 필요한 학생의 학습지원, 생활지도, 긴급돌봄 등이 실시되었으며, 통상 개학이 시작되는 3월의 학습결손에 대하여는 디지털 교과서 e-학습터, EBS 동영상 등 자율형 온라인 콘텐츠가 무료로 제공되었다. 또한 대학의 경우에도 집합수업 지양 및 재택수업의 실시를 내용으로 하는 학사운영 권고안을 발표하여, 각 대학의 여건에 맞게 원격수업이나 과제물 활용수업 등이 이루어질 수 있도록 하였다.[10]

코로나19 발생 이후 4차에 걸친 휴업 명령을 통해 신학기 개학을 연기하여 오다가 2020년 4월 9일부터 온라인 개학으로 본격적으로

---

10 교육부, 코로나19 대응을 위한 교육 분야 학사운영 및 지원방안 발표, 교육부 2020. 3. 2. 보도자료

학사일정을 시작하였다. 원격수업을 정규 수업으로 진행하는 것을 기본으로 하는 온라인 개학은 교사와 학생이 동시에 접속해 화상수업을 진행하는 '실시간 쌍방향 수업', 이미 녹화한 강의를 학생들이 듣고 댓글을 달고 교사가 피드백하는 '콘텐츠 활용 중심 수업', 과제를 내주면 학생이 자기주도적으로 학습하는 '과제수행 중심 수업' 등을 학교별 여건에 따라 선택해 진행할 수 있도록 하였다.

매학기 초에 진행되던 교과서 및 학습도구 교부는 발열 확인 및 손소독 후 드라이브스루(drive-through, drive-thru) 방식으로 제공되었고, 차량이 없는 경우 도보를 이용하여 전달하였다. 이 외에도 택배로 지원하거나 담임교사가 가정까지 배달하는 등의 방식을 통해 밀접, 접촉, 대면 등을 피할 수 있는 방법으로 진행되었다. 이 같은 온라인 개학을 맞이하여 학생들은 집에서 노트북 등의 디지털 기기를 이용하여 교육 플랫폼을 활용, 수업을 이수하고 있으며, 교육 외의 생활관리 또한 단체 채팅방이나 영상회의 플랫폼(Zoom) 등을 통해 이루어졌다.[11]

원격수업을 통하여 어려움을 겪을 수 있는 각 대상별 맞춤형 계획도 수립되었다. 교육급여 수급권자를 대상으로는 시도별 스마트 기기 및 인터넷 지원계획을 마련하였고, 가정에 IT 인프라가 갖춰지지 않은 농산어촌 및 도서지역의 학생들은 학교 시설을 활용할 수 있도록 하였다. 직업계고에서는 기간집중 이수제를 활용하여 온라인 개학 시기에는 전공교과 이론수업을, 등교 이후에는 실습수업을 집중 실시하고, 유관기관과 협의하여 전공교과 및 취업과 관련한 콘텐츠를 안내하도

---

11 교육부, 처음으로 초·중·고·특 신학기 온라인 개학 실시, 교육부 2020. 3. 31. 보도 자료

록 하였다. 장애 학생의 경우 원격수업에서 자막, 수어, 점자 등을 제공하여 활용할 수 있도록 하였으며, 장애의 유형과 정도에 따라 순회교육을 지원하고자 하였다. 다문화 학생의 경우 원격수업에서 소외되지 않도록 다국어 안내를 강화하고 한국어 교육을 위한 온라인 콘텐츠를 연계·제공하였으며, 대안학교는 특색에 맞는 원격수업을 진행하되 체험학습은 출석 수업 이후에 이루어질 수 있도록 하였다.[12]

또한 원격수업에 적합한 교육과정과 함께 자유학기 및 창의적 체험활동도 운영될 수 있도록 탄력적으로 교육과정이 진행되었다. 다양한 학습 상황에 맞게 교육과정을 운영할 수 있도록 교과목별 성취기준을 재구조화 하고, 수업이나 평가를 할 수 있는 예시자료가 개발·보급되었다. 자유학년제의 경우 학교별로 등교나 원격수업에 모두 운영할 수 있도록 계획을 수립하여 운영하되 활동 내용 및 운영 시기는 탄력적으로 조정할 수 있도록 하였다.[13]

유례없는 원격수업의 시작은 학생뿐 아니라 교사에게도 여러 어려움을 초래하였다. 이에 교사의 원격교육 역량을 강화하기 위하여 원격교육 우수 사례의 발굴 및 공개, 원격지원 자원봉사단 운영을 통하여 축적한 노하우를 공유하고 원격수업에서 발생할 수 있는 문제 상황을 해결할 수 있도록 지원체계를 마련하였다.[14] 원격수업은 대면 수업

---

12 교육부, 처음으로 초·중·고·특 신학기 온라인 개학 실시, 교육부 2020. 3. 31. 보도자료

13 교육부 전국시도교육감협의회, 2021년 학사 및 교육과정 운영 지원방안, 교육부 전국시도교육감협의회, 2021. 1. 28.

14 교육부, 처음으로 초·중·고·특 신학기 온라인 개학 실시, 교육부 2020. 3. 31. 보도자료

과 달리 출결, 평가, 기록에 관한 사항이 상당 부분 달라질 수밖에 없다. 원격수업에서의 출결은 수업 당일 교과별 차시 단위로 출결 확인을 원칙으로 하되, 공공 학습관리 시스템을 통하여 출결 확인을 할 수 있도록 하였다. 또한 원격수업의 유형별·교과별 출결 확인계획을 수립하여 학생과 학부모에게 사전에 안내하고 접속 불가 등 다양한 상황에 대응하고자 하였다. 등교수업의 경우 지필이나 수행평가를 통한 학습 성취도의 확인이나 교사가 직접 관찰한 학생의 수행과정을 종합적으로 기재하는 방식으로 이루어졌다.

하지만 원격수업이 진행됨에 따라 학교별로 평가계획을 수립하여 평가의 일정이나 평가의 횟수, 반영 비율, 등교 중지 등으로 발생할 수 있는 인정점수의 부여 기준을 마련하도록 하였다. 뿐만 아니라 거리두기 단계에 따른 평가 및 기록기준을 마련·보완하여 학교 현장의 예측 가능성을 제고하고자 하였다. 이 외에도 평가 및 기록 부담을 완화하기 위하여 원격수업에서 학생의 수행 동영상으로 평가가 가능한 교과(군)를 확대, 수업 유형별로 활용할 수 있는 다양한 평가방법이나 평가 도구의 개발, 교사의 활용도 제고를 위한 온라인 형성평가의 제공 등도 지원할 것을 계획하였다.[15]

온라인 개학과 함께 이에 대한 만족도와 개선해야 할 점들이 제시되고 있다. 사례로 서울 H초등학교는 'ZOOM' 플랫폼을 활용하여 시업식부터 실시간 쌍방형으로 진행하였다. 학생들은 "고생한 선생님들을 응원해달라"는 말에 손뼉을 치는가 하면, 애국가를 따라 부르기도

---

15 교육부 전국시도교육감협의회, 2021년 학사 및 교육과정 운영 지원방안, 교육부 전국시도교육감협의회, 2021. 1. 28.

하고 학급 친구들과 대화도 하였다. 수업 역시 실시간 온라인 수업으로 진행되었는데, 미술수업에서는 디지털 프레젠트를 활용하여 교사가 그림을 그리는 모습이 실시간으로 학생들에게 전송되었고, 교사는 이를 보는 학생들의 표정을 플랫폼을 통해 확인할 수 있었다. Y초등학교는 코로나19 예방을 위해 위생교육을 실시간 온라인 수업으로 진행하였는데, 교사가 "기침을 할 때는 어떻게 해야 하는지"라고 묻자 화면 속의 몇몇 학생들이 소매로 입을 가리는 행동을 취했다. 교사가 칭찬하자 학생들은 웃으며 따라 하는 등 즐거운 분위기에서 수업이 진행되었다. 수업을 진행한 교사는 채팅창이 활발하다며, 비록 온라인이지만 학생들 모두 수업에 집중하고 있다는 느낌을 받았다고 말했다.

그러나 긍정적 반응 외에 기술적 문제 등으로 인한 혼란도 발생하였다. S초등학교의 수업에서는 ZOOM을 이용하여 수업을 진행하였지만 수업 도중 동영상 끊김 현상이 발생하였다. 음악시간에는 학생들의 제각각 화면 속도에 따라 노래를 부르게 되어 함께 가사를 맞추어야 할 합창이 돌림노래처럼 진행되기도 하였다.[16]

나. 원격수업과 비대면 학습도구의 활용 보편화

원격수업은 기존의 대면 수업과는 다른 학습도구들을 필요로 한다. 기본적으로 원격수업을 실시할 수 있는 학습매체가 있어야 하며, 비대면 학습이 이루어지는 플랫폼이 필요하다. 또한 각 플랫폼의 특성에

---

16 장지훈 기자 외, 초등 온라인 개학, '실시간 수업'에 웃고 '접속 지연'에 실망(종합), NEW, S1 2020. 4. 16. 기사 참조, 〈https://www.news1.kr/articles/?3909323〉

맞는 교육 콘텐츠가 필요하다.

원격수업에서 가장 핵심이 되는 것은 학습매체인 디지털 기기일 것인데, 기본적 학습매체로는 데스크톱, 노트북, 스마트패드, 스마트폰 등을 생각해볼 수 있다. 실제 학생들을 대상으로 한 설문조사에 따르면 원격수업에서 주로 사용하는 학습 매체가 무엇이냐는 질문에 대해 대부분의 응답자들이 노트북 컴퓨터(82%)라고 하였으며, 스마트폰(7%), 데스크톱 컴퓨터(6%), 태블릿PC(5%)가 그 뒤를 이었다.[17] 이에 대부분의 학생들은 가지고 다니며 편하게 사용할 수 있는 노트북 컴퓨터를 원격 학습도구로 주로 사용하는 것으로 보인다.

사실 상호작용을 중요시하는 학교수업을 디지털 플랫폼을 이용해 진행하는 것에 어려움은 존재하나, 코로나19의 심화로 인하여 플랫폼을 이용할 수밖에 없는 상황에 이르렀다. 원격수업 또는 대면-비대면 복합 수업의 사례를 살펴보면 초등학교 저학년의 경우 온라인 학습 꾸러미 또는 학습 과제 등을 제시하고 이에 대한 문의 사항들을 해결하는 원격수업을 하고 있다.

교사는 원격수업을 시작하기 전 시스템 점검하기, 학생 출석 확인하기, 과제 안내하기 등의 작업을 수행하게 된다. 학생들은 e학습터 또는 EBS 온라인 클래스 등에 접속하여 수업을 받게 된다. 초등학교 고학년 학생들은 상대적으로 다양한 형태의 원격수업으로 학습활동이 진행된다. 어떤 학교에서는 쌍방향 원격수업을 진행하게 되고, 어떤

---

17 이동주·김미숙, 코로나19 상황에서의 대학 온라인 원격교육 실태와 개선 방안, Multimedia-Assisted Language Learning Assisted Language Learning 제23권 제3호, 2020, p. 365.

학교는 온라인 소통 시 안심번호 사용으로 교사 정보 노출을 최소화하면서 한 학기용 학습 꾸러미를 각 가정으로 미리 배부하기도 한다. 또 다른 학교의 경우는 원격학습에 어려움이 클 것으로 예상되는 조손가정, 다문화가정, 특수교육 대상 학생 가정을 중심으로 1:1 맞춤 방문 교육도 실시한다.

일부 학교에서는 학습 꾸러미를 제작하여 매주 금요일마다 다음 주 원격학습 자료를 드라이브스루 방식으로 배부하고, 온라인 학습이 어려운 학생에게는 학습 영상과 자료를 이동식 기억장치(Universal Serial Bus: USB)로 제공하여 오프라인에서도 원격학습을 할 수 있도록 지원하고 있다. 그 외에 빈번하게 활용되는 방식은 줌(ZOOM)을 활용한 수업이다. 줌을 통하여 특정 테마에 대하여 이야기를 나누거나, 실제 수업을 하는 것과 거의 동일한 상황을 구현하여 수업을 실시하는 등 교사와 학생 간에 실시간 소통하는 쌍방향 수업의 모델을 보여주고 있다.

이러한 원격수업을 위하여 다양한 플랫폼과 학습도구들이 활용되고 있다. EBS 온라인클래스나 e학습터 등이 기본적인 플랫폼으로 제시되고 있으나 학교나 학생의 상황에 따라 다양한 학습도구가 사용되고 있는 것으로 파악된다. 현재 학교 등에서 일반적으로 사용되고 있는 플랫폼을 비교하면 〈표 4〉와 같다.[18]

---

18 표의 자료는, 교육부, "원격수업 플랫폼 7종, 특징을 한눈에 비교해보세요!" 교육부 블로그, 2020. 4. 7. 게시글 참조, 〈https://blog.naver.com/moeblog/221895324704〉

〈표 4〉 교육 분야 주요 플랫폼과 특징

플랫폼	주요 특징
EBS 온라인 클래스	• (출결 확인) 학생들의 댓글로 출석 확인 가능 • (진도 확인) 각 수업 영상별 진도를 확인할 수 있으며, 영상 시청 중 건너뛰기 가능, 단 건너뛰기 시 수업 미이수 처리 • (평가) 객관식, 주관식 문항에 대한 제작 및 채점 가능 • (자료게시) 400MB 이하, 20분 이하의 자료게시 가능 • (특징) 실시간 쌍방향 수업은 불가능하며 모바일 웹을 활용
e학습터	• (출결 확인) 학습방에 들어가면 자동으로 출석 확인 • (진도 확인) 영상별 진도율 확인이 가능하며, 최초 1회 영상 시청을 완료하지 않으면 영상 건너뛰기가 불가함, 링크나 과제의 경우 열람 시 자동으로 이수되는 형태 • (평가) 객관식 문항에 대한 제작 및 채점 가능, 틀린 문항 다시풀기 기능 제공 • (자료게시) 300MB 이하의 자료게시 가능 • (특징) 실시간 쌍방향 수업은 불가능하며 모바일 웹을 활용
위두랑	• (출결 확인) 설문조사 또는 과제 기능을 활용하여 출석 확인 • (진도 확인) 게시글, 댓글, 과제제출, 모둠활동 등 학생별 학습활동 내역의 조회 및 다운로드로 진도율을 확인 • (과제) 클래스 과제, 모둠 과제 등의 등록이 가능하며 과제평가, 과제 제출자 목록 확인 가능 • (평가) 설문기능으로 평가문항을 제작할 수 있으며, 학생별 답변 결과를 관리할 수 있음 • (자료게시) 1GB 이하에 해당하는 자료게시 가능 • (특징) 실시간 쌍방향 수업은 불가능하며 모바일 웹을 활용
Google 클래스룸	• (출결 확인) 댓글 및 실시간 소통방식인 행아웃meet로 출석 확인 • (진도 확인) 영상별 진도율 확인은 불가 • (과제) 개별 과제의 등록 및 다수의 인원이 공동 과제를 수행하는 것도 가능 • (평가) 객관식, 단답형 평가문항을 제작할 수 있으며 설문지 기능도 보유 • (자료게시) 용량에 제한없이 자료게시 가능 • (특징) 행아웃meet로 실시간 쌍방향 수업이 가능하며 모바일 웹 및 앱으로 접속 가능

플랫폼	주요 특징
네이버 밴드	• (출결 확인) 출석체크 게시물에 학생이 버튼을 클릭하는 방식으로 출석 확인 • (진도 확인) 영상별 진도율 확인이 가능하며, 건너뛴 영상 구간은 진도율에 미 반영 • (과제) 비밀댓글 기능으로 학생 개별로 과제 제출 가능 • (평가) 설문기능으로 평가문항 제작 • (자료게시) 1GB 이하, 1시간 이하, 게시글 당 10개 이하의 자료게시 가능 • (특징) 라이브 기능을 보유하고 있어 실시간 수업 가능, 학생들은 메시지 또는 그룹콜 기능 등으로 소통 가능
Microsoft 팀즈	• (출결 확인) 댓글 및 실시간 소통방식인 팀즈로 출석 확인 • (진도 확인) 게시글, 댓글, 과제제출, 모둠활동 등 학생별 학습활동 내역의 조회가 가능하며 영상별 진도율 확인 가능 • (과제) 클래스 과제, 모둠 과제를 등록할 수 있으며 과제를 관리할 수 있는 다수의 기능도 보유 • (평가) 객관식, 주관식 문항 제작 및 채점 가능 • (자료게시) 용량에 제한없이 자료게시 가능 • (특징) 팀즈 방식으로 실시간 쌍방향 소통이 가능하며 모바일 웹 및 앱으로 접속 가능
카카오톡 카카오티비	• (출결 확인) 게시된 출석체크 설문에 학생이 버튼을 클릭하거나 (카카오톡), 댓글로 가능(카카오티비) • (진도 확인) 영상별 진도율 확인은 불가능 • (과제) 1:1 채팅방을 통하여 개별 과제 제출 가능 • (평가) 투표기능으로 문항을 제작할 수 있음 • (자료게시) 300MB(카카오톡) 또는 4GB(카카오티비) 이하의 자료게시 가능 • (특징) 라이브 기능을 보유하고 있어 실시간 수업 가능, 학생은 메시지 또는 채팅으로 참여할 수 있음

디지털 교과서의 경우 원격수업 이전부터 이미 활용되고 있었으나 비대면 수업 등이 보편화되면서 더욱 주목받고 있다. 디지털 교과서는 서책형 교과서에 용어사전, 멀티미디어 자료, 실감형 콘텐츠, 평가문항, 보충·심화 학습 등 풍부한 학습자료와 학습 지원 및 관리기능을 포함해 외부 교육용 콘텐츠와 연계가 가능한 교과서를 의미한다. 디지털 교과서의 경우 「교과용 도서에 관한 규정」 제2조 제2호에 따라 학

〈표 5〉 학습전용 온라인 플랫폼 비교

플랫폼	주요 특징
클래스팅	• 온라인 학교플랫폼 - 학교소식, 교육자료, 학교생활에 관한 정보 교류 및 관리 서비스 제공 • 학교 홈페이지, 알림장, 자료 공유, 학급별 눈 서비스, 수업 관련 자료 업로드, 국제교류, 외국학교와의 협동 수업 서비스, 모바일 가정 통신문 등 제공 • 학부모 서비스로 실시간 알림, 방과후 활동 신청, 학교 설문조사, 교사와의 1:1 소통서비스 제공 • 클래스팅 AI 서비스를 통해 인공지능 기반 맞춤형 학습 서비스 및 교육상품 스토어 운영
클라썸	• 온라인 수업 관리, 운영, 설문 및 퀴즈, 질의응답 등을 수행할 수 있는 수업소통 플랫폼 • 익명 질문, 소통 및 질문, 토론, 타인의 질문 및 답변 기록 공유, 강의 커리큘럼에 맞는 카테고리 관리 기능을 제공하여 수업의 실질과 효율성을 제고 • 관리자 사이트를 통해 강의 및 운영 현황 및 결과의 취합, 데이터 기반 통계, 수업자료의 기록 및 PDF 추출 가능

교 교육에서 사용되는 학생용 전자 저작물로서 편찬 및 검정 절차를 거친 정규 교과서이다. 2021년 기준으로 초등학교의 사회, 과학, 영어에 대한 국정·검정도서, 중학교의 사회, 과학, 영어의 검정도서, 고등학교의 영어 검정도서 등이 개발되어 활용 중에 있다.

디지털 교과서는 2014년 시범 적용을 거쳐 2018년부터 단계별로 확대 적용되고 있으며 디지털 기기를 통해 다운로드 받아 사용 가능하다. 또 2020년 들어서는 스트리밍 서비스를 제공하였다. 디지털 교과서는 원격수업이 실시되면서 플랫폼 등과 결합하여 사용되기도 하는데 일례로 디지털 교과서와 연계된 플랫폼인 '위두랑'으로 문제풀이를 하고 친구들과 의견을 공유하는 방식으로 이용되고 있다.

교육부에 따르면 교사·학생 등이 디지털 교과서를 내려받은 건수가 2019년 396만 7,027건에서 2020년 1,612만 4,621건으로 3.1배

늘었다고 발표한 바 있다. 디지털 교과서 사이트 접속 횟수도 2019년 327만 2,770건에서 2020년 1,093만 7,314건으로 2.3배 늘었다. 역시 교사 접속 횟수가 더 증가했다. 교사의 경우 43만 7,420건에서 240만 3,037건으로 4.5배, 학생 접속 횟수는 283만 5,350건에서 853만 4,227건으로 2.0배 증가하였다.[19]

〈표 6〉 2019~2020년 디지털 교과서 활용 현황 비교

구분	이용자 수			접속 횟수			내려받기 (건)
	교사	학생	계	교사	학생	계	
2019년	22,372	238,559	260,931	237,420	2,835,350	3,072,770	3,967,027
2020년	100,362	873,409	973,771	2,403,037	8,534,277	10,937,314	16,124,621
증감	348.6%	266.1%	273.2%	449.4%	201.0%	234.2%	306.5%

출처: 한국교육학술정보원

다. 교육외적 부분의 변화

스마트폰 보급과 정보통신기술 발달은 식생활 편의를 가져왔다. 오늘날 온라인 사이트, 스마트폰 애플리케이션 등을 통한 음식 주문 및 결제, 배달이 매우 용이해졌으며, 이러한 기술의 발달은 비대면 서비스 보급에 큰 영향을 미쳤다. 1인 가구의 증가와 신기술 산업의 발달에 따른 결제 유형의 변화 등을 이유로 모바일 결제 및 배달 등의 비대면 서비스가 발달하였고 배달 시장의 규모는 더욱 확대되고 있다.[20]

---

19 교육부, 디지털교과서 활용·개선을 위한 국민과의 비대면 간담회 개최, 교육부 2020. 12. 14. 보도자료

더불어 코로나19 및 1인 가구의 증가로 외식을 자제하고 가정 내에서 식사를 하는 경향성이 커지고 있다. 배달·주문을 통한 음식 외에도 간단 조리가 가능한 밀키트(meal-kit, 반조리 식재료)의 수요도 증가하고 있다. 실제로 2017년 국내에 첫 선을 보인 밀키트 시장 규모가 2020년 기준 2,000억 원을 기록하였는데 이는 2017년 대비 20배 증가한 수치이다.[21] 기술 발전과 시대 상황의 변화로 배달 및 소비시스템이 변화하고 있고, 이 같은 디지털 혁신의 소비는 코로나19 시대가 지난다 하여도 더욱 촉진될 것으로 보인다.

한편 비대면으로 인한 장점과 소비자의 시간 절감, 편의성과 안전성 등의 다양한 장점의 이면에는 이 같은 장점을 누리지 못하는 취약 계층이 발생할 수 있다는 우려도 존재한다. 특히 청소년의 경우에는 배달 서비스 확대가 건강에도 영향을 미칠 것으로 예상해볼 수 있다. 비대면 수업이 증가한 만큼 바깥 활동이 제한된 청소년들의 배달이나 테이크아웃 음식의 소비가 늘어나면서 비만이나 영양불균형 등이 발생할 수 있기 때문이다. 학령기 아동이 가정에서 머무르는 시간이 늘어나면서 신체활동의 빈도는 낮아지고, 식습관이 변화되어 비만이 악화될 수 있다는 우려가 커지고 있다.[22]

최근의 소비 방식 역시 비대면으로 빠르게 변화하고 있다. 터키 및

---

20 연합뉴스 TV, 배달주문 폭주… 소비는 온라인이 대세, 연합뉴스 TV 2020. 12. 6. 기사 참조, 〈https://www.yonhapnewstv.co.kr/news/MYH20201206009200641〉

21 김형원, 3년에 20배 성장 밀키트 시장, 협업으로 성장 가속, ITwhtjs, 2021. 7. 19. 기사 참조, 〈http://it.chosun.com/site/data/html_dir/2021/07/16/2021071601514.html〉

22 신유리·경민숙·백선영·함선옥, 청소년의 식생활 라이프스타일에 따른 배달·테이크아웃 음식 소비행태 분석, 동아시아식생활학회지 제31권 제3호, 2021, p. 172.

페르시아어에서 유래한 키오스크라는 말은 옥외에 설치된 대형 천막이나 현관이라는 뜻으로, 물품 및 서비스를 제공하는 소규모 점포 또는 공공장소에 설치되는 터치스크린 방식의 무인정보단말기를 뜻한다. 기존에 사람과 사람의 면 대 면으로 이루어지던 서비스 제공은 터치스크린을 활용한 비대면 방식으로 상당 부분 전환되고 있으며, 특히 소매업과 음식점업 분야에서 보편화되고 있다. 서비스 산업에서 키오스크의 도입은 노동생산성을 향상함으로써 긍정적 파급 효과를 불러올 수 있으며, 영세 사업자의 이윤 증대에 도움을 줄 수 있을 것으로 기대된다.

하지만 스마트 기기에 익숙한 대상을 제외한 취약계층의 경우 키오스크 등의 디지털 기기의 활용을 어려워하고 있다는 통계도 파악되고 있다. '2019 디지털정보격차 실태조사'에 따르면 장·노년층, 농어민, 저소득층 등의 디지털 정보화 수준은 일반 국민 대비 69.9%에 불과하다. 구체적으로 일반 국민 대비 저소득층의 디지털 정보화는 87.8%, 장애인이 75.2%, 농어민이 70.6%, 고령층이 64.3%로 나타나고 있다.[23] 문제는 취약계층의 조사 대상에 포함되지 않는 어린이, 청소년들도 키오스크 사용에서의 어려움을 겪고 있다는 점이다. 대부분의 기계가 일반 성인을 기준으로 제작되어 장애인이나 어린이는 사용하기 어려운 문제가 있으며, 키오스크의 일관성 없는 매뉴얼이나 구성 역시 어려움을 초래하는 요소로 작용한다.

---

23 과학기술정보통신부, 취약계층 디지털 정보화 수준 69.9%, 전년 대비 1.0%p 향상, 과학기술정보통신부 2020. 3. 6. 보도자료

2. 비대면 교육 실시 및 확산에 따른 교육 현장의 문제점

가. 디지털 인프라 부족과 디지털 격차 문제

인프라 부족의 문제는 어제오늘만의 일이 아니다. 우리는 4차 산업 혁명 시대에서 요구되는 교육체제를 사전에 갖추지 못한 상태에서 비대면 교육서비스로의 전면 전환이라는 사회적 요청을 받게 되었다. 이미 기존 디지털 교과서 확충 및 스마트 교실 운영에서 지적되어 왔던 인프라 부족의 문제는 비대면 교육서비스가 확대되면서 더욱 부각되었다.

온라인 개학이 성공하기 위해서는 가정 내의 안정적인 인터넷 망과 활용 가능한 디지털 기기가 있을 것을 전제로 한다. 다시 말해, 노트북이나 태블릿PC, 데스크톱, 스마트폰을 통하여 서비스가 제공되며 디지털 기기가 없는 경우에는 비대면 교육 서비스를 받기 어려워진다. 저소득층의 경우, 결코 저렴하지 않은 디지털 기기 구비에 어려움을 겪는다. 때문에 정부에서는 온라인 개학에 맞추어 필요한 지원을 알린 바 있다.

교육급여 수급권자(중위소득 50% 이하)를 대상으로 시도별 스마트 기기 및 인터넷 지원계획을 마련하였고, 원격수업 도중 발생할 수 있는 접속 오류 등에 대하여 도움을 받을 수 있도록 하였다. 가정 내에 IT 인프라가 갖춰지지 않은 경우에는 학교 시설을 활용할 수 있도록 하였다. 학교 역시 무선망 집중공사를 통해 25.2만 실에 대한 구축을 완료하고, 스마트 기기 무상대여 등을 병행하여 학생 대상 스마트 기기가 지속적으로 지원될 수 있도록 하였다.[24] 한국판 뉴딜계획에서는 보다 구체적으로 초중고 전체 교실에 와이파이(WiFi)를 100% 구축하고, 교원의 노후 컴퓨터와 노트북 20만 대 교체, 온라인교과서 선도 학교 1,200개 교에 교육용 태블릿PC 24만 대를 지원할 것을 계획하였다. 2020년 기준 학교 내 와이파이는 14.8% 구축이 완료되었으며, 2022년에는 100% 구축될 것을 예정하고 있다.[25]

하지만 정부, 민간 등에서 학습매체를 지원하는 사업을 꾸준히 실시하고 있음에도[26] 디지털 인프라 부족의 문제는 발생하고 만다. 과학기술정보통신부가 내놓은 〈2019 인터넷 이용실태조사〉 보고서를 보면 데스크톱이나 노트북, 태블릿PC 등 컴퓨터를 보유한 가구는 전체의 71.7%다. 10가구 중 7가구만 컴퓨터를 보유한 셈이다. 나머지 3가구에는 온라인 강의를 볼 수 있는 스마트 기기가 없다.

한편 교육부에 따르면, 현재 중위소득 50% 이하에 해당하는 학생 29만 명 중 약 13만 명은 스마트 기기를 보급 받았음을 알 수 있다. 인터넷 통신비 역시 지원받고 있다. 나머지 16만 명에 대해서는 스마트 기기를 이미 보유하고 있기 때문에 별도로 신청하지 않았을 것으로 추정하고 있다고 보았지만, 이는 별도의 신청 절차가 부담스럽거나 정책을 인지하지 못했을 가능성이 배제된 결과이다.

24 교육부 전국시도교육감협의회, 2021년 학사 및 교육과정 운영 지원방안, 교육부 전국시도교육감협의회, 2021. 1. 28.

25 한국판뉴딜 홈페이지 참고, 〈https://www.knewdeal.go.kr/front/view/task04.do〉

26 한국교직원공제회는 전국 취약계층 초·중등학교 학생을 대상으로 원격수업이 가능한 노트북을 후원하는 디지털 학습기기 지원 사업을 진행, 원활한 원격수업 학습 환경을 조성, 교육격차를 해소하고자 하였다. ; 진정호, 교직원공제회, 저소득층 학생에 디지털 기기 지원, 연합인포맥스, 2020. 11. 16. 기사 참조. https://news.einfomax.co.kr/news/articleView.html?idxno=4117735〉

결국 학교나 교육부, 단체 등에서 보급하는 디지털 기기는 모든 필요계층에게 전달되지 못하며, 저소득층에서도 선별해야 하는 과정 하에 낙인 효과가 발생할 우려도 있다. 또한 지원 대상자에 들지 못하지만 실제 노트북 등의 디지털 기기를 구입하기 어려운 가정이 사각지대로 존재할 가능성이 농후하다. 또한 형제자매가 있는 경우, 기기가 1개 이상이 필요하기 때문에 이에 따른 재정적 부담도 증가할 것으로 보인다. 노령의 보호자 또는 장애인 보호자, 다문화 보호자 등이 신체적·정신적·언어적 한계로 인하여 디지털 기기를 구비하지 못하는 사례도 예상할 수 있다.

디지털 기기가 존재한다 하더라도 가정 내에서 원활하게 무선 인터넷을 사용하기 어려울 수도 있다. 인터넷망이 원활하게 연결되지 않는 경우 또는 아예 무선 인터넷 환경조차 구비되지 못할 가능성도 배제할 수 없다. 뿐만 아니라 장애 학생을 위한 점자용 기기나, 청각장애인용 기기 등 특별한 기기가 필요한 경우 각 가정에서 구비 능력이 없을 때 학생들의 학습권이 침해될 수 있다. 학교에서조차 무선인터넷 보급이 순차적으로 진행되고 있는 바, 수도권이 아닌 기타 지역의 인프라 부족 및 낙후 문제도 우려된다. 이렇듯 디지털 인프라(기기뿐 아니라 무선인터넷 등의 스마트 환경 인프라)의 사각지대는 아무리 꼼꼼하게 대응한다 하여도 그것을 완전히 배제하기 어렵다는 문제가 있다.

디지털 교육 콘텐츠 질도 문제가 된다. 실제 교육 분야 비대면 서비스 중 콘텐츠 질 우려 문제는 지속적으로 제기되어왔다. 교수자들이 디지털 기기에 적응하는 과정에서도 미흡한 점이 드러나기도 하였지만, 준비된 콘텐츠가 한정적이라는 점도 분명한 문제점으로 나타났다. 일부에서는 교육용 동영상을 재생만 하거나 쌍방 소통이 어렵다는 한계 등으로 교육의 질에 대한 우려를 제기하였다. 특히 학생들의 수학 능력에 따르지 않은 일률적 교육은 현장보다 집중력이 저하되는 원격 수업의 특성을 더욱 가속화하였고, 학습 격차가 더욱 심화되는 것으로 지적되었다. 코로나19라는 갑작스런 상황으로 인하여 디지털 콘텐츠 개발은 준비되어 있지 않았고 사실상 교수자가 교육 콘텐츠를 준비해야 하는 현실이었으나 교수자의 능력에 따라 콘텐츠 질이 좌우되는 문제도 발생하였다. 이에 교육부는 비대면 수업의 단점을 보완하고자 실시간 쌍방향 수업을 확대하겠다고 밝혔으나 2020년 1학기 초중고의 쌍방향 수업 비중은 고작 6%에 불과한 것으로 조사되었다.

원격수업이 장기화하면서 학부모들의 불신 또한 깊어지고 있다. 서울 혁신교육지구 학부모네트워크가 학부모 2,630명을 조사한 결과 87%가 "원격수업 장기화로 자녀가 방치됐다고 생각한다"고 응답했다. 부실한 원격수업으로 학습격차가 커졌다는 지적도 잇따르고 있다. 취약계층 아이들의 학습결손은 커지고 있는 데 비해 경제력 있는 가정 학생들의 사교육 참여는 더 늘면서 학습 격차가 심화되고 있는 것이다. 최근 한국교육학술정보원이 초중고 교사 5만여 명을 조사한 결과 79%가 학습격차를 인정했을 정도이니 상황이 얼마나 심각한지 짐작할 수 있다.[27]

원격교육에서 중요하게 활용될 수 있는 도구인 디지털 교과서도 그 효용성에 문제를 제기하는 목소리가 존재한다. 일부 학교에서 시범 운

---

27 매일경제, [사설] 쌍방향 안 되는 초중고 원격수업 교육질 저하 우려 커진다, 매일경제 2020. 10. 12. 기사 참조, 〈https://www.mk.co.kr/opinion/editorial/view/2020/10/1039926〉

영 중인 디지털 교과서를 사용해본 결과 80%의 학생들이 "별 효과가 없다"는 응답을 했다는 결과가 나왔다. 집중력 저하와 시력 저하, 활용에 있어 여러 애로 사항이 존재함을 확인할 수 있었다. 이는 종이에서 디지털로의 적응 과정에서 오는 문제이기도 하나 디지털 교과서가 지닌 한계이기도 하다. 또 다른 뉴스에서는 AR, VR 콘텐츠 버튼을 누르니 '모바일에서만 작동이 가능하다'는 알림판이 떠서 확인도 하지 못하고 그 밖에 여러 기능이 담겨 있다는 설명서를 읽어도, 어떤 버튼을 눌러야 수업 내용을 메모할 수 있는지, 다른 학생들과 공유할 수 있는지 더는 찾기 어려웠다고 응답한 사람도 있었다.[28]

2007년부터 2020년까지의 디지털 교과서 관련 소요 예상은 개발 및 보완에 509억여 원, 플랫폼 운영에 68억여 원 등 총 577억여 원이 투입된 것으로 알려졌다. 이 중 대부분의 액수가 디지털 교과서에 치중되어 있다. 디지털 교과서에 대한 긍정적 평가도 다수 존재하나, 비대면 교육이 일상화되고 디지털 기기를 활용한 교육이 활성화될 수밖에 없는 상황에서 디지털 교과서에 대한 보다 철저한 검증이 필요하다.[29] 디지털 교육은 디지털 교과서 개발만이 핵심 요소가 아니다. 현장에서는 플랫폼의 중요도가 높으며, 쌍방향 수업을 원하고 있다. 따라서 콘텐츠 질 제고뿐 아니라 플랫폼의 보완 및 스마트 기기, 스마트 환경 구축이 균형있게 다루어질 필요가 있다.

---

28 김빛이라, [취재후] 577억 원 들인 '디지털 교과서', 교사들 평가는 '낙제점', KBS 뉴스, 2020. 9. 21. 보도 참조, 〈https://news.kbs.co.kr/news/view.do?ncd=5008696〉

29 동아일보, 교육부 577억 쏟아부은 디지털교과서…원격수업 교사 65% 외면, 동아닷컴, 2020. 10. 6. 기사 참조, 〈https://www.donga.com/news/Society/article/all/20201006/103257324/1〉

이렇듯 디지털 인프라의 부족은 단순히 그 사실만으로 끝나는 것이 아니며, 이는 곧 디지털 격차, 학력 격차로의 결과까지 나타난다. 디지털(정보) 격차란 사회, 지리적 또는 지정학적 기준에 기초하여 정의할 수 있는 다수의 구별되는 그룹들 간에 정보통신기술(ICT)에 대한 접근, 이용 또는 영향을 불균등하게 분배된 격차를 의미한다. 대면 교육에서는 가정환경의 격차를 학교가 보정해주는 역할을 수행하지만, 비대면 교육에서는 그것이 불가능하기 때문이다.

실제 설문조사 결과, 교사와 학부모, 일반 시민 대다수가 코로나19로 인해 교육 격차가 확대되었다고 인식하고 있었으며, 수능 모의고사 결과에서도 성적 중위권이 줄어들면서 양극화 현상이 확인되었다. 과학기술정보통신부의 2019 디지털 정보격차 조사결과에서도 정보취약 계층의 디지털 역량수준(60.2%)과 디지털 활용수준(68.8%)은 일반 국민 대비 그 격차가 큰 편으로 나타났다. 이러한 현실 속에서 그들의 자녀들은 교육 환경에서의 격차가 곧 학력 격차로 이어지는 문제에 노출되는 것이다.

나. 학습 및 소통 공간으로서의 학교의 기능과 역할 저하

학교는 단순 지식만을 전달하는 장소가 아니다. 학교란, 그 자체로 공적 영역에 속하고 이에 따라 국가 주도 하에 모두에게 평등하게 주어지는 교육을 하는 장(場)으로서의 역할을 하고 있다. 이에 대해 마스켈라인과 시몬스(Masscheline & Simons, 2013)는 공적기구인 학교에서 학습되는 지식과 기술은 공공재(common good)로서 변화되며 이것은 유예(suspension)라는 사건을 통해 가능해진다고 설명한다.

학교라는 공간은 사물(배우는 내용, 대상 등)과 사람(학생)을 유예, 즉 일상과 분리되어 모두가 같은 출발선에서 배움을 시작할 수 있게 한다고 말한다. 다시 말해, 학생은 개인적·사회적·경제적 배경과 무관하게 학교에 들어서는 순간 온전히 학생이 된다는 면에서 평등한 공간이 시작된다는 것이다.[30] 학교는 학생이 가진 그 어떤 배경과 상관없이 동등한 위치에서 동일한 조건에서, 학령기에 필요한 수준에 맞는 교육을 받고 나아가 사회 구성원으로서의 역할을 할 수 있도록 돕는다. 또한 학교는 한 인격체로서 인간다운 삶을 영위할 수 있도록 교육하는 하나의 사회로 역할한다.

이러한 교육 과정은 당연하게도 대면 환경에서 활발하게 작동되어 왔다. 학생은 다른 동급생들과의 소통을 통하여 또는 교사와의 지도 및 소통을 통하여 인격을 완성하고 공동체 구성원으로서 거듭날 수 있었다. 그러나 비대면 교육 체제 하에서는 친구와의 소통이 단절되고, 선생님과의 비언어적 교류 및 정서적 교류가 불가능하게 된다.

원격교육은 학교의 고유의 역할 중 지식 전달의 역할을 제한적으로나마 수행할 수 있다. 하지만 학교의 사회적 기능은 비대면 교육서비스만으로는 대체할 수 없다. 교사와 학교는 단순 지식 전달자의 역할만 하는 것이 아니라는 것은 이미 언급하였다. 우리 헌법에서는 제31조에 모든 국민은 의거 능력에 따라 균등하게 교육을 받을 권리를 보장하며, 부모는 자녀에게 의무교육을 받게 할 의무를 지우고 있으며, 의무교육은 무상으로 한다. 이토록 헌법에서조차 교육을 적극 보호하

---

30 권순정, "코로나19 이후 교육의 과제: 재조명되는 격차와 불평등, 그리고 학교의 역할", 이슈페이퍼, 2020 여름호(239호), 2020, 교육정책연구소.

는 것은 교육이 가진 그 가치 때문이다. 헌법재판소[31]에서도 "학교교육은 성장과정에 있는 인간을 보다 나은 인성과 능력을 갖춘 사람으로 교육시킴으로써 개인과 가정의 행복을 누리게 하고 민주적이고 책임감 있는 국가·사회의 구성원으로 성장시키는 국가의 백년대계이다."라고 하며 학교교육의 중요성을 강조하고 있다. 이러한 연유로 공교육이 중요한 가치를 가지는 것이다.[32]

그러나 비대면 교육 환경 하에서는 학교의 모든 기능을 수행하기에 한계가 존재한다. 모순적이게도 이러한 학교 기능의 부재는 사교육이 '학습능력 향상'이라는 명분으로 대체하고 있으며, 이는 위에서와 같이 정보 접근뿐 아니라 학력 불평등의 심화를 불러일으킨다.

다. 학습결손과 교육불평등의 심화

비대면 교육 환경이 불러온 가장 큰 역기능은 학습결손이다. 디지털 기기가 익숙하지 않은 초등 저학년 또는 장애 등 기타의 사유로 컴퓨터 사용이 어려운 경우에는 교육 시 이를 도와줄 보호자가 반드시 필요하다. 학교 내에서는 이러한 문제점을 교사가 시정하여 학습결손을 방지하였다. 그러나 코로나19로 인하여 온라인으로 수업이 이루어지는 경우에는 이러한 부분에 심각한 결손이 발생한다. 예를 들어 보호자가 맞벌이 부부여서 학생이 혼자 가정 내에서 공부를 할 때 이를

---

31 헌법재판소 2012. 11. 29. 2011헌마827, 판례집 24-2하, 250.

32 공교육(公敎育)은 공적 주체에 의해 공적 재원(財源)으로 공적 절차에 따라 운영되는 교육으로, 공익을 목적으로 한다.

보완해 줄 수 없다면 학생들의 학습결손이 자연적으로 발생한다.

학부모가 도와주지 않아도 되는 초등 고학년 또는 중고등학생들에게도 학습결손 문제는 발생한다. 학생들은 온라인 강의를 재생시켜 놓는 것만으로 학습과정이 종료되었다고 착각하는 경우도 허다하다. 온라인 강의 중에는 교사가 제시한 과제들이 존재할 수 있으며, 강의 유형에 따라서는 직접 조작하거나 링크를 따라 이동하거나 다른 학생들과 협력하여 수행할 무엇인가가 존재할 수 있다. 하지만 이 같은 구체적인 상황을 학생들이 따라가지 못할 경우, 그리고 이를 구체적으로 지도해줄 사람이 부재하는 경우 학습결손이 발생할 수 있다. 보호자가 없는 경우뿐 아니라 고령, 장애, 다문화가정은 보호자가 학습시간에 존재한다 하더라도 학습결손이 발생할 수 있다. 즉 보호자가 있어도 학생의 학습 지도에 관여하지 않는다면 학습결손이 발생하게 되는 것이다.

기존의 대면교육 환경에서는 보호자가 없는 경우 또는 학교 밖 청소년들에 대하여 청소년 보호기관에서 이들을 보호하거나 지도하는 등 공교육 체계 내에서 이들을 보호하고 공동체 구성원으로서 역할을 하는데 어려움을 겪지 않도록 교육하고 있었지만 비대면 교육이 활성화되면서 이마저도 어렵게 되었다. 학교 밖 청소년은 관련 기관의 대면 관리가 어려워지면서 교육의 사각지대에 내몰리게 되었다. 이들은 사회적 편견과 교육 소외라는 이중고를 겪게 된다.[33]

---

33 이투데이, [단독] 코로나19에 학교 밖 청소년 지원시설 80% 폐쇄…비대면 지원, 2020. 11. 7. 기사 참조, 〈https://www.etoday.co.kr/news/view/1962983〉 ; 기사에 따르면 '코로나19 대응 관련 지원현황'에 따르면 218개 센터 가운데 절반 이상인 120곳이 스마트 기기를 지원받지 못했다. 최근까지 학교 밖 청소년들이 온라인 수업

비대면 교육으로 전환한 뒤 다수의 학생들이 학업에 투여하는 시간이 절대적으로 감소하고 있다. 관련 통계에 따르면 학생들은 코로나19 발생 이전과 이후를 비교하였을 때, 학교에 등교하던 시기에 비해 학업시간이 절반가량 감소하였다고 응답하였다. 교육을 받기 위하여 인터넷에 접속하지만 교육에 집중할 수 없게 하는 방해 요소들이 다수 존재하여 수업에 집중할 수 없는 환경을 만들고 있다.

학업 결손은 취약계층 학생에게 더욱 심각한 문제로 작용한다. 가정의 기술·자원 차이로 인해 취약계층 학생은 학업에 더욱 제한적으로 참여하고 있다. 많은 학교가 최선의 노력을 기울이며 생중계되는 실시간 수업과 교사 피드백을 제공하고 있지만 일부 지역에서는 저화질 수업 동영상이 제공되고, 교사 피드백도 적절히 제공되지 못하고 있다. 심지어 인터넷이 불안정하여 수업에 제대로 참여하지 못하는 학생도 많다.

또 다른 우려는 학업의 질 측면이다. 현재 개별 학교가 코로나19 상황에 대응하기 위하여 유연한 학업 기준을 마련하여 적용하고 있다. 이는 현 상황으로 인한 교사와 학생의 불이익을 최소화하기 위한 것이지만 일각에서는 지나치게 제한이 없는 기준은 학생의 학업 결손 문제를 심화시킬 수 있다고 지적한다. 학부모 역시 직장 일과 자녀교육을 병행하는 현 상황에서 상당히 많은 어려움을 호소하고 있으며, 자녀가 제대로 교육을 받고 있는지에 대한 불안감을 호소하기도 한다. 이러한 학습결손은 곧 교육의 불평등을 심화시킨다.

을 듣기 위해 지원된 스마트 기기는 534대에 불과했다. 1만 2,000여 곳의 전국 모든 초·중·고에 학교당 60개의 스마트 기기가 지원된 것과 대비된다.

공교육의 콘텐츠의 질과 양은 한정적이며, 학습결손과 맞물려 결국 사교육 시장으로의 막대한 자본 투입으로 진입하는 학생과 그저 방치되는 학생으로 나누어지게 되고 이는 곧 학력 차이로 이어진다. 실제로 사교육비를 넉넉하게 지출할 수 있는 계층에서는 원격수업이 지속되어도 크게 걱정하지 않는다고 한다. 코로나19 팬데믹 상황 이전에도 기초학력의 미달, 학력 양극화, 지역 간 학습격차 문제는 계속 제기되어 왔으나, 코로나19를 겪으면서 사교육으로 보충할 수 없는 학생들의 교육격차가 커지고 여기에 국가의 책임이 더욱 커지고 있는 상황이다.[34]

학교가 행하던 주요 기능 중 불평등 해소가 작동하지 못하게 되는 것이다. 비대면 학교교육으로만 수능 및 학습이 어렵게 된다면 결국 사교육에 의존하게 되고 가정환경에 경제적·사회적으로 공교육에만 의지하게 될 경우 교육의 격차는 더욱 심화될 것이다. 또한 사교육 의존도가 높아질수록 공교육 기능은 약화되어 붕괴될 우려도 있다.

---

34   홍석재, "코로나19 학습결손, 정말 심각하게 보고 있다"-유은혜 사회부총리 겸 교육부 장관 인터뷰, 한겨레, 2021. 5. 8. 기사 참조, 〈https://www.hani.co.kr/arti/society/society_general/994346.html〉

제2장 학교 현장에서 본
비대면 교육의 문제점과 한계

1. 문제점 도출을 위한 학교 현장에서의 의견 수렴 절차와 방식 개요

앞서 비대면 교육의 일상화로 인하여 발생하고 있는 일반적인 문제점과 이슈 등을 살펴보았다. 여러 문제점을 확인하였으나 보다 구체적이고 실무적인 비대면 시대의 교육정책의 제언을 위하여 학교 현장에서의 반응 및 사례 등을 수집, 세부 상황별로 문제점을 인식하고 이에 대응할 수 있는 개선 과제를 제시하는 것이 중요할 것이다. 이를 위해 현장에 있는 실무자인 교사 및 학생·학부모를 대상으로 실태조사를 실시하여 현실적이고 실효성 있는 정책 제언을 도출할 필요가 있다.

앞서 살펴본 사항들은 현장에서의 문제점을 반영하고 있다기보다는 비대면이라는 특수 상황에서 일반적으로 발생할 수 있는 문제점들을 나열하고 있을 뿐이다. 또한 비대면 수업이 예상보다 장기화되면서 초기에 예측하지 못했던 새로운 문제가 발생한다든지, 비대면 수업의 지속화를 고려하여 대응 방안을 수립해야 할 필요성도 요청되기도 한다. 관련 분야나 타 산업 분야 등의 사례를 토대로 교육 분야에서의 문제점 역시 유사한 방식으로 예측해볼 수 있긴 하나, 현장의 목소리를 통하여 각 입장을 대변할 수 있는 시사점을 도출하고, 합당한 정책 제언을 실시하는 것이 필요하다.

실태조사의 방법은 다양하게 이루어질 수 있는데, 보편적인 방법으로는 전화 인터뷰나 설문지에 의한 설문조사 등의 방식이 이용된다. 전화 인터뷰는 신속하게 많은 대상에게 응답을 얻을 수 있다는 장점이 있으나 상세하고 복잡한 내용에 관한 설문조사 방법으로는 적절하지 않다는 단점이 있다. 설문지에 의한 설문조사는 역시 다수의 사람을 대상으로 조사를 실시할 수 있다는 장점이 존재하긴 하나, 설문조사의 대상자가 자신에게 문의된 설문조사의 문항에 대하여 타인의 도움 없이 이해하고 답할 수 있어야 한다는 한계가 존재하여 전문성 있는 분야에 대한 명확한 답변을 얻기 어렵다는 단점이 존재한다.

따라서 현장에서 발생하고 있으나 외부에서 쉽게 인식하기 어려운 문제들, 교육 및 교육과 관련되어 있는 다양한 상황에 대한 답을 얻기 위하여 가장 적합한 방식으로 표적집단면접, 즉 FGI(Focus Group Interview) 방식을 활용하여 그 답을 찾고자 하였다. FGI는 특정한 경험을 공유한 사람들이 함께 모여 인터뷰를 진행하는 조사방법으로, 면담자들은 자유롭게 스스로의 경험을 이야기할 수 있으며, 여러 명의 면담자가 상호작용하여 조사를 만들어나가는 과정을 통하여 정리되고 전문적인 정보를 확보할 수 있다는 장점이 있다.

이에 FGI 방식으로 조사를 실시하면서 비대면 교육에 의해 직접적 영향을 받고 있는 교사집단, 학생집단, 학부모집단에 대한 조사를 실시하였다. 해당 집단에 대하여 공통 질문과, 집단의 특성에 기한 개별 질문을 제기하면서 답을 얻고자 하였다. 각각의 집단은 분리하여 인터뷰를 실시하였다. 이 같은 방식을 취한 이유는 비대면 교육 관련 정책의 개선과 관련하여 각 속한 집단별로 상이한 의견이 나올 수 있다는 점을 고려하였다. 즉 서로 입장이 다른 주체들이 함께 면담을 진행할 경우, 다른 집단의 답변에 영향을 받아 답변이 왜곡될 수도 있다. 동일한 사안에 대하여 진실한 답변을 구하기 어려울 수도 있다는 점에서 편향된 연구결과가 아닌 주체들의 진실한 경험과 인식을 수집하고자 하였다.

면담은 전체 20인으로 구성하였으며, 비대면 교육의 현황 및 문제점, 개선 방안 등과 관련하여 교사, 학부모, 학생이 면담자로 참석하였다. 학생은 고등학교 1~2학년 학생이 참여하였다. 학부모의 경우 고등학생 자녀가 있는 경우를 기본으로 하였으나 경우에 따라 초·중학교의 다른 자녀가 있는 경우도 존재하여 관련한 답변을 받을 수 있었다. 교사의 경우 초·중·고의 교사를 대상으로 하되 평교사와 관리자급 교사를 모두 포함시켰다.

조사 내용은 앞서 언급한 바와 같이 집단별로 공통 질문과 개별 질문으로 구분하여 진행하였으며 그 내용은 〈표 7〉과 같다. 다만 각각의 질문이 모두 수행되지 않은 경우도 존재하였으며, 기초 질문을 토대로 파생된 다른 질문으로 연계되거나 구분과 관계없이 1개 질문에 다양한 답변이 포함된 경우도 존재하였다.

<표 7> 공통 질문과 개별 질문

유형	구분	질문 내용
공통 질문	일반	• 일반적으로 대면 수업과 비대면 수업의 가장 큰 차이는 무엇이라고 생각하는가? • 비대면 수업의 가장 큰 문제는 무엇이라고 생각하는가? • 대면 수업과 비대면 수업의 준비(학생의 경우 예습, 교사의 경우 수업 준비)에 어느 정도의 차이가 존재하는가?
	교육 환경	• 대면 수업과 비대면 수업의 수업관리의 차이가 있는가? (출결, 수업 방해 학생에 대한 대응, 수업 중 개인 일탈행동(ex.핸드폰 사용 등)에 대한 대응) • 수업관리 측면에서 대면 수업과 비대면 수업 중 어느 쪽이 더 긍정적인가?
	교육 내용	• 실기 및 활동이 수반되어야 하는 수업의 경우 비대면 수업으로 완벽하게 대체할 수 있는가? 비대면 교육 환경에서 실기수업을 위해 필요한 학습도구나 지원 방안은 무엇인가? • 학급 친구와의 협업이 필요한 과제의 경우 비대면 수업으로 완벽하게 대체될 수 있는가? 비대면 교육 환경에서 학급 친구와의 협업을 위해 필요한 학습도구나 지원 방안은 무엇인가?
	학교 생활 측면	• (습관관리) 통상적인 40~50분의 수업 후 10분 휴식의 구조 – 비대면 수업에서도 실천이 가능한가? 실천이 어렵다면 이를 극복·개선하기 위한 방법은 있는가? • (건강관리) 대면 수업 시 학교 내 급식과 비대면 수업에서 가정 내 식사의 차이가 있는가? • (교우관리) 대면 수업환경에서의 교우관계와 비대면 수업환경에서의 교우관계의 차이가 있는가? • (동아리 활동) 비대면 환경에서의 동아리 활동은 어떻게 이루어지는가? 체감하는 문제와 이에 대한 개선 방안은 있는가? • (상담) 비대면 환경에서 상담(담임교사 상담, 학교상담실)은 어떻게 이루어지는가? 체감하는 문제와 이에 대한 개선 방안은 있는가?
	향후 대응	• 향후 비대면 수업이 확대, 전면화될 것을 가정할 경우 가장 최우선적으로 개선되어야 할 부분은 무엇인가? (예를 들어, 접속망 등 물리적 환경 개선, 비대면 교육에 적합한 교육 콘텐츠의 개발 및 확대, 참여자의 인식 개선 등) • 향후 비대면 수업이 확대, 전면화될 것을 가정할 경우 전반적으로 개선되어야 할 부분은 무엇인가? (예를 들어, 모든 학사를 온라인상에서 실현 가능한 (가칭) 스마트스쿨 시스템 구축, 학교로 등교하되 비대면 수업을 진행할 수 있는 학교환경의 구축 등)

유형	구분	질문 내용
개별 질문	학생	• 온라인으로 수업하게 되면서 수업의 결손을 체감하는가? • 비대면 학습의 어려운 점과 보완할 부분이 있는가? (예를 들어, 수업의 방식, 수업의 내용, 수업자료의 공유 등) • 비대면 학습의 경우 학습 이외의 게임, 유튜브, 인터넷 검색 등 의 유혹 요소에 더 쉽게 노출되지는 않는가? 노출된다면 어떻게 통제하고 있는가? 비대면 수업시간에 온전히 수업에만 집중이 가능한가?
	학부모	• 학습결손에 대한 우려를 해소하기 위하여 가정 내에서 별도로 어떠한 노력을 하는가? • 온라인 수업에 따른 불편함을 해소하기 위하여 어떠한 정책적 지원이 있었으면 하는가?
	교사	• 비대면 수업에서 발생하는 교권침해 사례는 없는가? • 출결관리/학사관리 측면에서 대면교육 상황과 달라진 부분이 있는가? • 온라인 교육 환경에서 학생지도 및 생활의 어려움은 무엇이고, 비대면 수업이 지속될 경우 제도적, 물리적으로 개선할 방법은 무엇인가? • 인프라와 관련하여 어려운 점은 무엇인가? (예를 들어, 학습도 구의 부족, 활용의 불편함, 연결환경의 불안정함, 시스템 운영 미숙 등)

출처: 한국정보화진흥원, Digital Inclusion Report

　다음에서는 비대면 교육 환경에 대응한 실효성 있는 정책개발을 위하여 설문 문항을 재조합하고 범주화하였다. 그 유형을 ① 일반적 견해, ② 물리적 환경 측면, ③ 교육 콘텐츠 측면, ④ 수업 관련 측면, ⑤ 비대면 상황에서의 교육 불평등 문제, ⑥ 수업 외적 요소들, ⑦ 그 밖의 과제들로 구분하여 정리하였다.

2. 비대면 교육에 대한 일반적 견해

학생들을 대상으로 비대면 교육에 대한 일반적 현황에 대한 질문을 실시하였다. 주요 답변 내용은 다음과 같다.

"온라인 수업과 대면 수업의 역할 분담을 할 수 있을 것이라고 생각한다. 온라인으로 공부하고 오프라인에서 필요한 질문을 하고 답을 얻는 등의 장점을 잘 살릴 수 있다면 도움이 될 것으로 생각한다."

"비대면 수업의 경우 선생님이 더 잘 보여서 효율적인 면도 있다. 비대면 수업으로 이론 수업을 진행하고, 대면 수업 전에 선생님께 질문할 사항만을 질문하면 학습 성과를 높일 수 있을 것이라고 생각한다."

"아무래도 집이 편하니 집중력이 흐트러지는 경향이 있다."

"비대면 수업을 효율적으로 진행하기 위하여 평가항목에서 태도점수(현재 10점→20점)를 높여 수업에 잘 참여하고 있는지를 확인하면 학생들이 보다 수업에 잘 참여할 것으로 생각한다."

"친구들의 경우 부모님이 관리해 주시지 않는 경우가 더 많은데, 부모님이 조금 더 관리해 주신다면 수업 결손율이 낮아질 것이라고 생각한다."

"교실에서 수업할 때는 수업 분위기를 망치는 학생들이 한두 명씩 있는데 비대면 수업은 이런 단점을 보완할 수 있다는 장점도 있다."

"비대면 수업을 하면서 혼자 고민하는 시간이 확보되었다. 학생마다 상황이 다르겠지만, 비대면의 장점을 살려서 대응한다면 큰 문제는 없을 것으로 생각한다."

"중학교 때부터 자기주도 학습이 부족한 편이어서 온라인 수업으로 도움을 받기보다는 혼자 공부를 해야 되는 점에 힘든 부분이 많다. 대면 수업은 자리에 앉아 있고 일정 시간이 되면 수업이 시작되는데, 비대면 수업은 하나하나 본인이 챙겨야 해서 지각을 하는 경우도 있고 힘든 점이 많았다."

"집과 학교의 거리가 멀어서 낭비되는 시간이 많았는데 비대면 수업으로 시간을 효율적으로 활용할 수 있어 좋다. 비대면으로 지속된다면 지역 때문에 갈 수 없는 학교도 진학할 수 있는 장점도 있을 것 같다."

학생들에게 비대면 수업으로 인한 일반적인 어려움을 묻는 질문을 수행한 결과 어느 정도는 비대면 수업에 적응하고 있는 모습을 확인할 수 있었다. 비대면 수업 역시 일반적인 수업 방식으로 받아들여야 하며, 비대면 수업에서 더 나은 학습효과를 창출할 수 있을 것이라는 기대를 확인하였다. 대면 수업과 비대면 수업 간의 역할 분담이 가능할 것인데, 예컨대 비대면 수업으로 개인 학습을 진행하고, 대면 수업에서 필요한 부분에 대하여 질의응답을 통해 추가적 학습을 진행하는 것이 학습성과 면에서는 보다 긍정적이라는 것이다. 다만 이는 학생 스스로의 능동적 태도가 중요하며, 양질의 콘텐츠가 지속적으로 보급될 수 있다는 것을 전제로 한다. 능동적이고 자기주도 학습이 원활한 학생들의 경우, 학교에 가기 위하여 이동하는 시간을 단축하거나 혼자 생각할 수 있는 시간이 늘어나 오히려 대면 수업에 비해 효율이 좋다는 답변도 존재하였으며, 장차 비대면 수업이 일반화될 경우 지역 등에 관계없이 학교에 진학할 수도 있다는 기대를 표시하였다.

비대면 수업으로 인한 수업의 결손에 대하여는 긍정 측면과 부정 측면이 공존하였다. 교사와 학생이 카메라를 통해 실시간 쌍방형 수업을 진행한다 하여도, 직접 대면하는 것보다 집중도가 낮다고 하였다. 이는 직접 대면하지 않는다는 점도 있지만, 집이라는 공간적 측면에서도 집중도를 더욱 낮추는 경향이 존재하였다. 물론 경우에 따라 학부모가 일정 부분 통제해줄 수 있다고는 하나, 면담자 학생들의 경우에는 학부모가 통제하지 않는 경우가 더 많다고 하였다.

또한 자기주도 학습이 부족한 경우, 개인이 스스로 모든 것을 준비하여야 하는 상황에서 실수나 누락이 발생하는 사례도 존재하였다. 다만 대면 수업에서는 일부 학생에 의하여 수업 분위기가 망쳐지는 경우 등이 발생할 수 있으나 비대면 수업에는 이러한 단점을 보완할 수 있으며, 자기주도 학습의 관점에서는 긍정적 측면이 존재한다고 응답하였다. 이러한 점은 결국 자기주도 역량이 비대면 수업의 성패를 좌우하는 핵심 열쇠로 작용하고 있음을 알 수 있고, 학생들의 자기주도 역량을 향상시키기 위한 교육 방안은 무엇인가라는 과제를 던져주고 있다.

다음으로 교사를 대상으로 비대면 교육에 대한 일반적 현황에 대한 질문을 실시한 결과, 다음과 같은 답변을 들을 수 있었다.

"교실에서 함께 수업, 체험활동 등을 하지 못하고, 친구들과 사회성을 기를 수 있는 시간이 줄어든다는 점에서 학생, 학부모, 교사 모두 대면 수업의 중요성에 동의하고 있다. 하지만 비대면 수업을 진행하면서 코로나19의 걱정 없이 원하는 시간에 학습할 수 있다는 점, 학생이 스스로 이해할 수 있는 수준으로 배우는 속도를 조절하거나 반복해서 학습할 수 있는 점, 시간을 여유있게 사용할 수 있는 점 등이 장점으로 나타나고 있다."

"소통의 질 차이가 가장 크게 두드러진다. 소통의 질을 높이려면 언어적 소통과 비언어적 소통이 조화롭게 이루어져야 하나, 비대면 수업에서는 아무리 실시간 쌍방형 수업이라도 소통에 한계가 존재한다."

"비대면 수업이 급작스럽게 진행되고 현장 교사들의 준비가 부족한 상황에서 수업의 질이 전반적으로 떨어지며, 학생들의 피드백을 제대로 받기 어려워 진도 중심으로 수업을 진행하게 되어 의사소통의 문제를 느끼는 경우가 많았다."

"교사는 단순히 지식을 전달하는 것뿐 아니라 다른 사람과 상호작용하며 성장하는 과정 전반에 개입한다. 수업은 다양한 경험들을 할 수 있도록 고민한 결과인데, 비대면 수업의 경우 오로지 시각과 청각에 의해서만 좌우되며, 의사소통의 대부분이 언어에 한정된다는 점에서 수업이 제공하는 경험과 질에 큰 차이가 발생한다."

"비대면 수업에서는 의사소통 방식에서 정보의 양과 질적 측면의 부족함이 상당하다. 교사와 학생 사이에 이루어질 수 있는 감정적 소통 또한 상대적으로 어려운 현실이다."

"대면 수업의 경우 학생들의 눈빛과 반응을 보며 소통하므로, 학생들에게 즉각적이고 언어적·비언어적 방법으로 피드백을 다양하게 제공할 수 있어 원활하게 수업을 운영하고 관리할 수 있다. 하지만 비대면 수업의 경우 학생들이 제출한 과제만 보고 학생들이 학습목표에 도달했는지를 파악하여야 함에 현실적인 어려움이 있다. 비대면 수업에서는 오답에 대해 한 명씩 피드백을 쪽지나 전화로 전달하는 게 어려우며, 즉각적인 피드백도 불가능하고, 학생들의 반응을 직접 확인할 수 없어 피드백을 제공한 후에도 학생들이 진정으로 이해한 것인지 알기 어렵다는 문제가 있다."

"비대면 수업으로 교육 격차가 매우 커짐을 체감한다. 등급이 고루

나뉘어야 하는데 상위권으로의 쏠림이 심하다. 상위권의 경우 자기주도 학습을 잘하기 때문에 오히려 좋은 기회가 될 수 있는데 문제는 중위권이다. 다른 친구들의 자극을 통해 성장하는 중위권 학생들은 성적이 많이 떨어지고 있으며, 이에 상위권과 하위권 학생이 많아지고 중위권 학생이 줄어드는 모래시계 현상이 발생하고 있다."

"비대면 수업은 자기주도적 학습 능력이 높은 학생들에게 유리한 시스템이기 때문에 자기주도적 학습 능력이 낮은 학생들은 가정에서 지도해주는 사람이 있어야만 비대면 수업을 제대로 수강할 수 있다. 자기주도적 학습 능력도 낮은 데다 가정에서 관리해주는 사람도 없는 학생의 경우 실제 학습결손이 발생하고 있으며, 비대면 수업 기간이 길어질수록 그 격차는 심화될 것으로 예상한다."

"대면 수업은 학생생활에 직접적인 지도와 공감을 할 수 있는 반면 비대면 교육에서는 동일 수준의 관리는 힘든 것이 사실이다. 사이버대학과 같이 온라인으로 학습 플랫폼이 정해져 있던 상황이 아니며, 코로나 상황에 따라 대면-비대면 교육이 병행되어 명확한 교육활동의 체계가 제시되지 못하고 있다."

"비대면 수업의 경우 디지털 활용 능력에 따라 수업의 준비 및 결과물의 수준이 달라지며, 학생들 역시 자기주도 학습 능력에 따라 수업 준비도가 크게 차이나는 상황이다. 초등학생은 스스로 학습관리 활동 수준이 가능한 경우를 20% 미만으로 파악하고 있다."

"보다 체계적이고 관리 가능한 비대면 수업방법이 등장하지 않는다면, 현장 교사들의 외면을 받을 가능성이 높다. 하지만 아주 장기적으로 봤을 때는 비대면 교육 방법이 꾸준히 지속되고 개발되어야 할 필요성이 있다."

"대면-비대면 병행 수업이 지속될 경우 전달해야 할 지식과 맥락 없는 활동 중심의 단원 구성, 교과 간-단원 간 연계성이 부족한 부분을 전폭적으로 생략하고 비대면에서 가능한 활동 중심으로 재구성될 필요가 있다."

"교육과정을 양적으로 줄이고 질적으로 개선할 필요가 있다. 물리적 환경은 변하였으나 평가의 영역과 요소는 그대로이며 가르쳐야 할 내용도 그대로여서 현재 방식으로는 학생들을 지도하기에 한계가 있다."

비대면 수업은 코로나19 등의 걱정 없이 원하는 시간에 학습을 할 수 있다는 점, 학생이 스스로 이해할 수 있는 수준으로 배우는 속도를 조절하거나 반복 학습을 할 수 있다는 점, 자기주도 학습이 잘되어 있는 학생의 경우 시간을 여유롭게 활용하면서 자기계발을 할 수 있다는 점 등의 장점이 있는 것은 사실이다. 하지만 비대면 수업으로 인해 학생들과의 소통이 어렵다는 문제가 가장 크게 두드러지고 있으며, 이러한 소통의 문제는 결국 교육 전체의 지속가능성이나 교육 격차의 문제 등과도 연결될 수 있음을 지적하는 교사가 많았다.

또한 비대면 수업에서는 언어적으로 소통할 수밖에 없기 때문에 비언어적 방식, 즉 오감을 통해 소통하던 대면 수업과는 질적 차이가 존재할 수밖에 없다는 점에 대한 언급이 많았다. 갑작스럽게 시작된 비대면 수업으로 인하여 물리적 환경이나 콘텐츠가 부족하다는 문제를 차치하고서라도 제대로 된 의사소통이 어려우며, 학생들로부터도 적절한 피드백을 받기 어려워 수업이 제공하는 경험과 질에 큰 차이가 발생한다는 것이다.

실제 비대면 수업으로 인해 교육 격차가 매우 커졌다는 의견도 존재하였는데, 자기주도 학습을 잘하는 학생은 상위권으로 이동하는 모습을 보였으나, 다른 친구들의 자극을 통해 성장하는 중위권 학생은 오히려 하위권으로 성적이 떨어지고 있어, 성적의 모래시계 현상이 강하게 나타나고 있다고 한다. 소통도 어려울 뿐 아니라 학생의 디지털 활용 능력에 따라서도 수업의 준비 및 결과물의 수준이 크게 달라지는데, 그나마 컴퓨터 등을 다루어 본 중고등학생의 경우는 낫지만 초등학생은 스스로 학습관리가 가능한 경우가 지극히 낮다고 파악하였다.

장기적으로는 비대면 교육 방법이 꾸준히 지속되어야 할 필요성이 요구되긴 하나, 소통 부족으로 인해 발생하는 문제들을 인식하고, 이를 해결하기 위한 정책적 방안을 함께 모색해야 할 필요성이 요청된다는 의견이 제시되었다. 특히 현재의 교육과정의 양을 대폭 줄이고 질적으로 개선할 필요성이 있다는 의견이 제시되었다. 교과나 단원 간의 연계성이 부족한 부분을 전폭적으로 생략하고 비대면에서 가능한 활동 중심으로 재구성하는 한편, 개선된 교과에 상응한 평가방식도 함께 개선하여야 한다.

학부모가 느끼는 비대면 수업의 일반적인 현황은 다음과 같았다.

"컴퓨터 활용 능력이 낮은 학생들의 경우 수업은 따라갈 수 있으나 수행 과제들을 이수하기 어려워보였다. 학부모가 지도해줄 수 있으면 상관없으나 그렇지 않은 경우라면 지정된 시간에 제출하는 것 자체에 어려움을 느끼는 경우도 있었다."

"초등학교 1학년, 중학교 1학년과 같이 학업의 첫 단계에 있는 학생들의 경우 더욱 어려움을 느끼는 경향이 있다. 활용하는 개념이나 언어들도 낯설어하는 경향이 있다. 예컨대 '수행평가'라는 단어 자체를 몰라 무엇을 해야 하는지 받아들이기 어려워하거나 두려워하는 경우도 있었다."

"교육방송조차 따라가지 못하는 학생들이 많다. 사이버 멘토링을 할 수 있는 특정 교사, 전담 교사 등이 투입되었으면 하는 바람이다."

"과거 컴퓨터 교육이 의무가 아니라 방과 후 활동의 하나였으며 비용도 저렴하지 않았다. 따라서 관심 있는 학부모의 경우만 선택적으로 교육을 진행하였고 그마저도 인원이 금방 만석되는 등의 어려움이 있었다. 일반적으로 중학생 정도면 컴퓨터를 잘 다룰 것으로 생각하나 그렇지 않은 학생들도 많다."

"대면 수업의 경우 교사가 학생들을 모두 볼 수 있어 집중할 수 있는 반면 수업을 지적하느라 낭비하는 시간도 존재한다고 생각한다. 오히려 비대면 수업에서는 수업만 열심히 해서 장점이라고 생각하는 학부모들도 있다. 단 출석 체크에 너무 오랜 시간이 걸린다는 문제는 있는 것 같다."

학부모 면담자들은 자녀들이 비대면 수업을 수행하는 모습 등을 관찰한 결과에 대한 문제점을 지적해주었다. 일반적으로는 컴퓨터 활용 능력이 낮은 학생들의 경우 보조자의 도움 없이는 정상적인 수업을 진행하기 어려울 것이라는 의견이 지배적이었다. 특히 초등 1학년, 중등 1학년, 고등 1학년과 같이 교과를 시작하는 첫 해인 경우 환경이나 사용하는 언어, 개념 등에 대한 이해도 떨어지기 때문에 비대면 수업을 더욱 어려워하거나 두려워하는 경향을 관찰할 수 있었다. 고등학생이라면 상대적으로 쉽게 적응할 수 있었겠지만 중등의 경우에는 비대면 수업에 대한 준비가 되지 않은 경우가 많았으며, 초등의 경우에는 부모의 도움 없이는 수업을 듣기 어려운 상황이었다.

이러한 점을 볼 때 비대면 수업을 진행할 경우 관련한 예비 수업이나 비대면 수업을 도와줄 보조교사 등에 대하여 고려할 필요가 있다.

3. 비대면 교육과 물리적 환경에 대한 견해

학생들을 대상으로 비대면 교육을 수행하는 물리적 환경, 즉 인프라 및 디지털 기기에 대한 질문을 실시하였다. 주요 답변 내용은 다음과 같다.

"온라인으로 바로 질문을 하면 수업에 방해가 될 것이라 생각해서 질문을 못하게 된다. 하지만 채팅으로 질문을 하게 되면 선생님께서 다른 자료에 확인을 못하시는 경우가 종종 발생하여 질의응답이 원활히 이루어지지 않는다."

"선생님들이 학생들의 질문을 바로 볼 수도 없으며, 학생들이 오류로 튕겼다가 다시 접속하는 경우가 너무 자주 발생한다."

"학교에서 사용하는 플랫폼을 모두 통일하는 방안도 좋을 것이라고 생각한다. 선생님마다 사용하는 학습도구가 모두 달라 혼란스럽다."

"학원 등 인터넷 강의 사이트들은 인터넷 강의를 듣는 동안 아무것도 못하게 기술적 조치를 하는 경우가 있다. 학교에서 사용하는 플랫폼에도 이러한 기능을 활용할 수 있도록 하면 좋을 것 같다."

"마이크가 없는 학생 또는 사용하는 기기가 좋지 않으면 선생님께 질문을 할 수가 없다."

학생들을 통하여 효율적인 비대면 수업이 진행되기 위해서는 물리적 환경의 확보가 전제되어야 한다는 의견을 확인하였다. 비대면 수업만의 장점도 존재하며, 비대면 수업과 대면 수업을 병행함으로써 얻을 수 있는 긍정적 요소도 존재하나 이는 완벽한 물리적 환경이 마련되었을 때를 전제한다. 실제 비대면 수업에서 채팅으로 질문을 하였으나 교사가 확인을 못하거나, 다른 자료 등으로 가려져서 적절하게 대응하지 못한 경우가 발생하였다.

대면 수업에서는 즉각적인 질의응답으로 대응이 가능하나 비대면 수업에서는 교사와 학생 모두 질문을 바로 확인하기 어려우며, 질문하는 과정에서 접속 오류 등이 발생하는 경우가 빈번하게 일어나고 있다. 대면 수업과 비교할 때 소통이 활발하게 이루어지기 어려운 환경이며, 접속망의 개선뿐 아니라 플랫폼 등에서 즉각적 소통이 이루어질 수 있도록 하는 개선이 필요하다.

한편, 현재는 학교나 교사의 상황별로 사용하는 플랫폼이 모두 다른데 플랫폼을 1개로 통일할 필요가 있다는 의견이 제시되었다. 플랫폼의 개별 기능으로 플랫폼에 접속해 있거나, 적어도 수업이 진행되는 동안은 타 인터넷망이나 소프트웨어의 작동을 불가능하게 하는 기술적 조치가 존재한다면 수업에 도움이 될 것이라는 의견도 있었다. 또한 물리적 개선은 플랫폼 측면도 필요하지만 개별 학생들 모두가 동일한 환경에서 비대면 수업을 받을 수 있도록 하는 것을 고려하여야 한다고 의견을 제시하였다. 일부 학생들에 대하여 필요한 전자기기가 지원되고 있으나 한계가 존재하며 학생들이 보유하고 있는 전자기기의 성능에 따라 수업 환경 역시 크게 차이날 수 있기 때문이다.

다음으로 교사를 대상으로 물리적 환경에 관한 의견을 확인하였다.

수업을 듣는 학생만큼 실제 수업을 운영하는 교사들로부터 물리적 환경에 대한 다양한 의견을 수렴할 수 있었다.

"카메라나 마이크가 없는 학생들이 꽤 있으며, 해당 기능을 가지고 있어도 카메라나 마이크를 사용하지 않고 수업을 듣는 학생들이 많다. 이유를 물어보니 얼굴을 보이는 것이 부끄럽거나 본인의 집이 화면에 나오는 것이 싫어서라는 답변을 하고 있어서 무조건 카메라, 마이크를 사용하라고 강제하기 어려운 실정이다."

"구글클래스룸 등 교사연수도 진행했지만 온라인 인프라가 부족하고 이에 대한 특별한 지침이나 지원도 없다. 비대면 교육을 실시하기엔 교육 콘텐츠도 부실하다고 생각한다."

"일반적으로 많이 사용되는 EBS 온라인 클래스는 화상회의 기능을 제공하고 있지 않아 실시간 쌍방향 수업이 불가하다."

"통신망의 문제는 심각한 수준이다. 위두랑, EBS 온라인 클래스 등 교육청에서 소개해준 플랫폼의 경우에는 수업 시작과 동시에 서버가 다운되는 문제가 발생한 적도 있다."

"온라인 수업에 적절한 접속망 개선이 필요하며, 학생과 교사의 온라인 학습환경 개선이 필요하다. 학생들마다 보유하고 있는 기기가 상이하여 교사가 제시하는 과제를 해결하지 못하는 기기들도 존재한다. 또한 실시간 온라인 수업 시 접속이 끊어지는 경우도 빈번히 발생한다. 비대면 수업이 지속되기 위해서는 온라인 수업에 적합한 기기 및 인터넷 환경 표준 마련이 필요하다."

"Zoom의 경우에도 학생들의 인터넷 서비스 품질, 기기 상태 등에 따라서 회의실 접속이 끊어지는 사례가 빈번하다. 같은 회의장 소그룹

활동을 위해 회의장 이동에 걸리는 대기 시간 등이 소요되어 수업외적 요인으로 버려지는 시간이 많다."

"네트워크 상황에 따라 수업 상황이 달라진다. 동일한 플랫폼을 사용하더라도 PC, 스마트패드, 휴대폰, 노트북의 종류, 마이크/스피커 기기의 종류에 따라 호환성이 달라지기 때문에 교사가 각 장비에 대하여 파악하여야 하는 불편함도 존재한다."

"온라인 화상회의 기본 시스템에 상호작용 도구로 사용할 수 있는 서비스(구글폼, 퀴즈엔, 라이브시트, 페들렛, 멘티미터 등)를 혼합해 사용하는 것이 현재로서 최선이라 생각되지만, 학생들과의 상호작용을 위해 여러 서비스 도구를 병행해서 사용해야 하는 어려움이 있다."

"학습하는 과정에서의 혁신이 필요하며 특히 네트워크 인프라의 구축과 동일한 수준의 노트북은 반드시 지원되어야 한다고 생각된다."

"비대면 상황에서 학생의 참여를 이끌어낼 수 있는 기술적 요소를 도입하는 방안이나 참여를 독려할 수 있는 기능을 플랫폼에 탑재하는 방안에 대한 고민이 필요하다."

"플랫폼은 회의 기반이 아닌 수업 기반으로 재설계되어야 한다. Zoom을 많이 사용하고 있기는 하나 수업에 최적화된 구조는 아니다. '수업종' 기능 등 다양한 방식의 기능들을 활용할 수 있게 플랫폼을 구성하는 것도 필요하다."

"비대면 시간에 학습활동을 관리(학습시작 시간, 학습시간 중 중간 체크, 학습 마무리 시간, 학습활동 중 피드백, 학습결과를 교사 및 학부모에게 실시간 전송)할 수 있는 프로그램 기능이 플랫폼에 탑재되어야 하며, 이러한 기능 추가에 대한 법적 기반이 필요하다. 현재 대면 교육에서 이루어지는 활동은 모두 NEIS 등 법적 근거가 있어 사회와 학부모들이 납득할 수 있는 것이다.”

“실시간 온라인 학습환경에서 수업을 방해(지속적으로 잡음, 소리를 내거나 채팅창에 도배성 글을 게시, 수업 중 욕)하는 학생이 지속적으로 나오고 있다. 교사가 공유해서 사용하는 화이트보드 등에 수업 중 낙서를 하거나, 소규모 그룹회의 기능 등을 활용해 모둠 활동을 하는 경우에는 교사가 입장해 있지 않은 틈(다른 회의실에 들어가 있는 상태)을 이용해서 다른 학생들과 언쟁을 벌이거나 하는 등의 예상치 못한 행동들을 벌이는 경우도 있다. 온라인 환경 속 예절 교육과 동시에 학생들의 온라인 매체를 수업교사가 적절히 통제할 수 있는 장치(원격 등)를 활용할 수 있도록 하는 물리적 장치가 필요하다.”

“선생님들은 수동적 경향이 강하므로 플랫폼 활용에 대한 가이드가 제시될 필요가 있다. 최소한의 기준을 제시하고 선택 가능한 여러 기능 등이 설계되어야 한다.”

“비대면을 이유로 하고 있지만 사실은 교실 수업에 대한 혁신을 기대하는 경향이 크다. 온라인과 오프라인의 구분 없이 교육이 가능하도록 하는 것이 최종 목표이다.”

“학교로 등하교하되 비대면으로 수업을 진행할 수 있도록 학교 환경의 전반을 개선하는 것도 필요하다.”

“대면-비대면 수업이 지속적으로 이원화될 경우 긴밀한 상호작용과 피드백을 위하여 학급 규모의 축소는 필수적이다.”

교사들은 여러 준비가 부족했던 상황에서 비대면 수업을 실행해야 했던 당사자들로서, 비대면 수업에 관하여 다양한 관점에서의 의견을 제시하였다. 전반적인 의견에서 긍정적 측면과 부정적 측면이 공존하였으나 물리적 환경 측면에서만큼은 공통적으로 개선과 보완이 필요하다고 강력하게 의견을 제시하였다.

첫째, 통신망의 개선이 시급한 과제로 제기되었다. 통상 학교 내에서 비대면 수업을 실시하는 교사들은 학교와 교실에 인터넷망이 부족하거나 접속이 제대로 되지 않는 등 연결의 어려움이 있어 교육을 제대로 실시할 수 없던 경험이 있었다. 학생들 역시 일정 부분 디지털 기기의 지원은 이루어지고 있다고는 하나 가정 내에서 인터넷 사용이 원활하지 않은 경우가 존재하였다.

둘째, 디바이스 문제이다. 네트워크 상황에 따라 수업의 안정성이 달라지기도 하지만, 디바이스에 따라서도 달라지는 문제를 경험하였고 이는 교사와 학생의 공통적 문제로 제기된다. 같은 소프트웨어를 구동하는 상황이라도 PC, 스마트폰, 휴대폰, 노트북 중 어떠한 기기를 사용하느냐에 따라 호환성이 달라지게 되고, 수업 내용이 아닌 호환성의 문제로 학생들이 질문을 하면 하나하나 대응하기 어려운 실정이라고 답변하였다. 또한 기본적인 디바이스만을 가지고 있고 카메라나 마이크 등은 가지고 있지 않은 학생들이 다수 존재하여, 제대로 된 실시간 쌍방형 수업을 구현하기는 어려운 실정이라고 하였다. 카메라나 마이크 등을 보유하고 있는 학생이라 하더라도 본인의 집이 배경으로 보이는 것을 꺼려 하여 카메라를 끄고 수업에 참여하는 학생들이 있으나 이 경우 카메라를 켜고 수업할 것을 강제하기 어렵다고 하였다.

셋째, 플랫폼(소프트웨어)의 문제이다. 비대면 수업을 진행할 수 있는 다양한 플랫폼이 소개되고 있지만 대면 수업의 기능을 모두 구현할 수 있는 플랫폼은 존재하지 않기에 어려움이 있음을 확인하였다. 교육용 플랫폼은 안정성이 떨어지며 쌍방향 수업에 적절한 기능을 제공하고 있지 않은 경우도 있었다. 결국 가장 많이 사용하는 실시간 수업 플랫폼은 Zoom인데 해당 플랫폼은 회의를 위한 플랫폼이라는 한계가 있다. 결국 비대면 수업을 위해서는 '수업'을 기본으로 설계된 '학업 전용' 플랫폼이 필요하다는 의견으로 모아진다 할 것이다. 학업 전용 플랫폼에서는 첫째, 학습활동에 대한 관리 기능으로 학습시작 시간, 학습시간 중간 체크, 학습 마무리 시간, 학습활동 중 피드백, 학습결과에 대한 전송, 수업 방해 학생에 대한 제지, 수업종 기능 등 기초적인 학습관리 기능이 탑재되어야 한다. 둘째, 현재 상호작용 도구로 활용되는 App 등을[35] 학업 전용 플랫폼에 일정 부분 탑재해서 토론·실습 수업 등이 원활하게 이루어질 수 있도록 하여야 한다. 셋째, 비대면 상황에서 학생들의 참여를 적극적으로 이끌어낼 수 있는 기술적 요소를 도입하는 방안이 필요하다. 넷째, 학업 전용 플랫폼에서 이루어지는 활동이나 평가 등에 대한 법적 기반이 필요하다.

넷째, 물리적 환경 변화에 대응한 지원 부분이다. 비대면 수업이 진행되면서 일정 부분 교사연수가 진행된 것은 사실이나 온·오프라인 인프라가 부족하고 비대면 학습도구의 사용방법 등에 대한 매뉴얼, 가이드라인 등이 필요하다. 교사들의 경우 새로운 수업도구를 적극적으로 활용하고자 하는 경우도 있지만 수동적인 경향도 강하게 나타나므로 플랫폼이나 학습도구의 대한 최소한의 기준을 제시하고 선택 가능한 여러 기능 등이 부수적으로 제시되는 등의 매뉴얼이 있어야 학생들에게 어느 정도의 균일한 학습이 제공될 수 있다고 보았다.

---

35 현재 온라인 화상회의 기본 시스템에 상호작용 도구로 사용할 수 있는 서비스들은 구글폼, 퀴즈엔, 라이브시트, 페들렛, 멘티미터 등이 있다.

마지막으로, 물리적인 환경 개선은 결국 교육 환경 전체의 개선으로 이어져야 한다는 의견도 많았다. 비대면을 이유로 하고 있지만 결국 교실 구성에 대한 혁신을 기대하는 목소리가 높았으며, 향후 대면이든 비대면이든 어느 상황에서도 구분 없이 균일한 교육을 제공할 수 있도록 인프라가 구축되어야 한다는 것이다. 현재 정해진 공간 내에 여러 명의 학생이 모이는 것에 대한 부담으로 비대면 수업이 진행되고 있기는 하나 장기적으로 학급 규모가 어느 정도 축소된다면 대면 수업의 방식을 기본으로 하되 비대면 수업을 융통성 있게 도입할 수 있을 것이며, 경우에 따라서는 학교로 등교하되 수업 방식을 비대면으로 진행하는 것도 생각해볼 수 있을 것이라고 하였다. 이 같은 구상이 이루어지기 위해서는 학교 내에서 비대면 수업을 진행할 수 있도록 공간 개선과 환경 개선, 방식의 개선이 모두 이루어져야 한다.

학부모 면담자의 경우 관찰자 입장에 있어 물리적 문제에 대한 유의미한 답변을 들을 수는 없었다. 다만 수업 중 화면을 꺼놓고 있거나, 수업 중 핸드폰을 사용하는 경우 등을 목격하여 이러한 부분에 대한 물리적 통제가 필요하다는 의견이 일부 존재하였다.

4. 비대면 교육에서 활용되는 콘텐츠에 대한 견해

비대면 교육에서 활용되는 교육 콘텐츠는 이를 이용·가공하는 교사들에게서만 유의미한 답변을 얻을 수 있었다. 그 내용은 다음과 같다.

"교사 측면에서 균일한 콘텐츠를 제공하지 못한다는 문제 인식이

크다. 변화하는 교육 환경에 적응하기 위해 열심히 노력하는 교사도 많지만 반대로 변화하는 교육 환경에 적응하지 못하는 교사도 많아 학생들에게 균일하지 않은 콘텐츠를 제공하고 있는 것이 현실이다."

"교육 콘텐츠는 EBS 다큐멘터리 등을 수업 내용과 연계하거나 EBS 클립뱅크 등을 활용할 수 있는 모델 개발 등을 고려할 수도 있을 것 같다."

"초등 및 중고등을 구분하여 학령에 적합한 온라인 협업도구 개발 도구 보급이 필요하다. 또한 교사들이 쉽게 제작할 수 있는 다양한 상호작용 학습자료 및 개발도구 제작 및 보급도 필요하다."

"교육 인프라(물리적 환경)가 잘 갖춰져도 교육 콘텐츠나 교육 모델이 없으면 비대면 수업에서 발생하는 문제를 해결하기 어려운 것이 현실이다."

"교육 콘텐츠의 제작이나 활용에 대한 최소한의 가이드 제공이 필요하다. 수업을 진행하는 교사별로 격차가 심한 상황이다."

"동영상을 직접 제작해서 수업을 진행할 수 있긴 하다. 하지만 이 같은 방식은 1~2개 교과와 학년을 맡아 운영하는 중등에서는 적합할 수 있으나, 매 차시 또는 12개 교과를 1인이 담당하는 초등에서는 활용할 수 없는 방식이다."

"10분짜리 온라인 동영상 콘텐츠를 제작하기 위하여 2시간 정도의 사전 제작 시간이 필요하였다. 사전에 대본을 작성하고, 막힘없이 촬영하기 위해서 재촬영을 2~3회 반복하였다. 촬영한 소스 영상을 편집하는 과정(자막, 음악, 용량)에도 많은 시간이 소요되었다. 학생들에게 양질의 콘텐츠를 제공하기 위해 노력하고 있으나 많은 어려움이 있는 것이 현실이다."

"교육 콘텐츠의 개발보다 어떻게 하면 학생들을 통제할 수 있는가를 중심으로 진행되는 경우가 많아 아쉬움이 존재한다. 우리나라의 교육이 아직 통제에서 벗어나지 못한다는 느낌이다. 통제가 아닌 흥미를 유발할 수 있는 콘텐츠를 개발하는 것이 중요하다."

교육 콘텐츠는 교사들이 직접 제작하는 경우와 기존의 교육 콘텐츠를 활용하는 2가지 방안이 통상 사용되고 있다.

먼저 교사가 단순히 실시간 수업을 진행하는 것이 아니라 별도로 게시할 수 있는 교육 콘텐츠를 제작하여 활용하는 것은 학제에 따라 어려움이 존재할 수도 있다는 의견이었다. 예컨대 1~2개 교과와 학년을 맡아 운영하는 중등에서는 이러한 방식이 적합할 수 있으나, 매 차시 또는 12개 교과를 1인이 담당하는 초등에서는 제작하기가 상당히 곤란하다는 것이다. 이를 위하여 초등과 중고등을 구별하여 학령에 적합한 온라인 협업도구나 교사들이 함께 콘텐츠를 제작, 지원할 수 있는 도구 등을 보급할 필요성이 있다는 의견이 제시되었다.

두 번째는 기존의 교육 콘텐츠 등을 활용하는 방안이다. 다양한 교육 콘텐츠 등이 제공되고 있기는 하나 현재 활용할 수 있는 콘텐츠가 한정적이라는 문제를 공통적으로 지적하였다. 이에 각각의 교육과정에 맞는 콘텐츠를 개발·보급하는 것을 기본으로, 교육과정에 적합한 외부 콘텐츠를 수업과 연계해서 데이터베이스화되어 있는 플랫폼 등을 구축하거나, EBS 클립뱅크 등과 연계하는 방안 등을 활용한다면 보다 다양한 교육 콘텐츠를 학생들에게 제공할 수 있을 것이라는 의견이 제시되었다.

또한 물리적 환경 개선에서도 제시된 내용이지만, 교육 콘텐츠의 제공과 관련해서도 현재 교사에게 어떠한 가이드가 제공되고 있지 않은 데에서 발생하는 어려움을 문제로 제시하였다. 교사별로 제공하는 교육 콘텐츠가 다르고, 결국 같은 학령기의 학생들에게 균일한 콘텐츠를 제공하지 못한다는 문제가 발생하고 있다. 다양한 콘텐츠의 개발이나 개발을 지원할 수 있는 환경을 제공하는 것도 중요하지만, 교사에 대한 최소한의 가이드를 제공하거나 연수 등을 실시하여 이러한 콘텐츠가 잘 사용될 수 있도록 하는 것 역시 중요하다 할 것이다.

5. 비대면 교육의 수업 운영에 대한 견해

학생들을 대상으로 비대면 교육 중 개별 수업환경에 관한 질문의 답변에서 주요 내용은 다음과 같다.

"프린트 같은 부교재를 집에서 준비하기 어려움이 있다. 대면 수업에서는 선생님께서 나눠주시나, 집에서는 직접 준비하거나 수업 화면으로만 봐야 해서 어려움이 있다."

"토론 수업이 가능하긴 하나 대면 수업에 비해 질이 현저히 떨어진다. 예컨대 온라인에서 소회의실 기능을 써서 토론을 하거나 소통을 할 수 있긴 하다. 그러나 Zoom을 통해서 하는 경우 사회자가 부담이 너무 크고, 토론자들이 말을 안 하는 경우에 대응하기가 너무 어렵다는 문제가 있다."

"실기 수업이 잘 이루어지지 않는 문제가 있다. 물론 과학 같은 경우 실험물품을 따로 배송받은 적이 있기는 하다."

학생들에게 개별 수업에서 발생하는 문제에 대하여 질문한 결과, 지식 전달형 수업이 아닐 때, 수업을 위한 별도의 준비가 필요한 경우 등에서 비대면 수업의 어려움을 확인할 수 있었다. 대면 수업은 교사가 수업 보조자료를 인쇄해서 배포하거나 하는 방식으로 이루어졌다면 비대면 수업에서는 웹자료로 전달되거나, 학생이 스스로 출력하여 활용하여야 하는 것에 대한 어려움을 토로하였다.

토론이나 실기가 주된 수업의 요소로 활용되는 경우의 어려움은 더크게 나타났다. 비대면 교육에서 사용되는 플랫폼에서 토론이 충분히 가능하나, 실제 수업에서 잘 활용되지 않으며 대면 수업에 비하여는 곤란함이 있다는 의견이었다. 실기 수업에서 더 큰 문제점이 있는데, 기존에는 학교에서 보유하고 있는 교육도구를 활용하여 실습이나 실기시험 등을 실시하였다면, 비대면 수업에서는 현실적으로 어렵다는 것이다. 물론 비대면과 대면 수업을 병행하는 구조에서 실기 수업은 대면 수업에서만 진행하면 될 것이고, 필요한 경우 실습물품 등을 집으로 배송해주는 방식 등을 활용할 수 있지만 비효율적 측면이 있다. 이러한 측면에서 볼 때 전면적인 비대면 수업을 고려하더라도 교육도구가 반드시 활용되어야 하는 수업에 대한 대응 방안 및 토론수업 등의 활성화 방안 등에 대한 대책 마련이 필요하다.

다음으로 교사를 대상으로 비대면 교육에 대한 각 수업의 개별적 상황에 대한 설문을 실시한 결과 다음과 같은 답변을 들을 수 있었다. 개별 수업의 상황에서 발생할 수 있는 문제들 역시 정책개발에서 고려할 요소들이다. 학생의 경우 수업의 내용이나 준비에 관한 어려움을 토로했다면 교사들은 수업관리 측면에서의 어려움에 대한 의견을 들을 수 있었다.

"대면 수업에 비하여 비대면 수업에 더 많은 시간과 노력이 필요하긴 하나 엄청난 차이라고 보기는 어렵다. 수업을 준비하는 것은 동일하다."

"비대면 수업에서 새로운 유형의 수업 방해(마이크를 켠 상태에서 욕설, 채팅창에 성과 관련한 단어 언급) 등이 나타나고 있어 수업관리의 어려움이 있다. 또한 수업 중간에 학생이 나가더라도 바로 확인하기도 쉽지 않으며 나간 것이 확인되더라도 수업을 중단하고 해당 학생을 찾을 수도 없는 점도 관리의 어려움으로 나타난다."

"출결관리의 어려움이 있다. 비대면 수업도 대면 수업과 같이 정해진 수업시간을 맞추어 들어야 함에도 본인이 좋아하는 과목부터 듣거나, 납득하기 어려운 이유로 듣지 못했다고 이야기하는 경우들이 다수 존재한다."

"학생이 수행하고 있는 학습에 대한 관리를 입체적으로 확인하기 어렵다는 문제가 있다. 보호자에 의해 학업관리가 이루어지지 않는 경우가 많으며, 비대면 수업과 동시에 게임이나 채팅을 수행하는 경우도 종종 발견된다. 특히 게임 등을 한다는 심증은 있지만 직접 볼 수 없어 제한된 화면 속 학생들의 행정 정보만 가지고 개별적 행동을 통제하기 어려운 것이 현실이다."

"출석관리 측면에서 비대면 수업은 출결 기록이 명확히 남아서 활용할 수 있다는 장점이 있다. 하지만 출결이 즉시 확인되지 않을 경우에 대한 처리 기준에 대한 명확한 안내가 필요하다. 각 학교마다 (가칭) 원격교육위원회 등을 자체 구성하여 시스템 오류 등에 대응하여야 한다. 또한 참여 여건이 안 되는 취약계층 학생들에 대한 대응 방안도 마련해야 한다."

"출결은 온라인과 과제 제출 현황 중심으로 이루어져 신뢰성 확보가 문제로 연결된다. 일부 온라인 중심의 교육은 교사에 의한 편의성대로 학사 운영이 되는 경우도 있다."

"모니터에 보여지는 화면 정보에 기초한 수업이 이루어지므로 다양한 경험을 갖기 어렵다. 특히 도구 조작 등을 통해 과학적 경험을 해야 하는 실험이나 신체의 다양한 감각을 키워야 하는 체육수업 등에서 많은 제약이 존재한다."

"예체능 등 실기수업은 비대면 수업으로 완벽하게 대체할 수 없다고 생각한다. 실기수업의 경우 특히 교수자의 직접적 도움이 필요한 경우가 많다. 실기수업을 위해 필요한 환경을 조성하기 위해 디바이스 지원이 필요하다. 현재 지원되는 디바이스의 경우 인터넷 강의를 무리 없이 들을 수 있는 수준의 사양이라고 판단되며, 실기수업을 위해서는 부족하다고 생각한다."

"기존의 실습, 실기수업은 대면 수업을 가정한 환경 속에서 만들어진 활동이다. 만약 비대면 상황이 지속된다면 디지털 기술을 활용한 간접 실습을 체험해야 할 것이다. 따라서 관련한 디지털 기술개발, 예컨대 가상·증강 현실의 적용 등 더 많은 노력이 필요하다."

"비대면 수업 진행 시 실습 부족의 한계점에 대한 문제를 해결하기 위해 간접실험(체험)을 할 수 있는 기술의 도입이 필요하다. 콘텐츠 제작에 가상·증강·복합현실 등의 기술을 활용하여 간접 체험을 통한 학습이 이루어져야 한다. 간접 체험을 통해 숙련도를 높이고 최종적으로 교실에서의 수업으로 마무리하여야 한다."

"실기수업의 유형을 대면 수업과 비대면 수업에서 할 수 있는 방법으로 새로이 고안할 필요가 있다. 예컨대 화기(알코올램프) 등을 사용해야 하는 물질 단원의 실험은 대면 수업에서 진행해야 하나, 실험재료를 개인화시킬 수 있는 실험 등을 분류해서 학생별로 지원하는 방안도 가능할 것이다. 음악 등의 경우 독창은 가능하지만 화음감을 지도할 수 있는 합창 수업 등에는 제약을 받을 수 있다. 이와 같은 제약을 극복하기 위해서는 노래방 시스템처럼 학교 노래도 반주에 맞추어 노래를 스스로 할 수 있게 해주고 이를 실시간으로 녹음하는 등의 과정을 거쳐 평가하는 방안을 생각해볼 수 있다."

"라이브시트와 같이 학생들의 다양한 상호작용을 이끌어낼 수 있는 학습지 개발 툴이 필요하며, 초등학생 등 컴퓨터 활용이 원활하지 않은 사람들도 쉽게 가입할 수 있고 사용할 수 있는 협업도구들이 필요하다."

"협업이 필요한 과제의 경우 패들렛, e학습터, 팅커벨, 카훗, 구글폼, 구글 스프레드시트, 멘티미터, 라이브워크시트, 잼보드 등을 활용하여 수업을 진행하였다. 다양한 학습도구 등이 존재하나 이에 대한 활용교육은 부족하다. 이러한 프로그램 사용 사례와 연수가 체계적으로 지원되어야 할 필요가 있다."

중등 이상에서는 개별 수업마다 출결관리가 수반되어야 하는데, 비대면 수업에서는 이 같은 출결관리가 쉽지 않다는 문제점이 있다. 정해진 시간에 수업을 들어야 함에도 본인이 좋아하는 과목부터 듣거나 납득하기 어려운 이유로 듣지 못했다고 하는 경우들이 존재하며, 환경적인 이유로 또는 그 밖의 사정으로 수업 도중에 나가는 학생들도 있었다. 하지만 수업 도중 학생들이 나간다 하더라도 이를 바로 확인하기도 어려우며, 확인한다 하더라도 적절한 조치를 할 수 없다는 한계가 있다. 이 같은 부분은 물리적 환경 개선에서 학습 전용 플랫폼을 개발하고 플랫폼의 부수 기능으로서 출결관리 기능을 탑재하는 방식으로 해결이 가능할 것이다.

하지만 비대면 상황에서의 출결관리 방안 등에 대하여 새로운 기준을 세우는 것이 필요하다는 의견도 제시되었다. 예컨대 출결 확인은 원칙적으로 담임교사가 당일 교과 운영 단위로 실시하되 수업 유형에 따라 1주일 내에 최종 확인을 하는 방식으로 진행될 수 있다. 전담교사와 담임교사가 미참여 학생에 대하여 참여를 독려하거나 대체학습을 안내할 수도 있을 것이다. 매일 일정 횟수 이상의 출결을 체크하되 비대면 교육 시 출결 확인 주체에 보호자를 포함시킨다. 출결기록의 경우 담임교사가 실시간 또는 사후 출석 증빙자료를 확인하여 일자별로 출결 보조장부 또는 교육행정정보시스템에 해당 내용을 기입한다. 기타 출결에 관한 사항은 원격수업관리위원회에서 결정하도록 하는 방식이다.

과학, 음악, 체육, 미술 등과 같이 체험과 실습을 중심으로 이루어지는 수업은 비대면 수업에서 제대로 된 학습을 전달하기 어렵다는 의견이 다수 존재하였다. 실습수업의 목적은 학습도구를 사용하거나 신체를 직접 사용하여 다양한 감각을 키우는 것이 목적인데, 비대면 수업에서는 간접적 실습만이 제공되고 있다. 학교에 따라 실험도구 등을 학생의 가정으로 배송해 준 사례도 존재하나 이러한 방식은 장기적으로 지속하기 어려울 것이다. 이에 실습수업을 위한 2가지 개선 방안이 제시되었는데, 첫째, 학교 환경 개선을 통한 실습 환경 구축과 둘째, 비대면 상황에 맞는 실습 콘텐츠 개발이다.

학생들이 학교에 등교하는 일정에 따라 실습 등을 수행할 수 있기는 하나, 종국적으로는 학교 환경 개선을 통하여 가상·증강현실 등을 통해 학생들이 자유롭게 체험할 수 있도록 하는 방안이 필요하다. 가상·증강현실 등이 적절히 활용될 경우 학생의 능력과 숙련도에 따라 맞춤형 교육이 이루어질 수 있을 것이며, 신기술이 적용된 디바이스(HMD 등) 제공 등을 통하여 가정 내에서도 실습교육이 원활하게 이루어질 것을 예상해 볼 수 있다.

두 번째는 비대면 상황에 맞는 새로운 실습 콘텐츠의 개발이다. 당연하겠지만 기존의 실습교육은 대면 교육을 전제하여 구상된 것이기 때문에 비대면 상황에서는 동일한 방식으로 구현이 어렵다. 하지만 새로운 방식의 실습을 제안하거나, 오히려 비대면 수업에 적절한 실습도 존재할 수 있다. 예를 들어 음악의 경우 '독창'의 실습은 반주가 나오는 APP 등을 통하여 노래를 스스로 할 수 있게 해주고 이를 실시간으로 녹음하는 과정 등을 통해 평가도 진행할 수 있을 것이다. 이처럼 변화된 환경에 맞는 실습교육의 방안도 새로이 구상할 필요성이 요청된다.

학생들 간의 협업이 필요한 수업 역시 비대면 수업에서는 원활하게 이루어지기 어렵다. 다만 토론이나 협업과제를 위한 다양한 플랫폼 등이 존재하고 있으며, 이러한 플랫폼이 수업에서 활용될 수 있도록 프로그램 사용에 대한 사례나 연수 등이 공유될 필요성이 있다. 나아가 기존의 플랫폼은 통상 회원 가입을 통해 사용이 가능하나 초등학생 등 컴퓨터 활용이 원활하지 않은 사람들도 쉽게 가입할 수 있고 사용할 수 있는 협업도구 등이 추가로 개발될 필요성이 요청된다.

학부모 면담자의 경우 자녀들이 비대면 수업을 수행하는 모습을 관찰한 결과를 토대로 수업 운영에 대한 의견을 제시하였다.

"저학년일 경우 활동 수업이 많아 수업 운영에 우려되는 부분이 많다. 현재 초등학생들은 유튜브 사용이 매우 보편화되어 있어 담당 선생님들이 유튜브 등으로 실기 수업의 영상을 게시해준다면 좋을 것 같다."

"미래에는 실기수업의 형태도 바뀌어야 할 것이라 생각한다. 음악의 경우 과거 가창이나 악기연주 등의 실습이 이루어졌다면 미래 수업에는 음악편집이나 작곡과 같은 것을 해보는 것도 가능할 것이다. 이러한 방식이 오히려 학생들의 흥미를 유발할 수 있을 것으로 생각한다."

"체육 등 실기수업을 비대면으로 진행하면 학생들이 해당 과제를 실시했는지에 대한 체크가 필요하다."

"학생들이 핸드폰을 대부분 소지하고 있다는 전제 하에 교육 APP 등을 활용하여 수행평가를 진행하는 것도 긍정적일 것이다. 교육적으로 흥미를 유발할 수 있는 APP이 다양하게 존재하고 있다고 알고 있다."

"생기부를 무엇으로 채워야 하는지에 대한 고민이 많다. 학교에 출석하지 않는 상황에서는 발표나 태도 등의 측면이 어떻게 기록되는지 잘 모르겠다."

상대적으로 저학년들는 실기수업 등의 활동이 교육과정 내 다수 포함되어 있기 때문에 이러한 부분에 대하여 학부모 면담자들의 걱정이 존재하였다. 비대면 수업으로 지속하여야 한다면 실기수업의 형태를 바꾸어야 한다는 의견과 함께, 초등학생의 경우 유튜브가 매우 보편화되어 있어 교사가 유튜브를 활용한 수업을 진행하거나, 핸드폰을 대부분 소지하고 있다는 전제 하에 교육 APP 등을 활용한 실기수업 등을 진행하는 것이 바람직할 것이라는 의견이 제시되었다.

한편 학교 내에서의 발표나 과제 제출 등의 활동으로 채워졌던 생기부를 비대면 수업에서 어떻게 대응해야 할지 모르겠다는 의견도 제시되었다. 이는 교사 면담자의 설문에서도 동일하게 제기되었던 평가의 문제와 연계된다고 할 것이다. 비대면 수업은 단순히 수업만 정상적으로 진행되는 것을 의미하는 것이 아니라 수업과 관계되어 있는 모든 활동과 요소들이 유기적으로 돌아가야 하는 것을 의미한다.

6. 비대면 상황에서의 교육 불평등에 대한 견해

학생들을 대상으로 비대면 교육과 관련하여 교육의 불평등을 실제로 느꼈거나 알고 있는 사례가 있는지에 대한 설문을 실시하였다.

"선생님께 질문을 하더라도 마이크가 안 좋은 학생은 무슨 말을 하는지 들리지 않는 문제가 있다."

"비대면 초기에는 학원 가서 수업을 들으면 되겠지 하는 학생들이 많았는데, 돈이 없는 학생들은 학원에서 수업을 들을 수 없으니 불평등이 더 심해질 것 같다고 생각한다."

"경제적 여유가 있는 친구들은 인터넷 강의를 더 많이 들을 수 있다. 평가가 변하지 않는 구조 내에서는 인터넷 강의를 듣는 것과 안 듣는 것의 차이가 많아질 것이다. 집에만 있어서 사교육이 더 강화되는 것 같고 돈 없는 집의 친구들은 더 불리해질 것 같다."

비대면 수업이 지속, 확대될 경우 불평등이 더 커질 것인가에 대하여 적어도 현재 시점에서는 분명한 불평등이 존재하고 있음을 확인하였다. 앞서 물리적 개선에서도 확인한 부분이지만 학생들이 보유하고 있는 전자기기의 성능에 따라 수업의 질적 부분에 차이가 존재함을 확인할 수 있었다.

또한 비대면 수업이 지속되면서 학생들이 학원 등에 더 많이 의존하는 경향을 보이고 있으며, 때문에 학원이나 인터넷 강의가 병행되는 학생과 그렇지 않은 학생 사이에서 학습격차가 더 크게 발생할 것이라는 우려가 존재하였다. 다만, 현재 학원이나 인터넷 강의를 수강하는 것은 비대면 강의의 품질이 좋지 않다는 인식에 기인한 경우도 있는데, 향후 비대면 수업이 보다 활성화되면 교육 콘텐츠의 품질관리도 이루어질 것이고, 이 같은 방식으로 비대면 수업의 상황이 좋아진다고 가정하면 불평등의 문제는 자연스레 해소될 수 있을 것으로 기대하기도 하였다.

학생들은 양질의 교육 콘텐츠를 제공하는 것으로, 학습자 간의 사이에 발생하는 교육 불평등 문제를 최소화할 수 있을 것이라고 기대하였다. 때문에 향후 양질의 교육 콘텐츠를 어떻게 제공할 것인가에 대한 방법을 모색할 필요성이 있다.

다음으로 교사를 대상으로 비대면 교육 상황에서의 교육 불평등 문제에 대한 면담을 실시하였고, 다음과 같은 답변을 들을 수 있었다.

"디바이스는 비대면 교육 초기부터 전수조사를 통하여 지원이 여러 차례 이루어지고 있긴 하다."

"어렸을 때부터 저소득층이라면 컴퓨터 활용 능력이 현저히 떨어진다. 예를 들어 디바이스를 제공해주어도 파손의 우려 등으로 보호자가 사용하지 못하게 하는 경우도 존재한다."

"가정 내 개별 환경에 따른 문제는 분명 존재할 것으로 생각된다."

"비대면 수업이 빠르게 진행될 수 있었던 점은 우리나라의 인터넷 보급률, 스마트 기기의 보유율이 높았기 때문이다. 하지만 기종에 따라 접속이 원활하지 않거나 조작이 어려운 경우도 있다. 저소득층, 다문화가정, 조손가정 등 온라인 교육의 사각지대에 놓였던 학생들이 느끼는 소외감이 상상 이상이었을 것으로 예상된다. 디지털 기기의 편차에 관계없이 접속이 편리하며 학습과 피드백이 용이한 웹사이트의 구축이 필요하다."

"취약계층을 위한 별도의 디지털 수업 공간을 마련하는 것은 득보다 실이 많을 것이다. '취약계층'을 위한 곳이라고 하면 학생들이 가지 않을 것이며, 비대면 교육은 취약계층 학생들에게 지속적으로 부정적 영향을 미칠 수 있기 때문이다."

비대면 수업을 위해 취약계층에 대한 디바이스 지원은 꾸준히, 여러 차례 이루어지고 있으나 현장에서는 여전히 부족하다는 목소리가 다수이다. 스마트 기기 외에도 모두가 동일한 환경에서 수업에 참여할 수 있도록 마이크나 이어폰, 카메라 등의 보조 기기의 보급 역시 함께 검토할 필요성이 있다.

일반적으로는 우리나라의 인터넷 보급률과 스마트 기기의 보유율이 높았기 때문에 비대면 수업이 빠르게 진행될 수 있었으나. 그 때문에 교육 취약계층의 소외감이 더욱 강하게 느껴질 수 있다는 점을 고려할 필요가 있다. 교육 취약계층의 모든 상황을 고려하기는 어렵겠지만 일괄적인 기기 지원 외에도 디지털 격차를 해소하고 교육 취약계층을 배려하기 위한 보다 강력하고 다양한 정책이 요구되는 부분이다.

예컨대 어렸을 때부터 저소득이라면 컴퓨터 활용 능력이 현저히 떨어지기 때문에 단순히 스마트 기기의 지원뿐 아니라 해당 기기를 활용할 수 있도록 돌봄이나 보조교사 지원과 같은 추가적 지원도 고려할 필요가 있다. 저소득층, 다문화가정, 조손가정 등 취약계층의 각 가정의 특수 사정에 따른 개별적 지원 여부도 고려할 필요가 있다.

스마트 기기의 지원이 원활하지 않거나, 기기를 지원하더라도 가정 내에서 수업을 듣기 어려운 경우에 대비하여 취약계층을 위한 별도의 학습공간을 마련하는 방안 등도 제시되었다. 그러나 이 방안에는 부정적측면도 존재하기 때문에 신중한 대응이 필요하다는 의견이 제시되었다. 예컨대 '취약계층'을 위한 특정한 학습공간이라면 학생들이 가는 것을 꺼려 할 가능성이 있으며, 오히려 취약계층 학생들에게 지속적으로 부정적 영향을 미칠 수도 있다는 것이다. 또 다른 방식으로는 공공기관 등의 시설에서 스마트 기기를 이용할 수 있는 일반적인 시설을 구축하거나(ex. 공공도서관 열람실) 현재 존재하는 공간들을 적극적으로 활용하는 방안도 함께 고려해볼 수 있다.

학부모가 느끼는 비대면 교육 환경에서의 불평등 문제는 다음과 같다.

> "또래 친구들을 만날 수 있는 공간이 학원 등 사교육장 밖에 없다는 문제가 발생하고 있다."
>
> "학교를 안 가도 되니 학원에서 보내는 시간이 길어지며, 여유가 있는 가정은 학원에 더 많이 보내 좋아하는 경우도 있다. 도움이나 관심이 필요한 학생들은 비대면 수업으로 어려움을 겪는 사례가 있는 것으로 알고 있다."

학생들이 실제 친구들을 만날 수 있는 공간이 학원밖에 없으며, 학원을 다니지 못하는 학생들은 학습격차뿐 아니라 교우관계까지 차이가 발생하고 있음을 지적하였다. 비대면 교육환경이 이중적불평등을 초래하는 것이다. 오히려 학교에 가지 않아 상대적으로 경제적 여유가 있는 가정은 더 많은 학원에 보낼 수 있어 비대면 상황에서의 교육격차는 극대화될 수밖에 없는 상황인 것이다.

이러한 상황을 볼 때 비대면 교육에 대한 정책을 설계할 때 사교육이 이루어지고 있는 현실을 함께 고려하여 불평등이 발생할 수 있는 요소에 대한 더 큰 배려와 지원 정책이 필요하다 할 것이다.

7. 비대면 교육 및 수업 외의 요소에 대한 견해

학생들을 대상으로 비대면 교육 상황에서 수업 외적인 부분, 대인관계나 동아리 활동, 생활과 건강 문제에 대한 질문을 실시하였고, 주요 답변 내용은 다음과 같다.

"공부는 어떻게든 할 사람은 다 하는데, 대인관계 측면에서는 어떠한 방식을 취하더라도 비대면이 대면을 따라오지 못할 것 같다."

"비대면 상황 자체가 질리고 힘들어지고 있다. 학교를 가면 친구들과 소통하고 즐겁게 보낼 수 있었는데, 현재는 쉬는 시간에 핸드폰 밖에 하지 않는다."

"급식을 먹을 수 없어 아쉽다."

"초등학생 저학년이나 소외계층 등 집에 혼자 있는 학생들은 더 어러울 것 같다."

"예전에 비해 선생님과 거리감이 많이 느껴진다. 온라인 미팅을 하
긴 하나 유대감이 많이 떨어지는 느낌이다.

학교는 단순히 지식만을 전달하는 공간이 아니기에 비대면 교육으
로 전면 전환될 경우에 수업 외적 요소들도 함께 고려하여야 한다. 면
담자들은 수업보다 수업 외적인 부분에서 비대면으로 인한 어려움을
보다 많이 토로하였다. 특히 교우관계나 건강관리, 생활 부분에서 상
당한 혼란을 느끼고 있음을 알 수 있었다. 이 같은 문제는 고학년보다
저학년에서 더욱 강하게 나타날 수 있으며, 플랫폼이나 수업 콘텐츠와
는 달리 대체 가능성도 지극히 낮다 할 것이다. 이에 비대면 상황에서
의 교육정책과 디지털 격차 해소 등을 고려함에 있어서 수업 외적 부
분들 역시 우선순위 해결 과제로 상정할 필요가 있다.

다음으로 교사를 대상으로 비대면 교육 상황에서 수업 외적 부분의
문제에 대한 설문을 실시하였다. 학생에 비하여 교사들은 수업 외적
부분의 문제를 더욱 크게 느끼고 있었다.

"학생들이 학교에 나오지 못함에 따라 고립되는 부분에 대한 스트
레스가 심각한 것으로 파악하고 있다."

"교사-학생 간, 학생-학생 간의 라포 형성을 위해서는 정서적·인지
적·신체적 교감의 시간이 필요하나 온라인에서 신뢰를 구축하는 데는
오프라인에서보다 훨씬 더 많은 에너지와 전략을 필요로 한다. 비대면
수업에서 다수의 학생과 의미 있는 관계를 맺고 학습 공동체를 꾸리는
것이 불가능에 가깝다고 생각한다."

"학생들 간에 서로 친해질 기회가 현격하게 감소했다는 문제가 있다. 학기가 지나도록 같은 반 친구 이름을 모르는 경우도 꽤 있으며, 대면 수업을 하더라도 학생들에게 거리두기를 유지하고 있어 전과 같은 교우관계의 형성이 어렵다. 혹시 모를 상황에 대비하여 진로탐색 활동, 수련회 같은 외부 활동을 전면 취소하고 대면 수업에서도 모둠 활동 수업을 지양하고 있어 친구들과 어울려 친해질 기회가 거의 없는 상황이다. 이미 알고 있는 친구가 있는 경우에는 그나마 상황이 괜찮지만 전학을 왔다거나 반에 아는 친구들이 없으면 교우관계에 어려움을 호소하고 있다."

"대면 수업 환경에서는 새롭게 만나는 친구들과 교우관계가 형성되기 쉽지만 비대면 수업 환경에서는 새로운 친구와 교우관계가 친밀하게 형성되기 어렵다. 대면 수업의 경우 교우관계에 대한 지도는 생활에서 발생하는 사소한 말다툼부터 학교생활 전반 등 다양하게 발생한다. 비대면 환경에서는 온라인 공간에서 발생하는 사이버폭력을 사전에 예방하도록 안내, 교육하도록 노력하고 있다."

"교우관계에 문제가 있다고 하는 경우도 있으나, 학교에서 선생님이나 친구들을 마주치지 않아 자유와 심리적 편안함을 누리는 학생들도 존재한다."

"SNS를 통한 교류는 이루어질 수 있지만 대면 활동을 통한 교육에서 만들어질 수 있는 인격 형성과 사회화 과정을 경험하지 못하고 있다. 교사 역시 온라인 협업 활동 지도를 통한 노력으로 교우관계의 형성 및 개선을 시도할 수는 있지만 대면 교육의 장점을 그대로 가져와 학생들이 온라인에서 체득하기에는 역부족인 상황이다."

"예의범절 교육 등 그동안 교사가 학생들에게 수업 외에 실시했던 교육이 전혀 도달되지 못하고 있는 현실이다."

"학생들이 수업을 들을 때 학부모가 같이 듣거나, 수업을 촬영해서 배포하는 경우가 있다. 과거와 다른 수업권 침해가 발생하는 상황이다."

"비대면 수업은 학부모들에게 공개되는 부분이 많기 때문에 수업 피드백의 내용에 대해 학부모들이 오해(편애, 본인의 자녀를 무시)하는 경우도 관찰되었으며, 이러한 부분이 교사에게 스트레스로 작용한다."

"급식을 대신하여 학생들에게 쿠폰으로 지원해주고 있으나 쿠폰의 금액이 6천 원밖에 되지 않아 식당에서 음식을 사 먹기 곤란한 것을 알고 있다. 대부분의 학생들이 편의점을 주로 활용하고 있어서 쿠폰을 계속 지급하는 것이 맞는지, 도시락을 지급하여야 하는지에 대한 고민이 있다."

"교과 이외의 창의적 체험학습은 거의 불가능하다. 동아리 활동도 어려워 선후배 간의 사회성, 민주성을 기르기 어렵다는 문제가 발생하고 있다."

"비대면 환경에서 동아리 활동은 학교의 운영 상황마다 달라질 수 있다. 관내 A학교는 무학년제 동아리로 계획하였으나 비대면 상황에 따라 학급별 동아리로 운영하는 것으로 변경한 것으로 알고 있다. 운영 내용도 스크래치 아트, 암호풀기, 페이퍼 크래프트, 포일아트, 컬러링과 같이 설명 영상을 제시하고 단독으로 수행할 수 있는 것들로 변경하였다. 개인 악기를 다루는 동아리 활동을 계획하여 비대면으로 연주 방법 안내, 동영상으로 연습 영상을 제출하도록 하고 교사의 피드백을 실시하는 것으로 진행하기도 하였다."

"창의적 체험활동을 현재와 같은 방향으로 진행해야 하는지에 대한 의문이 든다. 과감히 삭제하거나 수업일수와 관계없이 학교 현장에 맡겨두는 방안도 필요할 것이다. 학교 현장에 전적으로 위임한다면 가족 간의 화합을 요구하거나 재미있는 과제들을 더 많이 만들 수도 있을 것이라는 생각이 든다."

"예컨대 (가칭) '비상시 교육과정에 대한 편성 및 실행권'을 부여한다면 학교 현장이 더 살아날 수 있을 것이다. 운영에 대한 문제를 제기할 수도 있지만 학부모가 감시자의 역할을 수행하기 때문에 안정적으로 운영될 수 있을 것이라 생각한다."

학교 내에서는 교육 외에도 정서 함양이나 사회관계의 형성, 건강 관리 및 교육 외적 활동이 함께 이루어지고 있으나 비대면 교육 환경에서는 이러한 활동 등이 이루어지기가 현저히 어렵다고 교사 면담자들이 응답하였다.

교사와 학생 사이의 소통뿐 아니라 학생 사이에서도 교감의 시간이 부족하여 교우관계의 어려움을 호소하는 학생들이 증가하였다는 반응이다. 학생의 성향에 따라 친구들을 마주치지 않아 자유와 심리적 편안함을 누리는 학생들도 있었지만, 대면활동을 통해 만들어질 수 있는 인격 형성이나 사회화 과정은 현실적으로 어려운 실정이다.

또한 성장기에 있는 학생들에게 필요한 활동들도 이루어지기 어려우며, 특히 급식 등이 지원되지 않는 부분들도 문제로 제기된다. 가정 내에서 지도가 가능한 경우가 아니라면 제대로 된 식사를 하고 있는지도 확인하기 어려운 실정이다. 일부 학교에서는 급식을 대신하여 학생들에게 쿠폰으로 지원을 해주고 있으나 쿠폰의 여러 가지 제약으로 활용이 자유롭지 않다는 점도 문제로 제기된다.

교과과정 외의 창의적 체험활동이나 동아리 활동들 역시 거의 이루어지고 있지 않다. 일부 학교는 비대면 상황에 따라 학급별 동아리로 운영되고 있으나 동아리 활동에서 선후배 간의 소통을 통하여 사회성이나 민주성을 기르는 것은 현실적으로 어려운 실정이다. 때문에 창의적 체험활동 등의 경우 비대면 상황이 지속된다면 과감히 삭제하거나 수업일수와 관계없이 학교 현장에 전적으로 위임하는 방안도 제시되었다. (가칭) '비상시 교육과정에 대한 편성 및 실행권' 등 학교 현장에 자율권을 준다면 학교 현장에 맞는 교육을 기획할 수 있을 것이라는 의견이다.

비대면 수업 과정에서 이전에 없던 문제가 발생하는 점은 수업을 학부모가 함께 들으면서 발생할 수 있는 교육권 침해 문제이다. 학생들에 의한 교육권 침해는 대면 수업과 비대면 수업과 관계없이 유사하게 이루어진다. 학생들은 수업 방해를 하거나 교사를 모욕하는 경우의 수업 방해가 가장 많다. 하지만 비대면 교육 환경에서 학부모에 의한 교육권 침해는 다른 양상으로 나타나고 있다. 즉 비대면 수업에서 학부모가 학생과 함께 수업을 청취하면서 수업을 촬영하여 배포하거나, 수업의 상황을 오해하고 항의하는 부분들도 종종 발생하고 있다는 의견이다. 이러한 점을 볼 때, 비대면 교육 상황에 대응한 정책은 주로 학생의 관점에서 이루어지는 경우가 많기는 하나, 앞서 제시된 교사에 대한 연수와 함께 비대면 교육 환경에서의 교육권 보호 방안 등 교사 관점에서의 정책 역시 고려될 필요성이 있다.

학부모는 수업 외의 시간에 학생들을 더욱 많이 관찰할 수 있어 비대면 교육의 전후에 따른 비교 설문이 이루어질 수 있었다. 그 내용은 다음과 같다.

"수업 화면과 동시에 핸드폰을 사용하는 광경을 자주 목격한다. 핸드폰을 사용하지 못하게 하고 싶으나 선생님의 질문에 핸드폰으로 검색해야 한다고 답변하여 빼앗을 수도 없다. 온라인 수업에 성실히 임하는 학생들도 있겠으나 대면 수업에 비하여 선생님의 관리감독이 어려울 것이라는 생각이 들었다."

"과거에는 정규 수업시간에는 핸드폰을 사용할 수 없었다. 통제된 시간 내에서만 핸드폰을 사용하였는데, 지금은 항상 컴퓨터가 켜져 있고, 또 항상 컴퓨터/핸드폰 등으로 게임을 할 수 있는 환경이다. 학부모가 매번 통제할 수도 없는데, 게임을 얼마나 하는지 가늠할 수 없는 지경이다."

"학생마다 성향의 차이가 있기 때문에 비대면 수업을 긍정적으로 느끼는 학생도 있다. 학교에서 친구에 대해 기대하는 학생과 친구를 사귀는 것에 두려움을 느끼는 학생도 있는데 후자의 경우 비대면 수업이 오히려 긍정적으로 작용한다. 하지만 공부 외에도 사회성을 기르기 위한 방법은 분명히 필요하다."

"학교에 등교할 때에 비하여 체력이 떨어지는 모습을 보이며, 우울감도 심각한 듯하다."

"고등학생의 경우는 비대면 교육으로 학습격차가 발생할 수 있다는 문제가 있으나, 또래 문제보다는 본인의 진로나 인생의 방향을 고민하는 시기라서 비대면 교육으로 인한 문제가 상대적으로 낮다고 판단된다. 비대면 교육은 초·중등 학생에게 더 많은 피해를 주고 있다."

학부모 면담자들은 수업을 듣는 학생들의 모습을 가까이에서 관찰할 수 있기 때문에 수업 도중 핸드폰을 사용하거나 게임을 하는 등의

'딴짓'을 하는 모습을 주로 목격하고 문제를 제기하였다. 학부모가 매번 통제할 수 없는 상황에서 이러한 모습은 학부모들의 불안 요소로 작용하고 있었다. 또한 이 같은 상황에 대한 문제의식은 있으나 마땅한 해결 방안에 대해서는 의견을 제시하지 않았다.

고등학생의 경우에는 교우관계보다는 학습격차에 대해 관심을 보이고 있었으며, 초·중등의 경우 상대적으로 또래관계 등에 대해 고민하는 모습을 많이 보여주고 있었다. 학교에 다닐 때에 비하여 체력이 저하되는 모습이나 우울감도 목격되고 있어 교우관계나 사회성 향상 등에 대한 부분을 어떻게 극복할 것인지가 주요한 과제로 제시된다 할 것이다.

8. 그 밖의 과제

위의 분류에 해당하지 않는 그 밖의 요소에 대한 교사 면담자들의 추가적인 답변을 들을 수 있었다.

"비대면 수업이 전면화될 경우, 평가 방법의 개선도 필요하다. 비대면 수업의 방법은 여러 가지가 존재하지만 그중 학생 평가가 가능한 수업방법은 학생들을 직접 관찰할 수 있는 쌍방형 수업밖에 없다. 하지만 교사는 쌍방형 수업뿐 아니라 콘텐츠 활용 중심수업, 과제 수행 중심수업 등 다양한 비대면 수업방법을 택하여 진행하고 있어, 전면 비대면 수업이 진행된다면 평가방법의 개선이 반드시 필요하다."

"현행 분과적 운영은 지식을 모두 영역별로 잘라놓아 양이 많을 수밖에 없는데 이는 비대면 수업에서 적합하지 않은 방식이다. 가급적 통합하여 지도할 수 있는 여건이 마련될 필요가 있다. 이외에도 다양한 방법으로 교육과정의 질적 측면은 높이고 양적 측면은 줄여야 할 필요가 있다.”

“교육과정을 온라인과 오프라인이 연계될 수 있도록 정비하고 학습 내용과 수준을 다양화하여야 한다. 몇 개의 학교를 묶어 일관된 온라인 서비스를 제공하는 그룹과 오프라인 수업을 담당하는 그룹으로 분리하는 방안도 검토하면 좋을 것으로 생각된다. 또는 온라인 수업과 오프라인 수업을 양분하여 교육과정 내에서 온라인에 적합한 내용과 오프라인에 적합한 수업을 구분하고 이들을 유기적으로 결합한 형태로 재조직, 소수의 관리 인원 중심으로 전환할 필요가 있다.”

“비대면 수업에 대한 교사들의 책임감 및 이해가 절실하다. 이는 비단 비대면 수업의 문제라기보다는 비대면 수업으로 전환함으로써 더욱 부각된 문제라 할 수 있다. 기본적으로 학생들에게 질 좋은 수업을 제공하고자 하는 교사의 의지만 있다면 온라인 플랫폼은 오히려 기존의 대면식 수업이 가지는 한계점(학생들이 질문 시에 이목이 집중되는 것을 꺼리는 점, 수업을 반복 수강하여 복습하기 어렵다는 점, 학생들마다 물리적 거리가 달라 수업 전달에 차이가 나는 점 등)을 극복할 수 있는 좋은 기회라고 생각한다.”

“다양성과 창의성을 바탕으로 교육 또한 개별화 및 핵심역량 함양으로 정하고 교육과정의 내용을 대폭 축소하여야 한다. 창의적 체험활동을 통한 프로젝트 운영과 학생 중심 활동을 늘려나가야 하며, 무학년제를 통해 학생들이 도달하지 못한 기초교육은 반복해서 학습할 수 있고 학생들이 희망하는 학습 내용을 선택하여 학습한다면 학습의 효율성 및 집중도가 향상될 것이다."

"교사 업무의 감축이 필요하다. 초등학교의 경우 방과 후나 돌봄 업무를 교사가 맡고 있으며, 외부 사업, 각종 설문, 행사 운영 등 교사의 본연의 수업과 생활지도 외의 업무가 너무 많아 변화된 환경에서 수업에 집중하기 어려운 상황이다."

교사 면담자들의 의견을 종합하면 비대면 환경에 대응한 개별적인 문제와 이에 대한 해결 방안도 필요하지만 궁극적으로는 전반적인 교육과정의 재구성이 필요하다는 것으로 의견이 모아졌다. 앞으로 비대면 수업은 필연적으로 병행되는 것이라면 대면-비대면의 복합 수업이나 비대면 수업을 기본으로 하여 필요시 대면 수업을 진행하는 구조까지 다양한 가능성을 검토하는 것이 필요하다. 또한 비대면 수업 체계에 맞게 교육목표, 성취역량, 교과과정, 평가방법의 모든 것을 개선해야 한다는 것이다.

현재의 평가방법은 대면 수업을 전제하여 이루어진 것이기 때문에 쌍방형 수업이나 콘텐츠 활용 중심 수업, 과제 수행 중심 수업 등 다양한 비대면 수업 상황을 고려한 평가방법의 개선이 필요하다. 또한 다양성과 창의성을 교육의 핵심역량으로 정하고 교육과정을 개편하여야 한다. 또한 이와 함께 교사들 역시 비대면 수업을 기본적인 교육방법의 하나로 이해하고, 비대면 수업을 효과적으로 운영하기 위한 다양한 방안을 모색해나가야 할 필요성이 있다.

제3장 비대면 교육 전환에 따른
정책지원 요구사항

코로나19 확산 지속으로 교육 현장에 나타난 문제점 및 이를 개선하기 위한 방안들이 선행연구, 언론기사, 정책보고서 등에서 다수 제안되고 있다.

이에 선행연구 등에서 제안하고 있는 온라인 교육 환경에서 필요한 정책적 지원 등에 관한 사항 또는 온라인 수업의 효과를 높이기 위하여 제안하고 있는 것들을 살펴보고 교육정책 제안의 기초적 자료로 활용하고자 한다. 선행연구의 검토는 현재 상황에서 현실적으로 요구되고 필요한 것들을 파악하여 효과성과 현실 적응력이 높은 정책을 마련하기 위함이다. 선행연구들은 온라인 교육 환경 변화에 대응하기 위하여 교원의 역량을 지원하기 위한 사항, 온라인 수업에 특화된 수업 방식과 수단 제시 등 다양한 관점에서 정책적 개선의 필요성을 지적하고 대응 방안을 제안하고 있다.

다음에서는 이러한 선행연구 등에서 비대면 수업이 실시됨에 따라 발생하는 문제점으로 지적하고 있는 사항과 이에 대한 대응 방안으로 제시하고 있는 것들을 교원지원에 관한 사항, 수업내용과 방식에 관한 사항, 학부모에 대한 지원과 취약계층에 대한 지원, 4차 산업혁명 등 신기술의 활용에 관한 사항 등으로 구분해서 정리한다.

1. 교원에 대한 지원

온라인 수업이 효율적으로 운영되기 위한 핵심은 교수자의 역할과 역량에 달려 있다. 따라서 수업을 실시하는 교수자에 대하여 어떤 영역의 도움이 필요하고 이들에게 어떤 지원을 제공해야 하는지에 대한 고민은 매우 중요하다. 온라인 수업의 질에 영향을 미치는 요소는 다양한 요인들로 구성될 수 있지만 크게 학습자(Learner), 교수자(Instructor), 교수설계(Instructional Design), 평가(Evaluation), 행정(Administration) 등으로 구분하고 있다.[36]

이 중 교수자에게 있어서는 면 대 면 수업과는 차별화된 미디어 리터러시 자질이 요구되는데, 온라인 수업 운영기술(협동학습 촉진기술), 커뮤니케이션 능력(피드백 기술)을 갖춰야 한다는 특징을 가진다. 또한 테크놀로지와 스마트 기기의 확산으로 미디어 환경이 변화하면서 미디어 리터러시 역량이 중요해지고 있다. 이전에는 교수자는 내용 전문가로서 촬영 부분에만 참여했다면, 이제는 스스로 수업을 설계하고 개발하며, 운영하고 평가까지 할 수 있어야 하기 때문에 동영상 편집 소프

---

36 Cheawjindakarn, B., Suwannatthachote, P., & Theeraroungchaisri, A., Critical success factors for online distance learning in higher education: A review of the literature. Creative Education, 3, 2012, pp. 61~66.; Lang, M., & Costello, M. (2009). An investigation of factors affecting satisfactory student learning via on-line discussion boards. Research, Reflections and Innovations in Integrating ICT in Education. Badajoz: Formatex, 2009.; Papp, R., Critical success factors for distance learning. Proceedings of the Americas Conference on Information Systems(AMCIS) 2000. (원문: https://aisel.aisnet.org/amcis2000/104.); 이재진, 이-러닝(e-learning) 교수·학습의 질관리를 위한 평가모형 및 준거 탐색, 홀리스틱융합교육연구 제10권 제1호, 한국홀리스틱융합교육학회, 2006.

〈표 8〉 온라인 수업의 질에 영향을 미치는 변수와 주요 내용

변 수	주요 내용
학습자	온라인 강의에 대한 태도, 미디어 리터러시 능력, 자기 효능감, 동기, 자신감, 학습 유형, 이전 경험
교수자	내용 전문성, 수업 운영기술, 온라인 강의에 대한 태도, 학습 참여적 수업유도, 언어 전달력, 커뮤니케이션 능력, 피드백, 미디어 리터러시 능력
교수설계	학습 목표 명료성, 학습자의 수준을 고려한 수업 내용(선수학습 확인), 수업 콘텐츠의 질, 심화학습 제공, 학습자 중심의 교수학습방법, 평가 전의 적절성, 내용 연계의 조직성
평가	평가의 타당성, 평가방법의 다양성 (시스템 평가, 교수자 평가, 학습자 평가)
행정적 지원	교수자 및 학습자 지원, 인프라 및 기술 지원 담당 인력 및 직원 지원 확보

출처: 한송이·남영옥, "대학의 온라인 수업 질 제고를 위한 교수역량 요인 요구분석", 학습자 중심교과교육연구 제20권 제13호, 학습자중심교과교육학회, 2020, p. 1133 표를 참고.

〈표 9〉 온라인 수업에서 교수자가 갖춰야 할 역량

기초역량	심화역량	신규역량
• (내용 지식) 내용 전문성 • (프레젠테이션) 내용 전달력 • (수업운영능력) 학습독려, 학습안내, 정보제공 • (수업평가, 성찰) 평가, 성찰	• (교수설계능력) 수업자료 구성, 교수전략 도출 및 적용 • (커뮤니케이션 능력) 상호 작용, 피드백 기술	• (매체활용능력) ICT를 활용한 수업자료 개발능력

트웨어 및 촬영 기자재와 같은 하드웨어 활용 능력은 필수적이라 할 수 있다.[37] 이러한 측면에서 온라인 수업에서 교수자가 갖춰야 할 역량을 재정리하면 〈표 9〉와 같다.

---

37 한송이·남영옥, "대학의 온라인 수업 질 제고를 위한 교수역량 요인 요구분석", 「학습자중심교과교육연구」 제20권 제13호, 학습자중심교과교육학회, 2020, p. 1134.

내용 지식이나 전달 능력, 수업 운영 능력 및 평가는 대면 수업에서도 당연히 중요한 요소이나, 온라인 수업이라는 특성에 따른 적응과 변화가 필요하다. 내용 전문성의 경우 새로운 요구와 지식, 정보를 선택하고 온라인의 특성을 반영하여 내용을 적절히 다룰 수 있어야 하며,[38] 내용 전달은 언어적 부분뿐 아니라 비언어적 부분도 포함하여 할 수 있어야 한다. 또한 다양한 정보 중에서 학습자에게 적절하게 필요한 정보를 제공하고, 학습을 독려할 수 있어야 한다. 교수자는 학습자의 결과물을 공평하게 평가할 수 있어야 하며, 교수자 본인이 스스로 강의를 성찰함으로써 향후 온라인 강의의 질을 높이고 수정할 수 있어야 한다.[39]

온라인 수업에서는 매체 특성상 교수설계 능력과 커뮤니케이션 능력의 심화를 필요로 한다. 교수자는 전문성을 기반으로 학습자가 학습 내용을 학습하고 지식을 확장할 수 있도록 도움을 주는 역할을 하므로 수업의 교수설계 및 전략을 개발하거나 교수·학습자료를 개발하고, 학습 활동을 구성하여야 한다. 이때 온라인 수업의 특성에 맞는 자료를 구성하고 새로운 전달방법 등을 고민할 필요가 있다. 커뮤니케이션 능력의 심화도 요구되는데 대면 강의에 비하여 온라인 강의는 쌍방향 소통이 어려울 수 있다는 점에서 착안한다. 온라인에서 교수자와 학습자의 상호작용을 촉진하기 위해 다방면으로 노력하고, 학습자와 다른 학습자 간 상호작용이 촉진될 수 있도록 하는 것으로 적절한 피드백

---

38 홍순정·장은정·서윤경, "원격교육 교수자의 역량 모델 규명", 「교육정보미디어연구」 제10권 제2호, 한국교육정보미디어학회, 2004, pp. 83~84.

39 한송이·남영욱, "대학의 온라인 수업 질 제고를 위한 교수역량 요인 요구분석", 「학습자중심교과교육연구」 제20권 제13호, 학습자중심교과교육학회, 2020, pp. 1135~1136.

및 가이드를 제공할 수 있는 방안을 모색하여야 한다.

온라인 수업을 위해 새로이 필요한 역량으로는 매체 활용 역량을 들 수 있다. 온라인 수업에 필요한 각종 하드웨어(LMS 또는 프로그램 등) 및 소프트웨어(기자재) 활용 능력이 필요하며 기술적 문제가 발생하였을 경우의 대처 능력과 수업 중 다양한 도구를 활용할 수 있는 능력 등이 포함된다. 새롭게 등장하는 소프트웨어나 교육도구를 시의성 있게 인지하고 활용하여 수업자료를 개발할 필요가 있다.

이처럼 온라인 수업에서는 기존의 대면 수업 대비 심화되거나 또 다른 역량을 요구하고 있음에 온라인 수업에 대응하여 교수자의 역량을 강화시켜줄 지원방안이 필요하다. 첫째, 온라인 수업의 특성을 반영한 학습 내용 전달 전략에 대한 정보와 교육을 제공하여야 한다. 온라인 수업의 질을 향상하기 위해서는 교수자의 기본 역량이 가장 중요한 요인이기 때문이다.

둘째, 온라인 수업에 적합한 평가기준의 수립과 지원이 필요하다. 온라인에서 이루어지는 평가의 경우 계획 수립부터 평가도구 마련, 평가 실행 등 전체 과정에서 오프라인에서의 평가와 다른 고려사항이 있기 때문에 온라인 수업의 평가가 객관적이고 공정하게 이루어질 수 있도록 지원해야 한다.

셋째, 수업자료 개발을 위한 기술 지원 및 교육이 이루어져야 함을 강조하고 있다. 설문조사에 따르면, 교수자들은 수업 설계에 있어 어려움을 느끼지는 않지만 구상한 콘텐츠를 직접 개발하는데 필요한 기술적 역량이 부족하다고 인식하는 것으로 파악되었다. 이러한 결과는 영상 기반의 강의 콘텐츠를 교수자가 직접 구현하기 위해서는 목적에 맞는 다양한 장비와 응용 소프트웨어를 활용해야 하는데 이러한 부분에 대한 기술적 역량이 부족하다고 인식하는 교수자가 많다. 좋은 온라인 수업을 위해서는 학습자의 동기를 강화하고 유지할 수 있는 전략이 중요하다. 이를 위해서는 다양한 미디어를 활용하여 수업자료를 제공하거나, 실제로 개발하는 능력이 필요하기 때문이다.[40]

또 다른 선행연구에 따르면 온라인 수업은 수업내용과 같은 교육적 요소뿐 아니라 수업 테크놀로지, 설계 환경과 같은 맥락적·환경적 요인들의 영향을 받는다고 한다.[41] 이에 효과적인 실시간 온라인 수업을 위해서는 기자재 및 테크놀로지 지원 등을 비롯한 통합적 정책지원이 뒷받침되어야 한다고 강조한다. 구체적으로 ① 네트워크 지연 및 화상 화면의 저하, 수업자료 전달 지연 등의 문제를 즉각적으로 해결할 수 있는 실시간 질의응답 시스템이 마련되어야 하며, ② 교수자와 학습자를 위한 매뉴얼 및 관련 동영상을 제공하고 충분한 기자재를 확보해야 하는 것이 필요하다.[42]

코로나19가 확산되고 교수자는 온라인 수업을 설계, 개발, 운영해야 하는 상황이므로 수업을 위한 교수설계와 교수 방법에 대한 수업 컨설팅이 필요하다. 이에 교수자의 교과목과 교수방법, 수업 목표 등에 따라 교수자가 직면하는 어려움과 교수자별 미디어 활용 역량이 다르므로 이에 맞춘 수업 컨설팅이 필요하며 이를 위해 교수자 수준별

---

40 한송이·남영옥, "대학의 온라인 수업 질 제고를 위한 교수역량 요인 요구분석", 「학습자중심교과교육연구」 제20권 제13호, 학습자중심교과교육학회, 2020, pp. 1143~1144.

41 도재우, "면대면 수업의 온라인 수업 전환과정에서 발생하는 설계 장애물에 대한 탐색", 「교육문화연구」 제26권 제2호, 교육연구소, 2020, p. 160.

42 한송이·이가영, "실시간 온라인 수업에 대한 교수자 인식 연구: A대학의 사례를 중심으로", 「문화와 융합」 제42권 7호, 한국문화융합학회, 2020, p. 413.

맞춤형 워크숍 등이 필요하다고 한다. 또한 교육기관과의 협동 및 연계를 통해 온라인 수업자료 등을 공유하고 활발한 교류를 통해 온라인 교육의 양적·질적 성장을 도모하는 것이 필요하다.[43]

이 외에도 교수자 간 커뮤니티 또는 네트워크 등에 대하여도 필요성이 강조되고 있다. 특히 교사 학습공동체는 이미 교사의 전문성 개발의 연구 분야에서 활발히 논의되고 있는 개념으로[44] 최근에는 교사 학습공동체가 온라인 공간을 활용하는 것에 대한 효과성 등에 대한 연구들이 제시되고 있다.

Trust의 연구에 따르면 수업 공유를 목적으로 개발된 다양한 형태의 온라인 기반 플랫폼(classroom 2.0, Edmono, The Educator's PLN)은 교사 학습공동체로서의 역할을 할 수 있고 결과적으로 교사들의 수업 개선에 기여한다고 한다.[45] 또한 비공식 온라인 공동체(informal online communities)는 전반적으로 교사들의 전문성 개발에 긍정적 영향을 미치는 것으로 보는 연구도 있으며[46] 교사 학습공동체에서 제공하는 온라인 기반 전문성 개발 활동은 테크놀로지 활용 관련 내용교수지식 (Technological Pedagogical And Content Knowledg: TPACK) 습득,[47] 수업자

---

43 한송이·이가영, "실시간 온라인 수업에 대한 교수자 인식 연구: A대학의 사례를 중심으로", 「문화와 융합」 제42권 7호, 한국문화융합학회, 2020, p. 414.

44 윤기준·이계산·이창현, "체육 교사 학습공동체 온라인 카페 활용 탐색 사례연구", 「한국스포츠교육학회지」 제25권 제4호, 2018, p. 22.

45 Trust, T. Professional Learning Networks Designed for Teacher Learning, Journal of Digital Learning in Teacher Education, Vol.28. No.4., 2012.

46 Maria Maciá, Iolanda García, Informal online communities and networks as a source of teacher professional development: A review, Vol.55., 2016.

47 류기혁·이영주, "초등 예비교사의 테크놀로지 내용 교수지식(TPACK) 증진을 위한

료 공유를통한 교수-학습 방법 개선,[48] 구성원 상호간의 정서적 지지[49]
와 같이 다양한 영역에서 효과적이라고 한다.

SNS를 활용한 교사 학습공동체에 관한 선행연구를 살펴보면 SNS
를 활용한 교사 학습공동체의 경우 지역 단위의 오프라인 학습공동체
에서 벗어나 전국의 교사들과 소통·공유하며 배울 수 있는 기회가 있
으며, 문제 해결을 위한 협력적 활동, 정서적 교류 활동이 수시로 이루
어질 수 있다고 하였다.[50] 또 다른 연구에서는 온라인 기반 교사 학습
공동체가 교사의 수업 개선에 기여할 수 있지만 교사 전문성의 다차원
성으로 교사들이 오프라인 모임을 통해 유대관계를 형성하는 것이 중
요하다고 강조하고 있다. 진정한 유대관계는 지속적인 오프라인 모임
을 통해 형성되며, 온라인 공간에서의 상호작용은 구성원 간 진정한
유대관계 형성의 필요조건으로 기능하지만 충분조건이 될 수는 없다
고 한다.[51]

교육실습과 연계된 온라인 교사 학습공동체 활동의 효과", 「한국교원연구」 제34권
제2호, 한국교원교육학회, 2017.

48 김민아·박경화·이준기, "온라인 학습공동체에서 나타나는 과학교사들의 지식공유
사례연구: SEDU21을 중심으로", 「과학교육논총」 41권 1호, 전북대학교 과학교육연
구소, 2016. ; 서경혜·최유경·김수진, "초등 교사들의 온라인상에서의 수업자료 공
유에 대한 사례연구", 「초등교육연구」 제24집 2호, 한국초등교육학회, 2011.

49 서경혜, "온라인 교사공동체의 협력적 전문성 개발: 인디스쿨 사례연구", 「한국교원
교육연구」 제28권 제1호, 한국교원교육학회, 2011. ; 주현, "SNS 기반 교사 학습공동
체에 관한 사례연구 : 교사 전문성을 중심으로", 「평생학습사회」 제12권 제4호, 한국
방송통신대학교 원격교육연구소, 2016.

50 이의재·제성준·윤현수, 코로나19 팬데믹(pandemic) 상황에서 고등학교 경력 체육
교사가 겪는 온라인 수업 실천의 어려움과 극복 전략 탐색, 「학습자중심교과교육연
구」 제20권 제4호, 학습자중심교과교육학회, 2020, pp. 339~362.

51 윤기준·이계산·이창현, "체육 교사 학습공동체 온라인 카페 활용 탐색 사례연구",

2. 온라인 수업 운영 방식

온라인 수업의 방식에 대해 정영식(2014)은 〈표 10〉과 같이 운영 형태에 따라 교실수업형, 학교연합형, 학교지원형, 단위이수형, 독립학교형 등 5가지 형태로 구분하였다.

〈표 10〉 온라인 수업의 모형

변수	주요 내용	소속	
		학생	교사
교실 수업형	• 원격지의 학생과 교사가 온라인에서 실시간 수업 • 오프라인의 학교 교실수업과 병행	학교	
학교 연합형	• 학교 단독으로 개설하기 어려운 과목 중심 • 별도의 운영기관 없이 학교 자율적 운영	학교 연합	
학교 지원형	• 특정 과목 중심으로 이수 • 별도의 운영기관에서 온라인 수업 제공	학교	학교 교육청
단위 이수형	• 원하는 과목을 각 기관에서 이수하고 종합하여 졸업 • 학교 외의 전문 교육기관에서 온라인 수업 제공	학교 홈스쿨	전문 기관
독립 학교명	• 전학년, 전과정을 온라인으로 수강하고 졸업 • 독립된 학교가 설립되어 원하는 학생이 입학	독립학교 소속	

출처: 정영식, "고등학교 선택 교육과정 운영을 위한 온라인수업 제도화 방안", 「한국콘텐츠학회논문지」 제14권 제3호, 한국콘텐츠학회, 2014, p. 502.

교실수업형은 오프라인의 학교 교실수업 중에 출석하지 못한 원격지 학생과 실시간으로 대화하면서 수업을 진행하는 형태이다. 오프라인 교실수업에 참석하지 못하는 교사나 학생을 위해 실시간 화상회의 시스템을 활용하여 교실수업을 보완하는 형태에 해당한다. 학교연합

「한국스포츠교육학회지」 제25권 제4호, 2018, p. 33.

형은 컨소시엄을 맺은 일부 학교끼리 학교 단독으로 개설하기 어려운 과목을 컨소시엄 내 학교에서 자율적으로 개설하여 소속 학생이 수강할 수 있도록 하는 형태이다. 학교지원형은 학교 단독으로 개설하기 어려운 과목은 시·도 교육청에서 운영하는 사이버가정학습 등을 이용하여 온라인 상에서 과목을 개설하고 이것을 학생이 수강하면 인정해 주는 형태이다. 단위이수형은 온라인 전문 교육기관에서 학생들이 원하는 과목을 수강하고 그 결과를 종합하여 졸업에 필요한 단위 이상을 이수한 경우 졸업할 수 있는 형태로 이는 고등교육에서의 학점은행제와 유사하다고 할 수 있다. 독립학교형은 온라인 수업만을 제공하는 독립된 학교를 설립하고, 이곳에 학생들이 입학하여 수강하고 졸업하는 형태로 현재 운영 중인 방송통신고등학교와 유사하다.[52]

위 연구에서는 학생의 수요가 낮은 선택과목에 대한 이수 방안으로 다양한 온라인 수업을 활용한 운영방식에 대하여 제안하고 있다. 선택과목에 대한 낮은 수요율은 교사 수급과 교실 여건이 충분하지 않기 때문이므로 온라인 수업을 통해 선택과목을 운영할 경우, 지역적으로 떨어져 있는 학생들을 함께 교육함으로써 단위 학교에서는 소수가 선택할지라도 지역 단위에서는 다수가 되어 효율성을 높일 수 있다고 제안한다.[53] 이러한 방식은 온라인 수업의 여러 방식을 과목과 학교 상황에 따라 다양하게 적용·운영하는데 가능성과 시사점을 주고 있다고 할 수 있다. 손찬희 외(2016)의 연구에서도 온라인 수업 모델의 목적에

---

52 정영식, "고등학교 선택 교육과정 운영을 위한 온라인수업 제도화 방안", 「한국콘텐츠학회논문지」 제14권 제3호, 한국콘텐츠학회, 2014, pp. 502~503.
53 정영식, "고등학교 선택 교육과정 운영을 위한 온라인수업 제도화 방안", 「한국콘텐츠학회논문지」 제14권 제3호, 한국콘텐츠학회, 2014, pp. 504~505.

부합하는 활용을 확대하려는 노력이 필요하다고 강조하면서, 나아가 온라인 수업의 세부 지침을 통해 온라인 수업의 이수 기준과 평가방법 등을 일괄적으로 제시할 필요가 있다고 한다.[54]

뿐만 아니라 온라인 수업을 운영하면서 학습효과 제고를 위하여 학습을 위한 공동체 형성과 커뮤니티를 적극 활용하는 수업 운영 방식을 제안하는 선행연구도 존재한다. West & Williams(2017)에서는 학습공동체를 구성할 때 참가자의 접근, 관계, 비전 또는 기능이 서로 공유될 수 있도록 참가자 관점에서 학습 커뮤니티가 정의되어야 한다고 하였다.[55] Jessup-Anger(2015)는 지난 반세기 이상 800개 이상의 대학에서 학습 커뮤니티를 구성하여 공동의 학습목표를 위해 노력해왔고 교수와 동료 간의 지적 상호작용을 배우고 향상시켜 왔다고 한다.[56]

나정은(2020)은 스스로 참여하고 공부할 수 있는 러닝 커뮤니티 형식의 자율공부방에 대하여 소개하면서 비대면 교육 상황에서 학생들의 학습효과 제고를 위한 방안으로 효과가 있는지에 대해 분석하였다. 이 연구에서 실시한 자율공부방 운영을 통해 적극적으로 참여한 그룹

---

54 손찬희·강성국·하성준, "학습권 보장을 위한 온라인수업 적용 사례 연구: 고등학교를 중심으로",「창의정보문화연구」제2권 제1호, 한국창의정보문화학회, 2016, p. 20.

55 West, R.E., Williams, G.S., ""I don't think that word means what you think it means": A Proposed Framework for Defining Learning Communities", Education Technology Research and Development 65, 2017, p. 1571. ; 나정은, "비대면 교육 상황에서의 러닝 커뮤니티 활성화 방안-자율 공부방 운영 사례를 중심으로",「문화와 융합」제42권 8호, 한국문화융합학회, 2020, p. 17 재인용.

56 Jessup-Anger, J.E., "Theoretical Foundations of Learning Communities", New Directions for Student Services 2015, 2015, p. 1. ; 나정은, "비대면 교육 상황에서의 러닝 커뮤니티 활성화 방안-자율 공부방 운영 사례를 중심으로",「문화와 융합」제42권 8호, 한국문화융합학회, 2020, p. 17 재인용.

에서 높은 학업성취도와 자율적으로 공부하는 상황에서 스스로 문제 해결을 해나가는 성취감과 학업적 성장 경험을 한 것으로 나타났다고 하였다. 이에 이 연구에서는 자율공부방 운영의 교육 효과를 높이기 위해 성적에는 반영되지 않더라도 보상체계를 갖추고, 스스로 공부할 수 있는 자료를 충분히 제공하고, 문제 해결이 안 될 경우 학생들 간에 함께 논의하고 의논할 수 있도록 소통 채널 등을 마련할 것을 제안하고 있다.[57]

3. 취약계층 지원

정보격차(Digital Divide)는 일반적으로 지식과 정보에 대한 접근이 경제적 계층과 성별, 연령별로 불균형하게 나타나는 현상을 의미하는데[58] 지능정보사회에서의 정보격차는 보다 중요한 의미를 지닌다. 이전까지의 정보격차가 정보통신기술(ICT)을 활용하지 못하는 것에서 발생하는 차이에서 오는 불편함이었다면 모든 것이 지능정보기술로 연결되는 지능정보사회에서 정보를 활용하지 못한다는 것은 경제·사회·문화적 격차로 확산되어 불평등이 심화되기 때문이다.[59]

---

57 나정은, "비대면 교육 상황에서의 러닝 커뮤니티 활성화 방안–자율 공부방 운영 사례를 중심으로", 「문화와 융합」 제42권 8호, 한국문화융합학회, 2020, pp. 29~30.

58 민영, "인터넷 이용과 정보격차", 「언론정보연구」 제48권 제1호, 서울대학교 언론정보연구소, 2011, p. 152.

59 주윤경, "지능정보사회와 정보불평등", 「KISO저널」 2018-01, 한국인터넷자율정책기구, 2018, p. 33.

따라서 지능정보사회에서의 정보격차는 개인이 일상생활에서 겪는 단순한 불편함이 아니라 경제·사회·문화 전반에서 불평등을 초래할 수 있는 디지털화에 따른 역기능에 해당하므로 이를 해소 또는 완화하기 위한 정책의 필요성과 중요성이 지속적으로 제기되고 있다. 한국정보화진흥원의 디지털정보격차 실태조사에 따르면 인터넷 이용률과 스마트폰 보유율의 경우 2019년 각 76.1%와 75.3%로 일반 국민이 91.8%와 92.2%인 것에 반해 낮은 수준이며, 디지털 정보화 역량(컴퓨터 및 모바일, 스마트 기기와 인터넷의 기본적 이용 능력)과 활용 수준(컴퓨터 및 모바일, 스마트 기기와 인터넷의 양적·질적 활용 정도) 또한 일반 국민의 역량 수준을 100으로 할 때 각각 60.2%, 68.8%로 일반 국민에 비해 낮은 수준을 보이고 있다.[60] 이기호(2019)는 지능정보사회에서 국가의 서비스 또한 지능정보기술을 활용하여 제공하게 되면 지능정보기술에 익숙하지 않은 취약계층에게는 이러한 정보격차가 단순한 불편함을 초래하는 것을 넘어 사회적·경제적 불평등을 초래한다고 지적한다.[61]

이러한 불평등과 격차는 온라인 수업이 실시되면서 교육 분야에서 학생들의 교육격차의 문제로 고스란히 드러나고 있다. 이에 학교의 교사들도 온라인 수업을 실시함에 따라 발생하는 학습격차에 대한 문제점을 지적하고 있다. 2020학년도 1학기 교육 실태와 교사 요구조사 결과에 따르면 '학습격차 심화(61.8%)'가 온라인 수업 시행으로 가장 심각하게 느끼는 문제점이라 응답하였다.[62] 한국교육학술정보원이

---

60 한국정보화진흥원, 2019년 디지털정보격차실태조사, 2019. 12., pp. 26~29.
61 이기호, "지능정보사회에서의 디지털 정보 격차와 과제", 「보건복지포럼」 통권 제 274호, 한국보건사회연구원, 2019, p. 27.

초·중·고 교사와 학생, 학부모를 대상으로 실시한 인식조사에서도 교사의 약 80%는 학생 간 학습격차가 커졌으며 주된 요인으로 ① 학생의 자기주도적 학습 능력의 차이, ② 학부모의 학습 보조 여부, ③ 학생-교사 간 소통의 한계, ④ 학생의 사교육 수강 여부, ⑤ 학습 환경 변화에 대한 적응력의 차이 등을 꼽고 있다.[63]

이러한 5가지 원인 중 3가지가 소득 수준에 따라 좌우되는 것으로 보는 견해도 존재하는데 공교육 시스템을 통한 대면 수업이 사라지면서 소득 수준에 따른 격차가 더 커지고 있다고 지적한다.[64] 정미라(2020)는 교육부의 단계별 등교 원칙이 취약계층이나 학습의 어려움을 겪는 학생에 대한 배려가 없음을 지적하면서, 단계별 등교 원칙을 반영하면서도 온라인을 통해 혼자 학습하는 것이 어렵거나 온라인 게임 중독에 빠져 있는 학생들, 최근 급증하는 우울증 증세를 겪는 학생들과 중학교나 고등학교에서도 돌봄이 필요한 가정의 학생들에 대한 배려와 지원이 시급하다고 강조한다.[65] 오동석(2020)은 코로나19 확산으로 인한 온라인 수업의 문제점으로 학습격차와 디지털 격차, 도시와 농촌 간의 지역 격차, 장애 학생과의 격차 등과 함께 학생들의 생활 전

---

62 전국교직원노동조합 보도자료, "코로나19 상황, 2020년 1학기 교육실태와 교사 요구조사 결과", 2020. 8. 21. 보도, 〈https://www.eduhope.net/bbs/board.php?bo_table=maybbs_eduhope_4&wr_id=219927&menu_id=2010〉 (최종 검색일: 2020. 12. 09.)

63 한국교육학술정보원, "COVID-19에 따른 초·중등학교 원격교육 경험 및 인식 분석-기초 통계 결과를 중심으로-", 2020, pp. 40~41.

64 이상구, "[칼럼] 코로나19로 인한 교육 불평등의 올바른 해법", Hangil Times, 2020. 10. 14. 보도, (원문: http://hangiltimes.com/news/view.php?idx=30632), (최종 검색일: 2020. 12. 09.)

65 정미라, "코로나19 팬데믹과 학교교육의 교육 불평등", 「한국교육사회학회 학술대회 자료집」, 한국교육사회학회, 2020, p. 3.

반(수면, 식사, 사회관계, 정서적 측면 등)에서 불평등이 발생하고 있음을 지적하면서 결국 대면 수업으로의 전환이 필요하고 이를 위해 학급 당 학생 수 감축과 교원 증원이 필요하다고 강조한다.[66]

4. 학부모 지원과 지역사회와의 연계

미국 〈워싱턴포스트〉와 조지메이슨대학이 실시한 여론조사에 따르면 2020년 가을학기에서 온라인 수업만 실시할 경우 어린 자녀를 두고 있는 맞벌이 부부 절반은 일을 하는 것이 어렵거나 불가능하다고 답변하였다. 자녀의 나이가 어릴수록 더욱 높은 답변율을 보였다.[67] 맞벌이 부모의 48%가 온·오프라인 수업을 동시에 실시할 것을 원했으며, 17%는 전면 비대면 수업의 실시를 원하는 것으로 나타났다.[68]

---

66 오동석, "코로나와 교육불평등", 「한국교육사회학회 학술대회자료집」, 한국교육사회학회, 2020, p. 5.

67 유치원부터 초등학교 2학년까지 자녀를 둔 부모의 66%, 초등학교 3학년에서 5학년 자녀가 있는 부모는 60%, 중학생 자녀를 둔 부모는 40%, 고등학생 자녀를 둔 부모는 26%가 온라인 수업을 실시하면 일을 수행하는 것이 어렵거나 불가능하다고 답변하였다. 해당 여론조사의 자세한 결과는 The Washington Post, "July 24-31, 2020, Washington Post-Schar School poll of parents", 2020. 8. 18. (원문: https://www.washingtonpost.com/context/july-24-31-2020-washington-post-schar-school-poll-of-parents/f7552bde-6f87-4e1a-83a2-268953720ff5/)을 참조.

68 Joe Heim and Scott Clement, "Working parents face tough decisions as schools reopen", The Washington Post, 2020. 8. 18. (원문: https://www.washingtonpost.com/education/for-many-parents-the-return-to-work-depends-on-how-schools-reopen/2020/08/17/ff1a2682-de81-11ea-8051-d5f887d73381_story.html), (최종 검색일: 2020. 12. 01.)

〈오마이뉴스〉는 이 여론조사를 인용하면서 초등학생과 장애 학생을 둔 부모를 돕는 방법을 고민하여야 한다고 강조한다. 이와 더불어 학교, 주민자치센터 등 지역사회의 공공시설 등을 활용하여 학습지도를 도울 수 있는 방식도 제안하고 있는데, 10명씩 또는 10명씩 2~3개 소그룹으로 나눠 학급의 담임 또는 교과담당 교사가 순회지도의 방식으로 학습을 관리하고 도울 수 있도록 하는 것이다. 기존 교사들로 한계가 있으므로 교원자격증을 지닌 교육대학 또는 사범대학 출신의 졸업생을 대상으로 보조교사, 보조원을 추가로 채용할 수도 있을 것이라 한다. 현재와 같은 위기 상황에는 정원을 동결하거나 확충하여야 대응 능력을 높일 수 있다고 한다.[69]

5. 기타 교육방식에 대한 혁신적 변화 요구

실시간 온라인 수업은 온라인 수업 유형 중 하나로 교수자와 학습자가 다른 장소에서 하지만 같은 시간에 화상회의 기반의 온라인 수업 플랫폼에 접속하여 실시간으로 학습활동을 수행하는 수업 형태를 말한다. 실시간 온라인 수업은 면 대 면 수업과 유사한 학습 경험을 제공할 수 있고, 학습참여자 간(교수자-학습자, 학습자-학습자) 실시간 상호작용을 가능하게 한다는 점에서 세계의 많은 교육기관들이 2020년 상반

---

69 신남호, "[주장] 코로나 이후 발생한 '교육격차 해소' 방안 세 가지", 오마이뉴스, 2020. 09. 11. 보도, (원문: http://www.ohmynews.com/NWS_Web/View/at_pg.aspx? CNTN_CD=A0002675094), (최종 검색일: 2020. 12. 01.)

기 코로나19 상황에서 이 수업 유형을 대안적 교육 전달 방법으로 활용하였다. 관련 연구도 활발히 진행되고 있는데, 연구DB[70] 등에서 실시간 온라인 수업에 관한 사례를 검색한 결과 2020년 1월과 8월 사이에만 100편 이상의 연구논문이 출판되었음을 확인할 수 있었다.[71]

실시간 온라인 수업은 그 역사가 1940년을 시작으로 볼 수 있으며 본격적으로는 1980년대부터 실시간 온라인 수업의 활용이 확산되었다. 실시간 온라인 수업을 활용한 대표적 교육기관은 미네르바스쿨이다.[72, 73] 미네르바스쿨은 학생들과 상호교류하기 위해 온라인 수업 방식을 채택하였는데, 이는 얼굴을 맞대고 봐야 서로 교류할 수 있다는 관념을 파괴한 것이다. 미네르바스쿨은 액티브러닝포럼(Active Learning Forum)이라는 플랫폼을 활용하여 실시간 온라인 수업을 교육 전달의 주요 방법으로 활용하고 있다. 미네르바스쿨에서 진행되는 온라인 수업은 단순히 강의를 틀어주는 데서 그치는 것이 아니라 자체 개발한 영상통화 도구를 수업에 활용한다. '행아웃'과 같은 영상통화 도구가 얼굴을 보여주는 것에 그쳤다면, 미네르바스쿨에서 이용하는 도구는 영상전화뿐 아니라 교육에 필요한 다양한 기능을 기술로 구현해서 활

---

70 Science Direct, Wiley Online Library, Google Scholar 등

71 도재우, 교육전달의 새로운 대안 : 실시간 온라인 수업(Synchronous Online Course), 「교육개발」 2020 가을호(통권 216호), 한국교육개발원, 2020, p. 56.

72 미네르바스쿨은 2011년 설립되었고, 2014년부터 학생을 받기 시작하였다. 미네르바스쿨의 가장 큰 특징은 물리적인 교실이 없다는 점인데, 학생들은 4년 내내 100% 온라인으로 수업을 받는다.

73 이하 미네르바스쿨과 관련한 내용은 이지현, "캠퍼스 없는 혁신대학, '미네르바스쿨'을 아시나요?", BLOTER 게시글, 2015. 10. 4. 참조, 〈http://www.bloter.net/archives/239571〉

용하고 있다.

미네르바스쿨에서 수업을 시작하면 모든 학생과 교수의 얼굴을 확인할 수 있으며, 모든 강의는 20명 이하로 진행된다. 수업은 세미나 형식으로 진행하며, 교수의 일방적 지식 전달이 아닌 모든 학생들의 의견을 확인할 수 있다. 예컨대 교수가 "~이론이 A 문제를 해결할 수 있다고 보나요?"라고 질문하면 화상에 나타난 모든 학생의 얼굴 아래에 '동의한다' 또는 '동의하지 않는다'라는 내용을 볼 수 있다. 시간이 지나면 전체 학생 중 말을 많이 한 학생의 화면에 빨간색 배경이 입혀지며, 말을 적게 한 학생 화면에는 초록색 배경이 입혀진다. 교수는 모든 사람의 발표 내용을 기억하지 않고도 화면 색깔을 확인해 수업에 덜 참여한 학생을 쉽게 파악할 수 있다. 이 경우 초록색 화면의 학생들에게 의견을 더 물어 수업 참여도를 높일 수 있다.

학생들의 팀별 활동도 일반적인 경우와 다르다. 각각의 학생들의 생각이 어떻게 다른지 그래프 기능을 이용하여 화면에 바로 띄울 수 있으며, 같은 의견을 가진 학생들끼리 보고서를 작성하도록 제안한다. 이때 팀별로 영상회의를 따로 할 수 있으며 교수는 그룹채팅방에 들어가 다른 조언을 전한다. 일반 강의실에서 조별활동을 할 때, 서로 자리를 옮기고 누구와 팀을 정하는 것부터 시간이 걸렸다면 미네르바스쿨에서는 같은 의견을 가진 친구들이 저절로 모이고, '구글독스'와 같은 협업도구를 통해 서로 의견을 교환하면서 보고서를 작성할 수 있다.

교수와 1:1 면담을 할 때도 보다 맞춤화된 상담을 제공할 수 있다. 교수는 수업시간에 녹화한 영상, 조별과제, 제출한 과제들을 온라인으로 실시간 확인할 수 있으며 이를 통하여 보다 구체적인 피드백을 학생에게 줄 수 있다. 실제로 전통적인 교실에서는 교수들이 학생들의 모든 발표와 과제 내용을 상세하게 기억하는 것이 불가능하지만 미네르바스쿨에서는 데이터와 기술의 도움을 받아 전통적 학교의 한계를 개선하고 있다.

미네르바스쿨의 수업 방식은 교수의 수업 방식에도 변화를 주었는데, 미네르바스쿨의 수업은 온라인으로 진행되기 때문에 100% 녹화되며, 학교 관리자는 녹화된 수업을 보면서 교수의 역량을 평가한다. 특히 교수가 학생의 성취도를 높이는데 얼마나 기여했는가를 중요한 평가요소로 둔다.

실시간 온라인 수업의 대표적 사례로 미네르바스쿨을 살펴보았지만, 미국의 교육 현장 등에서는 다양한 플랫폼 등을 활용하여 실시간 온라인 수업을 진행하고 있다. 실시간 온라인 수업을 가능하게 하는 플랫폼으로는 Adobe Connect, Webex, Eluminate Live, Zoom, Blackboard Collaborate, Ultra 등이 있으며, 이들 플랫폼에서는 화상회의, 화면 및 애플리케이션 공유, 협업문서 작성, 소회의실, 손들기, 그룹채팅, 녹화, 참여 수준 제시 등의 기능을 수행할 수 있다.

알트스쿨(Altschool)은 구글의 임원 출신이자 데이터 전문가인 막스 밴틸라(Max Ventilla)가 2013년 가을에 설립한 테크놀로지 기반 교육모델이다. 알트스쿨은 테크놀로지를 통해 공교육의 한계를 극복하고자 시도한 일종의 '미래형 대안학교'이며, 디지털 플랫폼을 통해 교사, 학생, 학부모의 협동체계를 구축하였다. 알트스쿨은 디지털 플랫폼에서 교사, 학생, 학부모가 피드백을 기록하며, 학교는 축적된 데이터를 분석하여 학생 개별 커리큘럼을 개발하는 구조로 이루어진다.

알트스쿨의 교육 목표는 테크놀로지를 활용하여 학생 개인의 요구와 열정에 맞는 맞춤교육을 제공하는 것이다. 이를 위해 학습자

중심의 교육인 전인교육(Whole-child education)과 개인 맞춤형 학습(Personalized learning)을 실시하고 있다.[74] 특히 무학년제를 적용하여 학습자 선택에 기반한 교육을 적극적으로 운영하고 있다. 알트스쿨은 테크놀로지 친화적이고, 철저히 개인 맞춤형 학습을 실시하며, 주입식이 아닌 동기를 부여할 수 있는 양질의 교육 환경을 제공하고자 일률적인 교육과정이 없으며, 학생들은 노트북 혹은 태블릿PC를 통해 개인 맞춤형 교육과정을 온라인으로 수강한다. 한편 알트스쿨은 교실마다 'Altvideo'라는 카메라를 설치하여 학생의 행동 등을 기록하여 분석하기도 한다.

알트스쿨에서 학생 개인별 맞춤 교육과정을 추진할 수 있는 배경에는 온라인 플랫폼 'Portrait'가 있다. Portrait는 학생들의 학습과 성장을 살펴볼 수 있으며, 학생들의 관심사를 반영한 콘텐츠를 제공해주며, 개인별 맞춤 교육과정을 제공하기 위하여 학생 정보를 양적 데이터로 변환하여 분석한다. 또한 디지털 기기를 학교수업에만 활용하는 것이 아니라 학생의 학습 및 성장을 도와주고 모니터링하는 수단으로 활용한다. 스마트폰과 태블릿PC 등을 활용하여 교사, 학생, 학부모가 동일한 디지털 플랫폼에서 소통하며 피드백을 즉각 확인할 수 있기 때문에 자연스럽게 학교 공동체의 경계 확대로 귀결된다.

다만 알트스쿨은 새로운 교육방식을 테스트하기 위해 학생들을 실험하였다는 비판을 받고 있으며, 학습결과 측면에서 충분한 성과를 보

---

74 이러한 개인별 학습을 실시할 수 있는 플랫폼이나 과정은 다양하게 존재한다. 상세한 내용은 ; 이쌍철 외, 교육 분야 감염병(covid-19) 대응 과제 - 정규수업 인정 원격교육을 중심으로, 한국교육개발원, 2020, p. 45 참조.

여주지 못하였다는 평가를 받기도 한다. 때문에 알트스쿨이 성공한 학교 교육 모델인지에 대해서는 논란이 존재할 수 있으나, 미래교육 관점에서 새로운 학교교육 모델을 기획했다는 점에서 의미가 있다.

| 제2부 |

비대면 교육 관련 정책의
현황과 한계

제4장 비대면 교육 관련 정책의 추진 현황

디지털 기술은 포용사회를 가능하게 하는 수단(Enabler)인 동시에 혁신사회를 만드는 핵심 동인(Driver)으로 '혁신적 포용국가' 실현에 중요한 열쇠이다.[75] 즉 디지털 포용이란 디지털 시대를 살아가는 전 국민이 디지털 역량을 갖추고, 차별없는 디지털 이용 환경 속에서 디지털 기술과 서비스의 혜택을 소외와 배제 없이 함께 누리는 것을 의미한다. 디지털 포용은 기술에 대한 중요한 관점 전환이다.

과거의 디지털 격차 해소에 관한 정책은 주로 정보기술에 대한 접근성 차이에 초점을 맞추어 정보 배제 집단을 진단하고 이들에 대한 지원 방안을 강구하는 데 주력했다. 반면 디지털 포용은 디지털기술을 사회적 소통과 경제활동 등의 필수재로 인식하고 전 국민의 디지털 기회 확장에 주안점을 두면서 사회적 포용, 경제적 경쟁력 증진, 개인 삶의 질 제고라는 명확한 정책 목표를 상정하고 있다.[76]

---

75 이은수·한유정·주윤경, 디지털 포용 정책 동향과 사례 – 2020년 주목해야 할 디지털 포용 선진 사례 20선 –, Digital Inclusion Report 1호, 한국정보화진흥원, 2020, p. 1.

76 황용석, "디지털 포용정책의 체계적인 전략과 비전, 정책수단 절실하다", KDI 경제정보센터, 나라경제 홈페이지 참고, 〈https://eiec.kdi.re.kr/publish/naraView.do?cidx=11999〉

지금 세계는 지속가능한 국가 발전을 위한 정책 대안으로 불평등 해소, 인적 자본 강화 등 포용적 성장의 중요성을 강조하고 있다. 우리 정부도 사람 중심의 사회로 패러다임을 전환하면서 2018년 9월, 혁신적 포용국가를 국가 비전으로 제시하였다. 이듬해인 2019년 2월에는 포용국가 사회정책 추진계획을 발표하면서 사회정책과 경제정책의 유기적 연계를 통해 국민의 삶의 질을 개선하고 지속가능한 발전을 모색하고자 하였다.

코로나19에 대응하는 과정에서 교육 현장은 그 어떤 분야보다도 혁신적 변화의 중심에 서게 되었고, 이러한 변화를 미래 교육으로 도약하기 위한 디딤돌로 삼아야 한다는 사회적 공감대가 형성되었다. 교육적 혁신은 디지털 포용을 전제하여야 하며, 이에 국내에서는 교육부를 중심으로 미래 교육 환경 개선, 디지털 전환에 대응하기 위한 과제들이 다양하게 도출되고 있다. 이러한 정책은 코로나19가 촉발되기 이전부터 논의되어 오고 있음에, 이를 비대면 교육 상황과 연계하여 발전시켜 나갈 방안 등을 모색할 필요가 있다. 다음에서는 비대면 상황에서의 대응 및 디지털 포용 내에서의 다양한 교육정책의 현황 등을 살펴보고, 시사점을 도출하고자 한다.

1. 교육정보화 관련 정책
- 온라인 교육 인프라를 중심으로

2019년, 교육부는 「6차 교육정보화 기본계획(2019~2023년)」을 수립하고 이를 기반으로 매년 정보화 계획을 수립·진행하고자 하였다. 6

차 기본계획의 특징은 미래 지능형 교육 환경을 구현하는데 중점을 두고 있는데, 이는 4차 산업혁명으로 미래 인재상이 달라졌으며 교육 방식의 혁신이 요구됨에 따름이다. 교육 혁신을 위하여 ICT 기본 인프라부터 혁신해야 한다는 지적에 따라 6차 기본계획은 미래형 교육 실현을 위한 인프라 혁신을 주된 내용으로 한다.

〈표 11〉 제6차 교육정보화 기본계획(2019~2023) 주요 내용

- 4차 산업혁명 시기에 선제적인 대응 준비를 위해 「제6차 교육정보화기본계획」 수립, 시행(2019. 2)
  - 사람 중심의 미래 지능형 교육 환경 구현을 위한 4대 분야, 13대 주요 정책과제 (51개 실행과제) 제시

① 미래형 스마트 교육 환경 조성	② 지속가능한 교육 정보화 혁신
③ ICT를 통한 맞춤형 교육서비스 실현	④ 공유형 교육정보 디지털 인프라 구축

교육정보화 기본계획에서는 2023년까지의 연차별 지표를 제시하고 있으며 매년 구체적인 교육정보화 시행계획을 수립하며, 「2021년도 교육정보화 시행계획」[77]을 통하여 그간의 성과와 앞으로의 정책을 확인할 수 있다.

특히 교육 인프라 측면에서 눈에 띄는 것은 "미래형 스마트 교육 환경 조성"을 위한 예산이 대폭 증가되었다는 점이다. 이는 코로나19에 따라 온라인 개학 등 전국적인 원격교육 지원 및 안정화를 위해 미래 교실 구축 부문에 집중 투자가 필요하다는 인식에서 기인한 것으로 평가된다. 이에 기존에 2021년까지 초·중학교 1교당 4교실씩 무선망을 구축하기로 하였던 계획을 변경하여 2021년 상반기까지 모든 초중고

---

[77] 교육부, 2021년도 교육정보화 시행계획, 2021. 3.

일반 교실에 무선망을, 2022년에는 모든 교과와 특별교실에 무선망을 구축할 것을 계획하고 있다.

한편 온라인 수업 추진에 디지털 역량이 위기 극복에 큰 역할을 수행하였으나, 비대면 수업이 지속되는 상황에서 정보화 격차가 심화되고 있음을 인식하고 있다. 이에 원격수업에 따른 교육 수준 차이를 최소화하고 교육정보 자원의 공유 서비스 구축 및 소통 채널을 확대할 필요성을 언급하였다. 또한 국가와 사회 전반에서 디지털 전환과 지능화가 가속화되고 있는 현 시점에서 교육 분야도 디지털 전환에 대응한 교육 서비스 혁신을 꾀하고자 한다.

2021년 교육정보화 시행계획에서는 비대면 교육으로 인한 애로사항을 극복하고, 미래에 대응하기 위한 다양하고 구체적인 과제들이 제시되고 있으며, 앞서 면담자들이 필요로 하였던 과제들 역시 상당 부분 반영되어 있다. 2021년 교육정보화 시행계획서의 주요 과제를 정리하면 〈표 12〉와 같다.

〈표 12〉 2021년 교육정보화 세부 시행계획

❶ 미래형 ICT 기반 교육·연구환경 조성1		
추진 목표	사람 중심의 ICT 융합과 지능형 학술·연구 및 디지털 역량을 강화시키기 위한 미래교육 환경구축	
세부 과제	① ICT 융합 교수·학습자료 개발 및 이용 활성화	• 디지털 교과서 활용 활성화 • 온라인 콘텐츠 활용 교과서 시범사업 운영 • ICT 기반 교수·학습·평가 지원 시스템 구축·운영 • 신기술 분야 교육용 콘텐츠 개발·보급 • 교육정보·콘텐츠 공유·제공 서비스 강화
	② 지능형 학술·연구 생태계 구축 지원	• 학술·연구 자원 DB 구축 • 각종 분야 학술·연구 정보 서비스 개편 • 학술·연구정보 공유 협력체계 강화

| 세부과제 | ③ 미래사회 변화 대응 디지털 역량 강화 | • AI교육 전문학교 확대 및 교원 양성
• 교원 원격연수 활성화
• 분야별 디지털 역량 강화 |
| | ④ 상상이 현실이 되는 미래교실 구축 | • 초·중등 정보인프라 고도화
• 체험 중심의 미래교육체험관 운영
• 첨단과학기술 기반의 탐구활동 여건 마련 |

❷ 지속가능한 교육 정보화 혁신

추진목표	초등교육부터 평생교육에 이르기까지 모든 교육을 포용하고, 업무 효율화를 위한 교육정보화 혁신	
세부과제	① 생애주기를 고려한 온라인 교육 확대	• (초·중등) 다양한 공공 플랫폼을 통한 원격수업 지원 • (고등) 대학 온라인강의 지원을 위한 원격교육 지원센터 운영 • (평생) 평생교육 지원을 위한 온라인 공개강좌 제공
	② 평생학습이력 및 진로·직업 정보관리체계 강화	• 대국민 평생교육 학습이력 관리 • 진로·직업교육 서비스 고도화 및 맞춤형 정보 제공
	③ 업무 효율성 증대를 위한 교육행정 서비스 고도화	• 유아교육행정서비스 고도화 • 나이스 운영 및 기능 개선 • 지능형 나이스 구축 추진 • 차세대 K-에듀파인 운영 및 고도화 • 교육시설 관리 지능화 • 대학 행정정보서비스 제공 • 교육부 스마트 행정업무 환경 구축

❸ ICT를 통한 맞춤형 교육 서비스 실현

추진목표	ICT 기반의 교육정보 개방과 안전한 운영체계 구축을 통해 맞춤형 서비스 및 균등한 교육기회 보장	
세부과제	① 정보화 기반의 균등한 교육복지 서비스 강화	• 유아학비지원시스템(e-유치원) 대국민 서비스 강화 • 평생교육 바우처 지원시스템 고도화 • 기초학력 진단-보정 강화 및 사이버교육 지원 • 취약·소외계층 정보화 격차 해소 지원
	② 빅데이터 기반 맞춤형 교육정보 개방 촉진	• 효율적인 교육통계조사 시스템 운영 • 지능형 교육데이터 가공·분석 지원 • 교육데이터 개방·활용 촉진

세부 과제	③ 안전한 교육정보서 비스 운영체계 구축	• 교육부 사이버안전센터(ECSC) 보안관제 실시 • 교육 분야 주요 정보통신 기반시설 보호 강화 • 교육정보재해복구센터 안정적 운영
❹ 공유형 교육정보화 자원 확대		
추진 목표	대국민 채널 강화와 교류 협력 확대, 디지털 인프라 통합 구축을 통한 교육 정보 공유 및 확산	
세부 과제	① 대국민 정책소통· 공감 채널 강화	• 교육정책소통 채널 다양화 및 활성화 • 학생·학부모 맞춤형 교육정보 제공 확대
	② 교육정보화 디지털 인프라 통합 구축	• 교육 분야 정보자원 공동 활용 • 국립대학 정보통신(ICT) 인프라 고도화 • K-에듀 통합 플랫폼 구축을 위한 ISP 수립
	③ 교육정보화 해외협 력 강화	• 교육정보화 국제 교류협력 추진 • 개발도상국 ICT 인프라 지원 및 이러닝 역량 강화

교육정보화를 위한 세부 과제 중 특히 비대면 교육 상황에서 주목할 것들을 살펴보면 다음과 같다. 디지털 교과서 내실화와 활용 확대를 동시에 꾀하고자 하였다. 학교 현장의 의견을 수렴하여 디지털 교과서 뷰어 및 학습 커뮤니티의 고도화를 추진하는 등의 기능 개선을 추진하고자 한다. 신기술을 교육용 콘텐츠 개발·보급에 활용하고자 계획하고 있다. AI 관련 다양한 콘텐츠와 실습 환경을 제공하는 온라인 AI 교육 플랫폼 구축을 꾀하고 있는데, 이 같은 플랫폼이 구축될 경우 비대면 교육 환경에서 보다 다채롭게 활용할 수 있을 것으로 기대된다.

초·중등학교 어디에서나 다수의 학생이 동시에 고품질 온라인 콘텐츠와 AR·VR 등을 활용할 수 있도록 기가급 무선망 구축을 완료한다. 안정적인 무선망은 비대면 교육에서 필수적이며 기초적인 요소로서, 교원들이 안정적 환경에서 교육을 제공할 수 있도록 한다. 이와 더불어 무선인터넷 환경에서 태블릿, 스마트TV, 전자칠판 등 정보화기기를 활용하여 다양한 교수·학습 활동이 가능하도록 스마트교실 구축사업도 시범적으로 추진한다. 첨단 과학기술을 기반으로 한 탐구활동의 여건 마련을 위하여 지능형 과학실을 구축하고, 온·오프라인 탐구·실험 활동을 지원한다. 시작은 과학실부터이지만 향후 다양한 교과목으로 확대될 수 있을 것으로 기대할 수 있다.

취약·소외계층의 정보화 격차를 해소하기 위한 지원도 계획하고 있다. 장애 학생을 위한 교수학습 지원 사이트를 운영하고 필요한 콘텐츠를 개발한다. 특수교육 담당교원 및 보조인력, 학부모를 대상으로 한 특수교육 원격연수 콘텐츠도 개발한다. 다문화가정 등의 교육을 위하여 다문화교육포털의 데이터를 활용, 사용자 요구 파악을 기반으로 한 맞춤형 정보를 제공할 수 있도록 한다.

교육정보화를 위한 과제는 코로나19로 촉발된 비대면 교육 수요 증가에 따라 더욱더 그 중요성이 더해지고 있으며, 교육정보화 분야의 국내외 여건과 ICT 환경 변화에 따른 현장의 요구를 반영한 정책으로 추진될 필요성이 있다. 이에 비대면 교육 환경에 대응한 신규 과제의 지속적 발굴을 통하여 향후의 교육정보화 시행계획에 반영할 필요성도 강조된다 할 것이다.

2. 미래교육 전환 대비를 위한 관련 정책

교육부는 미래교육의 전환을 위하여 미래교육위원회('19년 2월), 원격교육정책자문단('20년 4월), 포스트코로나 교육 대전환을 위한 대화('20년 6~8월) 등 현장 전문가들과의 광범위한 소통과 대화를 이어왔으며, 이를 통해 교육 현장의 요구가 많고 시급성을 요하는 정책들을 각 분야별로 발표했다.[78] 그리고 이러한 정책들을 포함하여 2020년 10월 「미래교육 10대 정책과제(안)」을 발표하면서 향후 추진할 교육정책의 방향과 과제를 체계화하고자 하였다.

다음에서는 10대 과제 중 비대면 교육 등과 밀접한 관련이 있는 과제를 살펴본다.

〈표 13〉 미래교육 전환을 위한 10대 정책과제(교육부)

분야	목표	과제
유초등 교육	국가의 책무성, 현장의 자율성 강화	① 미래형 교육과정 마련 ② 새로운 교원제도 논의 추진 ③ 학생이 주인이 되는 미래형 학교 조성 ④ 학생 성장을 지원하는 교육안전망 구축
고등·평생교육	공유와 협력을 통한 혁신 지원	⑤ 협업·공유를 통한 대학·지역의 성장 지원 ⑥ 미래사회 핵심 인재 양성 지원 ⑦ 고등 직업 교육의 내실화 ⑧ 전 국민의 전 생애 학습권 보장
기반 구축	미래 변화에 선제적 대응을 위한 기반 구축	⑨ 디지털 전환에 대응한 교육 기반 마련 ⑩ 미래형 교육협력 거버넌스 개편

미래교육 전환을 위한 10대 정책과제 중 3번 과제인 '학생이 주인이 되는 미래형 학교 조성'을 위해 새로운 학교 모델 구현을 제시했다. 창의적 교육과정과 수업 및 평가를 연계하여 공간혁신, 지역연계. 에듀테크 등 공교육을 혁신하는 모델학교의 수행을 지원하는 것으로, 2021년에 103개교의 미래형 혁신학교를 운영한다. 또한 디지털 장비

---

[78] 「교육안전망 강화 방안」(2020. 8. 11.), 「디지털 기반 고등교육 혁신 지원방안」(2020. 9. 9.), 「디지털 시대의 열린 평생교육·훈련 혁신방안」(2020. 9. 23.) 등.

나 정보통신 설비·비품, 스마트기기 등을 통해 미래형 교수학습이 가능한 정보통신기술 기반 스마트 교실을 구축하며, 학내 어디서나 디지털 기기를 활용한 온·오프라인 수업이 가능하도록 전체 초·중·고 교실에 무선 환경을 구축한다.

미래교육 전환을 위한 10대 정책과제 중 4번 과제인 '학생 성장을 지원하는 교육안전망 구축'을 위해 모든 학생에 대한 기초학력 책임을 보장한다. 특히 코로나19로 인한 비대면 수업에 따른 학습격차 완화를 위해 등교수업을 확대하고, 기초학력이 부족한 학생에게 소규모 대면 지도를 추진하는 한편, 교사와 학생 간의 소통 활성화 등의 노력을 추진한다. 또한 원격수업이나 자율학습이 가능한 온라인 콘텐츠를 개선·확대하여 교육 환경의 변화에 대응할 수 있도록 한다.

미래교육 전환을 위한 10대 정책과제 중 9번 과제인 '디지털 전환에 대응한 교육 기반 마련'에서는 비대면 교육 환경에 절실히 요구되는 디지털 전환 인프라 구축과 온라인 교육 콘텐츠 생태계 조성, 디지털 활용 맞춤형 학습지원 체계 마련, 데이터 활용 교육행정의 과학화를 위한 세부 과제를 제시하고 있다.

〈표 14〉미래교육 전환을 위한 10대 정책과제 중 디지털 전환에 대응한 교육기반 마련 세부 내용

과제	세부 과제	주요 내용
디지털 전환 인프라 구축	K-에듀 통합 플랫폼	흩어져 있는 콘텐츠, 학습관리시스템, 학습도구 등을 하나로 연결, 유·초·중·고에서 사용 가능한 플랫폼 구축
	차세대 K-MOOC	AI·빅데이터 기반 맞춤형 서비스 제공, 다양한 교수법(가상실습, 대화형 학습)이 가능하도록 K-MOOC 플랫폼 고도화

과제	세부 과제	주요 내용
디지털 전환 인프라 구축	평생교육 플랫폼	다양한 온라인 평생교육·훈련 콘텐츠를 맞춤형으로 제공, 학습·훈련 이력을 종합적으로 관리하는 '(가칭) 평생배움터' 구축
온라인 교육 콘텐츠 생태계 조성	콘텐츠 유통 환경 조성	공공·민간·개인(교원) 등이 참여하여 유·무료 교육용 콘텐츠를 개발·공유·확산하는 개방형 콘텐츠 유통 플랫폼 구축
	안전한 활용	다양한 교육용 콘텐츠 등을 수업 목적으로 편리하게 이용할 수 있도록 저작물 제도 개선
	포용성 강화	언제·어디서든 원하는 학습을 할 수 있도록 교육적 배려 대상 학생을 지원하는 콘텐츠 개발·보급
	콘텐츠 관리	교육용 콘텐츠의 상호운용성 및 품질 제고를 위해 '콘텐츠 품질 관리 기준' 마련, 전담기관 운영 등 질 관리 강화
디지털 활용 맞춤형 학습지원 체계 마련	디지털 역량 강화	디지털 미디어 활용 역량 차이로 인한 교육 격차 및 디지털 격차 예방을 위한 미디어 리터러시 교육 강화
	학교지원 강화	교원이 원격수업을 원활하게 준비할 수 있도록 필요한 학교 '(가칭) 테크매니저' 배치 등 지원체계 조성
	빅데이터 기반 학습분석	빅데이터 및 AI를 활용하여 학습자의 적성, 흥미, 수준 등을 분석하고 학습자별 맞춤형 학습 지원
데이터 활용 교육 행정의 과학화	빅데이터 기반 교육정책	빅데이터 분석을 통해 교육 현안에 선제적으로 대응하고 수요자 맞춤형 교육정책 지원
	지능형 교육정보 통계	데이터 취합 업무 경감 및 소셜 데이터 등 실증 자료에 기반한 교육행정 체계 마련

　미래교육 전환을 위한 10대 정책과제 중 10번 과제인 '미래형 교육 협력 거버넌스로 개편'에서 역시 지역과 연계한 교육 협력 강화를 통해 비대면 교육 환경에 대응하고자 하고 있다. 지자체와의 협력을 통한 협력 초등돌봄이나 마을 학습센터를 통하여 감염병, 자연재해 등으로 등교가 곤란한 상황이 발생할 경우 학교·마을에 방역·안전이 보장된 학습·돌봄 공간을 확보, 제공할 수 있도록 하였다.

3. 코로나19 확산에 따른 비대면 수업 실시 관련 지원 정책

코로나19에 따른 사회적 거리두기의 확산으로 생활 패러다임이 비대면 방식으로 급속히 전환되면서 TV, OTT, SNS의 이용량이 급증하고 원격교육의 영향으로 이러닝 시장 등 비대면 시장이 급성장하고 있다. 이러한 현실에서 디지털 공간에서의 개인 간 소통 활성화와 공동체성 확립을 통해 상호 배려하고 존중하는 디지털 소통사회로 나아가기 위한 국가 차원의 지원 필요성에 따라 2020년 8월 범정부 종합계획의 일환으로 「디지털 미디어 소통역량 강화 종합계획」이 수립되었다. 이 계획은 미래 교육의 전반을 다루고 있기는 하나 비대면 교육 환경이 지속됨에 따라 강조되어야 하는 교육의 내용적 측면을 확인할 수 있다는 점에서 검토 필요성이 있다.

종합계획은 비대면 시대에서 국민 누구도 소외되지 않고 디지털 미디어를 통해 올바르게 소통하고 함께 살아가는 디지털 공동체를 만들기 위해 디지털 미디어 교육을 강화하는 것을 내용으로 한다. 비대면 시대를 맞아 기존 오프라인 중심에서 언제 어디서나 교육이 가능하도록 온-오프라인 융합교육으로 전환하는 한편 일상생활에서 편리하게 미디어 교육을 받을 수 있도록 근접 지역의 교육시설을 확충하며 온라인 미디어교육 플랫폼을 구축한다. 미디어 이용층의 확대와 이용 시간의 증가를 고려하여 학생·성인 중심에서 유아·노인까지 전 국민 맞춤형 교육을 강화하며, 디지털 격차로 소외되는 사람이 없도록 사회적·지역적 여건 등을 고려하여 찾아가는 교육 및 소규모 밀착형 교육을 개발·실시한다.

디지털 전환 시대의 건강한 디지털 시민으로 권리와 책임을 다할 수 있도록 디지털 시민 역량을 강화하는 한편 각 부처별로 각각 미디어 교육을 실시해오던 것을 국가 차원의 거시적 정책 수립이 가능하도록 거버넌스를 확립한다. 이러한 방향성을 가지고 4대 전략과제와 12개 세부 과제를 제시하고 있으며 그 내용은 〈표 15〉와 같다.

〈표 15〉 디지털 미디어 소통역량 강화 종합계획의 전략 과제 및 세부 과제

분야	세부 과제
온·오프라인 미디어 교육 인프라 확대	① 미디어 교육 인프라 전국망 확대 ② 온라인 미디어교육 플랫폼 구축 ③ 온·오프라인 융합 미디어 교육 모델 개발
국민의 디지털 미디어 제작 역량 강화	① 전국민 촘촘한 디지털 미디어교육 실시 ② 신기술 활용 미디어 제작교육 강화 ③ 방방곡곡 찾아가는 미디어교육 강화
미디어 정보 판별 역량 강화	① 허위 정보 판별 교육 강화 ② 미디어 기술·텍스트 이해 교육 확대 ③ 팩트체크 교육콘텐츠 제작·보급
배려·참여의 디지털 시민성 확산	① 비대면 사회 디지털 윤리교육 강화 ② 지역공동체 미디어 지원 확대 ③ 일상생활 속 디지털 시민의식 제고

특히 비대면 사회의 디지털 윤리교육의 강화는 비대면 교육 상황에서 발생하는 사이버폭력이나 교원의 교육권 침해 등의 사례에 시사하는 바가 크다. 디지털 사회를 살아가는 시민으로서 갖추어야 할 권리와 의무 등 기본 역량과 자질에 대한 교육을 강화하고 사이버 언어폭력, 허위 정보 유포, 디지털 성범죄 등 시의성 있는 사이버폭력 이슈에 대응하는 예방 프로그램을 추진, 전문기술에 대한 이해와 함께 신기술 도입에 따른 역기능 예방교육을 실시하여 디지털 사회의 공동체성을

재확립하고 일상생활에서 디지털 시민의식을 제고할 수 있도록 과제를 제시하고 있다.

한편, 우리 경제는 패러다임 전환 추진 과정에서 코로나19 사태로 인한 극심한 경기침체 극복 및 구조적 대전환 대응이라는 이중 과제에 직면하면서, 위기 극복과 코로나19 이후 글로벌 경제 선도를 위한 국가발전전략의 일환으로 2020년 7월「한국판 뉴딜」종합계획을 발표하였다. 한국판 뉴딜은 추격형 경제에서 선도형 경제로, 탄소 의존 경제에서 저탄소 경제로, 그리고 불평등 사회에서 포용사회로 도약하기 위하여 디지털 뉴딜과 그린뉴딜 분야의 28개 세부 과제를 제안했다.

〈표 16〉 한국판 뉴딜 분야별 세부 과제

구 분	분 야	세부 과제
디지털 뉴딜	1. D.N.A 생태계 강화	① 국민생활과 밀접한 분야 데이터 구축·개방·활용 ② 1·2·3차 전 산업으로 5G·AI 융합 확산 ③ 5G·AI 기반 지능형 정부 ④ K-사이버 방역체계 구축
	2. 교육 인프라 디지털 전환	⑤ 모든 초중고에 디지털 기반 교육 인프라 조성 ⑥ 전국 대학·직업훈련기관 온라인 교육 강화
	3. 비대면 산업 육성	⑦ 스마트 의료 및 돌봄 인프라 구축 ⑧ 중소기업 원격근무 확산 ⑨ 소상공인 온라인 비즈니스 지원
	4. SOC 디지털화	⑩ 4대 분야 핵심 인프라 디지털 관리체계 구축 ⑪ 도시·산단의 공간 디지털 혁신 ⑫ 스마트 물류체계 구축
그린 뉴딜	5. 도시·공간· 생활 인프라 녹색 전환	⑬ 국민생활과 밀접한 공공시설 제로 에너지화 ⑭ 국토·해양·도시의 녹색 생태계 회복 ⑮ 깨끗하고 안전한 물관리체계 구축
	6. 저탄소· 분산형 에너지 확산	⑯ 에너지관리 효율화 지능형 스마트 그리드 구축 ⑰ 신재생에너지 확산 기반 구축 및 공정한 전환 지원 ⑱ 전기차·수소차 등 그린 모빌리티 보급 확대

구분	분야	세부 과제
그린 뉴딜	7. 녹색산업 혁신 생태계 구축	⑲ 녹색 선도 유망 기업 육성 및 저탄소·녹색산단 조성 ⑳ R&D·금융 등 녹색혁신 기반 조성
안전망 강화	1. 고용사회 안전망	㉑ 전국민 대상 고용안전망 구축 ㉒ 함께 잘 사는 포용적 사회안전망 강화 ㉓ 고용보험 사각지대 생활·고용안전 지원 ㉔ 고용시장 신규 진입 및 전환 지원 ㉕ 산업안전 및 근무 환경 혁신
	2. 사람 투자	㉖ 디지털·그린 인재 양성 ㉗ 미래적응형 직업훈련 체계로 개편 ㉘ 농어촌·취약계층의 디지털 접근성 강화

이 중 코로나19에 대응하여 비대면 교육 인프라의 구축과 직접적으로 관련 있는 과제로 교육 인프라 디지털 전환과 안전망 강화 및 농어촌·취약계층의 디지털 접근성 강화를 꼽을 수 있다. 교육 인프라 디지털 전환에서는 전국 초중고·대학·직업훈련기관의 온·오프라인 융합학습 환경 조성을 위해 디지털 인프라 기반을 구축하고 교육 콘텐츠의 확충을 추진한다. 구체적인 실행 내용은 〈표 17〉과 같다.

경제구조 변화에 맞추어 새로운 일자리로의 이동을 위한 인력 양성과 취업지원 및 디지털 격차 해소 등 포용적 사람 투자를 확대하고자 농어촌 취약계층의 디지털 접근성을 강화할 수 있는 과제들을 제안하고 있다. 도서·벽지 등 농어촌 마을에 초고속인터넷망을 구축하고 주민센터 등 공공장소의 노후 와이파이를 교체하여 고성능 공공 와이파이 4.1만 대를 신규 설치한다. 전국민 대상 '디지털 역량센터'를 운영하는 한편 장애인 정보접근권 확대를 위해 비대면 대체 자료를 제작하여 제공을 확대한다.

〈표 17〉 한국판 뉴딜 과제 중 교육 인프라 디지털 전환 세부 과제

분 야	세부 과제
모든 초중고에 디지털 기반 교육 인프라 조성	• 무선망: 전국 초중고 전체 교실에 고성능 와이파이 (WiFi) 100% 구축 • 스마트 기기: 교원 노후 PC·노트북 20만 대 교체, 「온라인 교과서 선도학교」 1,200개교에 교육용 태블릿PC 24만 대 지원 • 온라인 플랫폼: 다양한 교육콘텐츠·빅데이터를 활용하여 맞춤형 학습 콘텐츠를 제공하는 「온라인 교육 통합 플랫폼」 구축
전국 대학· 직업훈련기관 온라인 교육 강화	• 대학 온라인강의: 전국 39개 국립대 노후 서버·네트워크 장비 교체 및 원격교육지원센터 10개, 현직·예비교원 미래교육센터 28개 설치 • K-MOOC: 인공지능·로봇 등 4차 산업혁명 수요에 적합한 유망 강좌 개발 확대, 글로벌 유명 콘텐츠 도입 • 공공 직업훈련: 스마트 직업훈련 플랫폼 시스템 고도화 및 이러닝·가상훈련(VR·AR) 콘텐츠 개발 확대 • 민간 직업훈련: 직업훈련기관 대상 온라인 훈련 전환 컨설팅 제공, 온라인 학습관리 시스템 임대비 지원

마지막으로 한국판 뉴딜의 세부 과제 중 선정 기준에 부합하고 미래 비전을 제시할 수 있는 10대 과제를 선정하였다.[79] 이 중 '그린 스마트스쿨'은 안전하고 쾌적한 녹색환경과 온·오프 융합 학습공간 구현을 위해 전국 초중고 에너지 절감시설을 설치하고 디지털 교육 환경을 조성하는 것을 내용으로 한다. 주요 투자 사업으로는 노후 학교를 대상으로 태양광 발전시설의 설치 및 친환경 단열재 보강 공사 등 에너지 효율 제고, 초중고 전체 교실(38만 실) 대상 WiFi 100% 조기 구

---

[79] 10대 대표 과제로는 ① 데이터 댐, ② 지능형(AI)정부, ③ 스마트 의료 인프라, ④ 그린 스마트스쿨, ⑤ 디지털 트윈, ⑥ 국민안전 SOC 디지털화, ⑦ 스마트 그린 산단, ⑧ 그린 리모델링, ⑨ 그린 에너지, ⑩ 친환경 미래 모빌리티이다.

축, 교원의 노후 PC·노트북 20만 대를 교체한다. 온라인 교과서 선도 학교 1,200개교에 교육용 태블릿 PC 24만 대 지원 및 다양한 교육 콘텐츠 및 빅데이터를 활용한 맞춤형 학습 콘텐츠를 제공하는 '온라인 교육 통합 플랫폼'을 구축한다. 나아가 원격교육의 활성화·내실화를 지원하기 위하여 원격교육의 정의, 기본계획의 수립, 원격교육의 지원 사항 등을 담은 「(가칭) 원격교육기본법」을 제정하도록 한다.

제5장 해외 주요국의
비대면 교육 관련 정책

1. 미국

가. 일반 현황

코로나19로 인하여 미국 전역의 학교가 폐쇄되었을 때 가정 내에 와이파이 환경이 구축되지 못한 학생들은 커피숍이나 패스트푸드점, 주차장 등에서 숙제를 하는 이야기로 가득 차 있었다. 인터넷이나 디바이스의 부족은 미국 및 전 세계 수백만 명 학생들에게 심각한 문제였고, 이를 해결하기 위하여 많은 정책들이 작동하고 있지만 여전히 많은 학생들은 연결의 어려움을 경험하고 있다고 한다.

물론 코로나19 이전에도 학생들의 디지털 격차는 숙제 격차로 식별되기도 하였는데, 가정 내에서 인터넷 접속을 할 수 없는 사정은, 학생들이 방과 후에 숙제를 할 수 있는 능력에 영향을 주었다. 코로나19는 오랫동안 존재해온 불평등을 극적으로 강조하면서 디지털 포용의 필요성을 선명하게 드러내고 있다.

학생들이 숙제를 더 잘하기 위해서는 최소한 전용 태블릿을 필요로 하나, 이상적으로는 노트북이나 데스크톱 컴퓨터가 필요하다. 연구에 따르면 스마트폰과 같은 모바일 장치에만 의존하면 사용이 다양하지 않으며, 복잡한 작업을 완료할 수 없다고 한다. 하지만 학생들은 다양한 디바이스를 가지고 있지 못하며, 이마저도 또 다른 가족 구성원과 장치를 공유해야 하므로 학교와 관련된 작업에 할애할 수 있는 시간은 제한된다고 한다. 2020년 봄에 조사된 결과에 따르면, 10대의 35%가 때때로 또는 자주 휴대폰으로 숙제를 하여야 했으며, 연간소득이 30,000달러 미만인 가정에 사는 사람들의 경우 45%로 증가하였다.

또 다른 조사에서는 시골 지역으로 분류될 수 있는 미시간(michigan) 주 15개 학군의 8~11학년 학생 3,258명을 대상으로 인터넷 연결과 디지털 기술에 대한 설문조사를 실시하였다. 이 조사에서는 학생들이 어떠한 종류의 인터넷과 장치를 사용할 수 있는지, 학교 및 집에서의 접근이 학업을 수행하는 데 적절하다고 생각하는지에 대한 질문이 이루어졌다. 이 조사에 따른 다른 시골 지역과 마찬가지로 미시간주에서는 광대역 인프라가 부족하기 때문에 많은 학생들이 인터넷에 접속할 수 없었던 것으로 나타났다.

미시간주 연구에 따르면, 작은 마을이나 시골 지역에 거주하는 학생의 53%만이 고속 인터넷에 접속할 수 있을 뿐이었다. 이는 교외 지역에 거주하는 학생 77%, 도시 지역에 거주하는 학생 70%가 고속 인터넷에 접속할 수 있다고 응답한 것과는 큰 차이를 보이는 부분이다. 한편 미시간주 학생의 44.2%는 인터넷이 아예 없거나 느린 인터넷을 사용하였고, 휴대전화로만 인터넷을 이용했다고 응답하기도 하였다. 인터넷에 연결되지 못한 학생과 휴대전화에만 의존하는 학생들은 광대역 인터넷에 접근 가능한 학생에 비하여 숙제를 완료할 가능성이 낮고, 평균 학점도 낮았으며, 대학에 진학할 의향이 더 낮은 것으로 파악되었다. 독특한 점은 또한 가정 내에서 인터넷의 접근이 낮은 학생이 학교에서 더 많은 인터넷을 사용하지도 않았다는 점이다. 이는 집에서 쉽게 인터넷에 접근할 수 없는 학생들의 경우 항상 디지털 도구를 사용하는 것에 익숙하지 않기 때문에 학교에서도 인터넷을 적절하게 활용하지 못하는 것으로 파악되는 부분이다.[80]

기술에 대한 접근 역시 학교와 가정에서 차이가 존재한다. 미국의 모든 학교는 FCC의 E-Rate 프로그램을 통하여 고속 인터넷 연결에 대한 지원을 받을 수 있지만 저소득 학군의 경우에는 연결속도가 낮은 경우가 존재하며, 오래된 컴퓨터 장비 역시 다수이다. 저소득 지역에 거주하는 학생들의 경우 학교와 가정에서 인터넷으로의 접근이나 적절한 장치에 대한 접근이 부족하여 디지털 배제를 심화시킬 수 있다. 코로나19로 인해 많은 학생들이 온라인 학습을 하고 있다는 점을 감안할 때 가정 내에서의 인터넷 접근은 교육의 성공에 매우 중요한 요소로 작용할 수 있다.

나. 미국의 비대면 교육 및 디지털 포용 관련 법제, 정책 분석

(1) 코로나바이러스 지원, 구호 및 경제안정법 제정
(Coronavirus Aid, Relief, and Economic Security Act)

2020년 3월 26일, 미 의회는 코로나19 유행으로 힘들어진 경제를

---

80 Bianca C. Reisdorf and Laleah Fernandez, No access, no class: Challenges for digital inclusion of students, HEINRICH BÖLL STIFTUNG, 2021. 4. 15., 〈https://www.boell. de/en/2021/04/15/no%20access-no-class-challenges-for-digital-inclusion-of-students〉

구제하기 위해 '코로나바이러스 지원, 구호 및 경제안정법(CARES법)'이라는 2조 달러 규모의 경기부양 법안을 통과시키는 데 동의하였다. 이 법안에는 전국 학교와 학생들을 지원하기 위해 310억 달러의 긴급 교육자금 지원이 포함되어 있다.[81, 82]

CARES법에 의해 만들어진 교육안정기금은 대학뿐 아니라 한국의 초중고에 해당하는 K-12 학교를 육성하기 위해 사용될 예정이다. 크게 초중등학교 지원을 위한 K-12기금, 재정적 어려움을 겪고 있는 고등교육을 받는 학생들에게 지원하는 고등교육기금, 주지사에게 전달되는 기금으로 나뉘어 사용된다. 의회는 코로나19에 대응하기 위하여 초중등학교 교육구제기금에 132억 달러를 배정해 각 주의 교육기관을 포함한 지역 교육기관(LEA)에 제공한다. 이 지원은 코로나19로 인한 피해를 구제하기 위한 측면이 크지만 디지털 관점에서의 격차를 해소하기 위한 용도로 사용될 것을 예정하고 있다. 예컨대 모든 학생들에게 온라인 학습을 위한 기술을 제공하는 방법 및 교육서비스가 지속될 수 있도록 보장하는 방법을 위하여 비용을 사용하도록 규정하고 있다. 또한 저소득 학생이나 장애 학생을 포함하여 정기적이고 실질적인 교육 상호작용을 지원하는 지역 교육기관에 필요한 교육도구(하드웨어, 소프트웨어 포함)의 구매를 보조하고, 여름방학 동안 교실수업 또는 온라

81 Utah State Board of Education, "CORONAVIRUS INFORMATION AND RESOURCES", (원문: https://schools.utah.gov/coronavirus?mid=4985&aid=8), (검색일: 2020. 10. 25.)

82 LearnSafe, "Distance Learning, Student Safety, and the CARES Act", (원문: https://learnsafe.com/distance-learning-student-safety-and-the-cares-act/), (검색일: 2020. 10. 25.)

인 학습을 제공하면서 저소득 학생, 장애 학생, 비영어권 학생, 노숙 학생, 이주 학생을 보호한다.[83]

추가적으로 프로젝트 SERV(Project School Emergency Response to Violence)에 1억 달러의 보조금을 지급하는데 프로젝트 SERV는 학군과 고등교육 기관을 대상으로 원격학습과 정신건강 상담, 학교 소독 등을 지원한다. CARES 법은 기금의 올바른 사용을 위해 K-12기금의 12가지 허용 용도를 구체적으로 명시했다. 그 내용은 〈표 18〉과 같다.

〈표 18〉 K-12기금의 12가지 허용 용도

구분	K-12기금의 12가지 허용 용도
1	다음을 포함하여 1965년 ESEA에서 승인한 모든 활동 a. 장애인 교육법(IDEA)(20 U.S.C. 1400 et seq.) b. 성인 교육 및 가족 문맹 퇴치법(20 U.S.C. 1400 et seq.) c. 2006년 Carl D. Perkins 커리어 및 기술 교육법(20 U.S.C. 2301 et seq.) ('퍼킨스법') d. McKinney-Vento 노숙인 지원법 제7호 부제 B(42 U.S.C. 11431 et seq.)
2	주, 지방, 부족 및 영토 공중보건 부서 및 기타 관련 기관과 지역 교육기관의 준비 및 대응 노력을 조정하여 코로나 바이러스의 예방, 준비 및 대응을 위해 이러한 기관 간의 조정된 대응 개선 활동
3	교장 및 다른 학교 지도자들에게 개별 학교의 요구를 해결하는 데 필요한 자원을 제공하는 활동
4	빈곤한 환경에서 생활하는 학생, 장애 학생, 영어를 배우는 학생, 노숙생활을 체험하는 학생, 난민 학생, 위탁보육 청소년 등의 독특한 욕구를 해결하기 위한 활동
5	지역 교육기관의 준비 및 대응 노력을 개선하기 위한 절차와 시스템을 개발 및 시행을 위한 활동

---

[83] Phyllis W. Jordan, What Congressional Covid Funding Neans for K-12, August 11, 2021, 〈https://www.future-ed.org/what-congressional-covid-funding-means-for-k-12-schools/〉

구분	K-12기금의 12가지 허용 용도
6	위생에 관한 지역 교육기관 직원의 교육 및 전문성 개발 및 감염병 확산 최소화를 위한 활동
7	개인 보호장비를 포함한 LEA 시설을 청소하고, 청소하기 위한 물품 구매를 위한 활동
8	대상 학생에게 급식을 제공하는 방법, 모든 학생에게 온라인 학습 기술을 제공하는 방법, 장애인 교육법(20 U.S.C. 1401 et Seq)에 따른 요구 사항 수행 지침 제공 방법, 기타 다른 교육 서비스가 모든 연방, 주 및 지역 요건과 일관되게 제공될 수 있도록 보장하는 방법을 포함한 장기 휴교령을 대비한 계획 및 조정을 위한 활동
9	저소득 학생과 장애 학생을 포함한 학생과 교실의 강사 간의 정기적이고 실질적인 교육적 상호작용을 지원하는 학생을 위한 교육 기술(하드웨어, 소프트웨어 및 네트워크 연결 포함), 보조 기술, 관련 장비 구매 관련 활동
10	정신 건강 서비스 및 지원 제공 활동
11	여름 학습 및 보충 방과후 프로그램과 관련된 활동을 기획하고 시행하며 빈곤한 환경에서 생활하는 학생, 장애 학생, 영어를 배우는 학생, 노숙생활을 체험하는 학생, 난민 학생, 수양보호 청소년 등의 요구를 해결하기 위한 활동
12	그 밖에 지역 교육기관에서 서비스의 운영 및 연속성을 유지하고 지역 교육기관의 기존 직원을 계속 고용하기 위해 필요한 활동

(2) 모든 주를 위한 온라인 교육법
(Statewide Online Education Act)

모든 주를 위한 온라인 교육법(SOEA법)은 모든 주를 위한 온라인 교육 프로그램(Statewide Online Education Program: SOEP)을 지원하기 위해 제정된 법률이다.[84] 이 법은 기본적으로 자격을 갖춘 학생들이 공적

---

84 AMERICAN LEGISLATIVE EXCHANGE COUNCIL, "STATEWIDE ONLINE EDUCATION ACT", (원문: https://www.alec.org/model-policy/statewide-online-education-act/), (검색일: 2020. 10. 25.)

〈표 19〉 SOEA에서 제시하는 온라인 학교의 목적

- 공립, 사립 또는 홈스쿨링 등 유형에 상관 없이, 학생이 다니는 학교의 물리적인 장소에 관계없이 온라인 학습 옵션에 대한 접근 권한을 학생에게 제공해야 한다.
- 언어, 거주지, 가구소득 또는 특별한 조건과 관계없이 학생에게 양질의 학습 옵션을 제공해야 한다.
- 학생이 디지털 세계에서 필요한 지식과 기술을 습득할 수 있도록 온라인 학습 옵션을 제공해야 한다.
- 학생이 선호하는 방식과 속도로 학습할 수 있도록 맞춤형 교육을 위해 기술을 활용한다.
- 학생이 언제 어디서나 가상으로 학습에 액세스할 수 있도록 허용하고, 학생의 최대 학습시간을 활용할 수 있는 유연성을 부여함으로써 전통적 교실 학습의 제약을 제거하기 위해 기술을 활용한다.
- 학생이 자료를 숙달하는 데 필요한 만큼의 시간을 할애할 수 있는 개인 맞춤형 학습을 제공해야 한다.
- 성취도가 높은 학생이 학업적으로 가속화 할 수 있도록 자가 학습 프로그램을 보다 많이 이용할 수 있도록 하는 한편, 어려움을 겪고 있는 학생은 역량을 획득하는 데 추가적인 시간과 도움을 줄 수 있다.
- 학생이 학업 목표를 더 잘 달성하도록 하기 위해 학생의 일정을 맞춤화할 수 있도록 허용한다.
- 학생이 중등 후 교육 및 직업 또는 진로를 더 잘 준비할 수 있도록 양질의 학습 옵션을 제공해야 한다.
- 학생이 개별화된 교육 경험을 가질 수 있도록 허용한다.

자금을 지원받는 온라인 과정을 이수하여 고등학교 졸업학점을 취득할 수 있도록 하기 위하여 만들어졌으며, 해당 프로그램을 이수하면 공교육을 이수한 것으로 인정된다는 특징이 있다.

이 법은 온라인 교육 프로그램에 등록할 수 있는 자격 조건, 온라인 교육 프로그램 제공자의 조건, 교육비, 교육 중도 포기, 온라인 교육 프로그램에 대한 지원 계획, 학점인정 방법 및 기준, 온라인 프로그램 과정에 등록한 학생에 대한 주 교육위원회의 평가관리, 온라인 교육 제공업체의 성과 보고 및 공개해야 하는 정보, 온라인 교육과정의 등록

기간 등을 다루고 있다. 한편 SOEA법에서 제시하는 온라인 학교의 목적은 디지털 포용과도 깊게 관련되어 있다. SOEA에서 제시하는 온라인 학교의 목적을 살펴보면 〈표 19〉와 같다.

(3) 교육기록에 대한 개인정보보호법
(Family Educational Rights and Privacy Act)

비대면 교육을 진행함에 있어 학생 정보와 학생에 대한 교육기록에 대한 기밀성 유지에 대한 요구가 높아졌다. 미국은 1974년 학생 교육기록의 개인정보를 보호하는 연방법률인 '교육기록에 대한 개인정보보호법(FERPA법)'을 제정하여 학생과 그 가족의 프라이버시가 보호되고 교육기관에서도 교육기록에 대한 프라이버시권을 존중토록 하였다.[85, 86] FERPA법은 학생정보와 관련한 연방특별법을 제정함으로써 학생정보에 대한 공개 및 학부모의 열람권, 정정권, 삭제권 및 반론권 등을 명문화하고 이들 권리의 실현을 위한 적절한 조치(예컨대, 기금 사용의 제한 등)를 규정하기 위함이다.

FERPA의 주요 내용을 살펴보면 다음과 같다. 이 법의 적용 대상이 되는 교육기관은 기금을 이용할 수 있는 모든 공립·사립기관을 의미하고, 교육기록은 학생과 직접적으로 관련된 정보를 포함하고 있는 기록, 파일, 문서 및 기타 자료 중에서 교육기관이 보유하는 것을 의미한

---

85 법제처, "미국의 '가족의교육권및프라이버시에관한법률'에 관한 소개", (원문: https://world.moleg.go.kr/web/dta/lgslTrendReadPage.do?CTS_SEQ=2374&AST_SEQ=315), (검색일: 2020. 10. 25.)

86 ConnectSafely, "The Parent's Guide to Student Data Privacy", (원문: https://www.connectsafely.org/student-data-privacy/), (검색일: 2020. 10. 25.)

다. 다만 교사 등의 교원이 오직 사적으로 보유하는 부수적 기록이나 피용자의 통상적인 업무과정에서 생성되는 기록 등은 제외된다. 또한 교육기관이 학부모의 자녀 교육기록에 대한 검사나 열람을 할 권리를 보장하지 아니한다면 이용 가능한 기금의 사용을 금지한다. 추가적으로 교육기관은 학생기록에 대해 통지받을 권리를 보장하여야 하고 하나의 문서에 다수인의 학생이 기록되어 있는 경우에 각각의 학부모가 해당 기록을 검사나 열람할 수 있도록 보장하여야 한다.

학생정보에 대한 정정 및 삭제, 열람권은 학생의 학부모가 자녀의 교육기록에 부정확, 오인 또는 기타 학생의 프라이버시 침해 가능성이 있는 기록에 대하여 정정이나 삭제를 청구한 경우에 청문의 기회를 보장하여야 한다. 정보의 부정확·오인 등이 있는 경우에 그 정정이나 삭제를 하여야 하며, 학생기록의 내용에 대하여 학부모가 반론서를 제출한 경우에 그 학생기록에 이를 첨부하여야 이용 가능한 기금을 활용할 수 있는 것으로 실현된다. 또한 자격이 있는 학생은 학교에서 보관하는 학생기록을 열람할 권리가 있다.

학교가 학생기록의 내용을 공개하기 위해서는 학부모나 자격이 있는 학생의 서면동의가 있어야만 한다. 그렇지만 이 법은 교육상 정당한 이익을 가진 학교 관계자, 학생이 전학 가는 학교의 관계자, 감사나 평가를 위한 특정된 관계자, 학생의 재정적 지원과 관련된 관계자, 학교에 관하여 또는 학교를 대신하여 조사를 행하는 기관, 승인받은 기관, 법원의 명령이나 정당한 영장을 따르는 경우, 보건 및 안전 조치에 관련된 관계자, 주법에 의하여 청소년 사법제도 내에서 주정부나 지방정부의 기관에 대하여는 동의없이 기록을 공개할 수 있도록 규정하고 있다.

교육기관은 학생의 이름, 주소, 전화번호, 생년월일, 수상 경력 그리고 출석일수 등과 같은 인명정보(directory information)를 동의없이 공개할 수 있다. 그렇지만 학교는 인명정보에 대하여 학부모와 자격이 있는 학생에게 미리 알려야 하며, 학부모와 자격이 있는 학생에게 인명정보를 공개하지 못하도록 결정할 수 있는 상당한 시간을 주어야 한다. 학교는 매년 학부모와 자격이 있는 학생에게 이 법에 의하여 이러한 권리가 있음을 통지해야 하고, 실질적인 통지 수단(예컨대, 서신, 학생 수첩, 또는 학교신문 등)은 해당 학교에 위임되어 있다.

코로나19로 인한 비대면 수업의 증가는 FERPA법의 준수에 대하여도 새로운 해석들을 제시하고 있다. 경우에 따라 교실 전체를 녹화 또는 녹음하여 수업의 콘텐츠로 활용할 수 있을 것인데, 이러한 교실 녹화가 FERPA법의 적용을 받을 것인지 검토할 필요가 있다. 만약 수업 녹음이나 녹화에 강사의 목소리나 영상만이 포함된 경우 학생 교육 기록에 포함되지 않기 때문에 FERPA법의 적용을 받지 아니한다. 그러나 해당 녹음 또는 녹화에 학생의 토론, 질문, 프레젠테이션 또는 기타 학생의 활동이 포함된 경우에는 학생의 참여 활동이 보호될 필요가 있다. 따라서 이 경우는 FEFPA법에 의하여 공개가 제한될 수 있으며, 학생의 음성이 녹음된 콘텐츠를 활용하기 위하여 FERPA법을 준수하고 있는지 확인하여야 한다.

따라서 수업을 녹음·녹화하기 이전에 강사는 구두로 해당 수업이 기록되고 있음을 알려야 한다. 또는 강의계획서에서 미리 수업이 기록될 수 있음을 알려야 한다. 또한 학생들에게 수업 녹음의 목적과 그것을 볼 수 있는 사람을 설명하여야 하는 동시에 기록된 강의자료에 적용 가능한 지식재산권, 기록된 파일의 공유 또는 복사금지에 대한 사항을 학생들에게 안내할 수 있다. 경우에 따라 타인의 녹음에 관하여 별도로 규정하고 있는 주법이 있는지도 검토하여야 한다. 이렇듯 비대면 교육으로의 전환에 따라 FERPA법의 적용도 광범위해지고 있어, 2020년 3월 미국 교육부는 FERPA 및 원격학습 리소스[87]를 발행하여 강사 등이 활용할 수 있도록 안내하였다.

한편 많은 학교들이 수업을 온라인으로 제공하기 위해 제3의 플랫폼 제공업체와 계약을 체결하였을 것을 예정해볼 수 있다. 이때 학생의 개인식별정보가 온라인 수업 중에 공개될 수 있으며, 플랫폼 제공업체가 학생의 개인정보에 접근할 것도 예상해볼 수 있다. 경우에 따라 학교가 스스로 플랫폼 업체에 대하여 학생에 대한 기록을 제공해야 될 수도 있다. FERPA법은 일반적으로 '공식적인 예외규정'에 의하여 교육기록을 기술 공급업체에 공개하는 것을 허용하며. 또한 기술 공급업체는 경우에 따라 학교의 공무원으로 간주될 수 있기도 하다, 예를 들어 플랫폼 업체에 기관 또는 기관 내 직원이 사용하는 서비스 또는 기능을 수행하거나, 교육기록의 사용 및 유지와 관련하여 기관의 직접적 통제 아래에 있는 경우가 그러하다. FERPA법은 플랫폼 업체가 공식적인 예외규정에 포함되기 위하여 "계약을 반드시 체결해야 한다"라고 규정하고 있지는 않으나 모든 당사자가 각자의 권리와 의무를 이해할 수 있도록 하는 것을 모범적인 관행으로 삼고 있다.

마지막으로 코로나19로 인한 혼란과 변화의 기간 동안 학교 등의

---

[87] FERPA and Virtual Learning Related Resources, 2020. 3., 〈https://studentprivacy. ed.gov/sites/default/files/resource_document/file/FERPA%20%20Virtual%20 Learning%20032020_FINAL.pdf〉

기관은 비상 상황을 효과적으로 관리하기 위하여 학생의 교육기록에서 필요한 개인식별정보를 공개하여야 한다고 결정할 수도 있다. 실제 FEFPA법은 건강 또는 안전의 비상 상황과 관련된 경우 서면동의 없이 공개를 허용하도록 규정하고 있다. 이러한 예외에 따라 "비상사태와 관련하여 학생이나 다른 개인의 건강이나 안전을 보호하기 위하여 해당 정보에 대한 지식이 필요한 경우"를 어떻게 해석할 것인지에 대한 공통적 이해가 필요하다. 이에 미국 교육부는 코로나19의 맥락에서 건강 또는 안전의 비상 상황을 해석하는 방법을 설명하고 있으며, 이러한 예외는 비상사태 기간에 한정되며 비상 상황이라 하여도 개인식별정보의 전면적 공개를 의미하는 것은 아니라고 해석한다.

또한 공개에 적절한 당사자로는 일반적으로 법의 집행과 관련한 공무원, 공중보건 공무원, 훈련을 받은 의료 직원 및 부모를 포함하지만 언론은 적절한 당사자에 포함되지 않는다. 교육기관 등은 가능한 한 학생을 개인적으로 식별할 수 없도록 코로나19에 대한 정보를 제공하여야 한다. 그러나 개인식별정보가 학생이나 다른 사람의 건강이나 안전을 보호하기 위하여 동의없이 공개되어야 하는 경우 교육기관 등은 명백하고 중대한 위협이 있다는 결정의 근거를 설명하여야 한다.[88]

---

88 Scott Goldschmidt, Minding FERPA during COVID-19, THOMSON COBURN LLP, 2020. 5. 11. 〈https://www.thompsoncoburn.com/insights/blogs/regucation/post/2020-05-11/minding-ferpa-during-covid-19〉

(4) 어린이를 위한 온라인 개인정보보호법
(Children's Online Privacy Protect Act)

어린이를 위한 온라인 개인정보보호법(COPPA법)은 웹사이트, 게임 및 모바일 응용프로그램을 운영하는 회사가 어린아이들로부터 수집하는 정보를 통제하기 위해 제정된 법이다. 만 13세 미만 어린이를 대상으로 하는 온라인 제품 또는 사용자가 13세 미만임을 회사가 알고 있는 경우에 적용된다.[89]

COPPA법은 회사가 13세 미만의 어린이로부터 정보를 수집하기 전에 해당 사이트에 명확한 개인정보 보호정책을 게시하고 부모에게 직접 고지하며 부모의 동의를 구할 것을 요구한다. 또한 회사가 아동의 정보를 보호하는 데 필요한 보안을 갖추도록 요구하고 있다.

교사 및 기타 학교 관계자는 부모를 대신하여 이와 관련된 동의를 할 수 있는 권리가 있으며 자녀의 교육 프로그램 사용을 승인할 수 있다. 단 이러한 동의권은 교육과 관련된 정황이 있을 경우로 제한된다. 이는 회사가 지정된 교육 목적을 위해 학생으로부터 개인정보를 수집하는 경우에만 적용되며 다른 상업적 목적의 경우에는 불가능하다. 일부 학교에는 교사가 특정 앱 또는 서비스 사용을 허용하기 전에 학교 관리자의 승인을 요구하는 정책이 있는데, 이렇게 회사가 학교 관계자의 동의를 얻어 정보를 수집한 경우 교육 목적 달성에 필요한 기간 동안만 정보를 보관할 수 있다.

코로나19로 인하여 일하고, 소비하고, 여행하고, 교류하는 방식이

---

89 ConnectSafely, The Parent's Guide to Student Data Privacy, ⟨https://www.connectsafely.org/student-data-privacy⟩

〈표 20〉 COPPA의 요구사항 요약

1. 어린이로부터 수집된 개인정보에 대한 처리 관행을 설명하는 명확하고 포괄적인 개인정보보호정책을 게시한다.
2. 어린이로부터 개인정보를 수집하기 전에 부모에게 직접 통지하고 검증 가능한 동의(예외 있음)를 얻는다.
3. 어린이의 정보수집 및 내부 사용에 대한 동의 및 선택권을 부모에게 제공하지만, 제3자에게 공개하는 것은 금지한다.
4. 수집된 자녀의 개인정보에 대하여 부모의 접근권을 제공하고 부모의 삭제권을 허용한다.
5. 부모에게 자녀의 개인정보를 더 이상 수집하거나 사용하지 못하도록 하는 권한을 허용한다.
6. 기밀성과 보안을 유지할 수 있는 당사자에게만 해당 정보를 공개하기 위한 합리적인 조치를 취한다. 더하여 해당 아동으로부터 수집한 정보의 기밀성, 보안성 및 무결성을 유지한다.
7. 어린이에게서 수집한 개인정보는 필요한 기간 동안만 보관할 수 있으며, 수집한 목적에 의하여 사용되어야 한다. 필요할 경우 무단접근 또는 사용으로부터 보호하기 위한 적절한 조치를 사용하여 정보를 삭제하여야 한다.

변화하면서 어린이들의 배우고 노는 방식도 변화하였다. 많은 어린이들은 수업, 음악활동, 레크리에이션 및 게임 등을 수행하기 위하여 가정용 컴퓨터 또는 관련 장치에 의존하게 되고, 따라서 COPPA법의 규제에 대하여 보다 구체적으로 이해할 필요성을 요구하고 있다. 통상 COPPA법은 13세 미만 어린이의 개인정보를 온라인으로 수집하는 회사가 데이터 수집 및 사용 관행에 대한 통지를 제공하고 검증 가능한 부모의 동의를 얻도록 요구하는 것이지만, 교육적 맥락에서는 학교는 학부모를 대신하여 학생 개인정보의 수집에 동의할 수 있다.[90]

90 Ian C. Ballon, Kate Black and Tyler J. Jaurence, COVID-19 and COPPA: Children's Internet Privacy in a New, Remote World, The National Law Review, 2020. 7. 27., 〈https://www.natlawreview.com/article/covid-19-and-coppa-children-s-internet-privacy-new-remote-world〉

이에 미국 연방거래위원회(Federal Trade Commission: FTC)는 실제 학교에서 또는 가상학습을 수행하는 운영자를 위한 「COPPA 관련 지침」(COPPA-related guidance)을 제시하였다. 교육기술 서비스의 많은 부분이 학생의 개인정보를 수집하고 사용한다는 점을 인식하여야 하며, 따라서 교육기술 제공자와 학교는 학생의 개인정보를 보호할 지속적인 필요성을 상기하여야 한다.

따라서 교육서비스를 제공하는 회사는 데이터 수집 및 사용 관행에 대하여 COPPA법에서 요구하는 필수적인 통지를 학교에 제공하여, 부모를 대신하여 학교의 동의를 받아야 한다. COPPA법은 상업용 웹사이트 및 서비스 운영자에게 적용되기 때문에 일반적으로 학교에 직접적 의무를 부여하지는 않는다. 그럼에도 학교와 관련 기관 등은 원격학습으로 전환됨에 따라서 발생할 수 있는 문제를 해결하기 위하여 변호사, 정보보호 전문가 등과 상의하여 교육기술 서비스의 개인정보 및 보안정책을 검토하여야 한다.

학교 또는 관련 기관은 이러한 결정을 교사에게 위임하기보다는 특정 사이트 또는 서비스의 개인정보보호 및 정보 관행이 적절한지 여부를 검토하여야 한다. 즉 학생과 함께 사용할 온라인 기술을 결정할 때 학교는 학생의 개인정보를 수집, 사용 및 공개하는 방법을 신중하게 이해할 필요가 있다. 이에 학교 및 교육기관에서는 기본적으로 〈표 21〉의 사항을 고려할 필요가 있다.[91]

---

91 Lisa Weintraub Schifferle, COPPA Guidance for Ed Tech Companies and Schools during the Coronavirus, FTC, 2020. 4. 9., 〈https://www.ftc.gov/news-events/blogs/business-blog/2020/04/coppa-guidance-ed-tech-companies-schools-during-coronavirus〉

<表 21 > 온라인 수업도구 활용과 COPPA의 고려사항

1. 학생들로부터 어떠한 유형의 개인정보를 수집하는가?
2. 수집한 개인정보를 어떻게 사용하는가?
3. 학교에서 요청한 온라인 서비스 제공과 무관한 상업적 목적으로 개인정보를 사용하거나 공유하는가? 예를 들어 타깃광고의 생성 또는 온라인 서비스 제공과 관련 없는 상업적 목적의 사용자 프로필의 구축과 관련하여 학생들의 개인정보를 사용하는가? 이 경우라면 학교는 학부모를 대신하여 동의할 수 없다.
4. 학교에서 학생들로부터 수집한 개인정보를 검토하고 삭제하도록 할 것인가? 그렇지 않은 경우 학교는 학부모를 대신하여 동의할 수 없다.
5. 수집한 개인정보의 보안, 기밀성 및 무결성을 보호하기 위하여 어떠한 조치를 취하는가?
6. 아동의 개인정보에 대한 데이터 보유 및 삭제 정책은 무엇인가?

(5) 미국 연방통신위원회의
Keep Americans Connected Initiative 정책

연방법의 구조는 아니나, 코로나19에 대응한 연방 차원의 유의미한 정책이 있어 살펴보도록 한다. 미국 연방통신위원회(Federal Communications Commission: FCC)의 아지트 파이(Ajit Pai) 위원장은 2020년 3월 13일, 비대면 교육에 필요한 통신 자원 제공을 위한 'Keep Americans Connected Initiative'를 발표하였다.[92] 아지트 파이 위원장은 코로나19의 영향으로 인해 고속 데이터 통신망 또는 전화 서비스 제공이 중단되지 않도록 하기 위해 온라인 서비스 제공자 및 전화 서비스 제공업체와 관련 업계를 대상으로 '미국인들의 연결을 유지하기 위한 서약'에 서명하도록 요청했다.

---

92 Federal Communications Commission, "Keep Americans Connected", (원문: https://www.fcc.gov/keep-americans-connected), (검색일: 2020. 10. 25.)

〈표 22〉 Keep Americans Connected 서약 내용

코로나바이러스 전염병이 미국 사회에 미치는 영향을 감안할 때 [회사명]은(는) 다음을 약속합니다.
1. 코로나바이러스 전염병으로 인하여 비용을 지불할 수 없는 개인 또는 중소기업에 대하여 서비스를 종료하지 않습니다.
2. 코로나바이러스 전염병과 관련된 경제적 상황으로 인하여 개인과 중소기업에 대하여 발생하는 연체료를 면제합니다.
3. WiFi 핫스팟을 필요로 하는 모든 미국인에게 개방합니다.

이 서약은 코로나19로 인해 서비스 이용료를 납부하지 못한 고객에 대해 서비스를 강제 해지하지 않고, 코로나19로 서비스 연체료가 발생한 고객에 대해 연체료를 면제하며, 필요로 하는 미국인에게 와이파이 서비스를 제공하는 것을 골자로 하고 있다. 또한 데이터 사용 제한을 완화하고 비대면 교육을 지원하기 위한 조치를 취할 것을 요구했다. 미국 내의 800개 이상의 기업과 협회가 이 서약에 서명했다. Keep Americans Connect 서명에 따른 기업 서비스의 특징을 살펴보면 〈표 23〉과 같다.

FCC는 Keep Americans Connected에 기반하여 다양한 연계 사업을 실시하고 있다. 우선 CARES법의 교육안정화기금 운용을 위하여 교육부와 함께 협력하고 있다. 코로나19 기간 동안 학생들이 집에서 학습할 수 있도록 기금을 최대한 활용하면서, 지역 교육기관과 협력하고 있다. Keep Americans Connect를 통하여 원격학습을 활용하고자 하는 일부 학교에 대하여도 필요한 연결 및 장치를 제공할 수 있었다. 또한 박물관 및 도서관 서비스 연구소와도 협력하여 코로나19로 인한

<표 23> 미국인 연결 유지 공약에 서명한 업체와 제공하는 서비스의 특징

업체명	서비스 특징
All West Communications	• 요금 미납으로 인해 서비스를 종료하지 않음 • 기존 연체 고객에 대해 연체료를 부과하지 않음
Centracom	• K12가 있는 가정이나 인터넷 서비스를 사용하지 않는 대학생들을 대상으로 무료 인터넷 서비스를 제공
Emery Telecom	• K12가 있는 가정이나 인터넷 서비스를 사용하지 않는 대학생들을 대상으로 무료 인터넷 및 전화 서비스를 제공
Google Fiber	• 코로나19로 요금을 납부하지 못하는 고객에 대해 60일간의 유예기간을 주어 reconnection fee를 부과하지 않음 • 이 기간 동안 무제한 데이터 서비스를 제공 • Salt Lake 및 Provo 학군과 협력하고 있으며, 서비스 설치 또한 이 지역으로 제한됨
Manti Telephone Company	• 서비스를 제공하는 지역에 한해 무료 WiFi 서비스를 제공 • 도움이 필요한 사람들에게 무료 또는 제한된 서비스를 제공
Strata Networks	• 기존에 서비스를 제공받지 않는 학생이나 교육자를 대상으로 무료 인터넷 서비스를 제공 • 기존 고객을 대상으로는 90일간 무상 업그레이드 서비스를 제공 • 경제적 어려움을 겪는 거주자, 소상공인 고객에 대해서는 연체료를 면제하며 요금 미납으로 인한 서비스 정지를 중지함 • 공공 무료 WiFi를 제공

디지털 격차를 해결하고자 하였다. 무선망 접근을 확대하여 이를 사용하고자 하는 박물관이나 도서관에 제공할 수 있도록 하였다.

나아가 FCC는 미국 최대의 회의 플랫폼 제공업체인 Zoom Video Communications와 Cisco WebEx에 트래픽을 전달하는 통신회사는 Inteliquent 간의 접근 차익에 따른 거래 규칙을 일시적으로 면제하였다. 코로나19 기간 동안 가정 내에서 수업을 하기 위해 Zoom 및 WebEx 플랫폼에 접속하는 횟수가 크게 증가할 경우 이를 FCC 규정에 따라 '접근 촉진' 플랫폼으로 간주하는 규제 완화를 실시하였다.

나. 각 주(州)별 비대면 교육 방법 및 디지털 포용 관련 정책

(1) 미국 연방 교육부

미국 주정부 교육부는 가정에서 학습할 수 있는 홈페이지를 통해 원격수업(Remote learning)을 추진하고 원격교육의 수업 모델을 마련하고 있다. 주정부 교육부는 홈페이지를 통하여 학교, 교사 또는 학생들이 활용할 수 있는 온라인 교육 플랫폼, 프로그램을 비롯하여 콘텐츠를 소개하며 온라인 교육을 위한 기기와 인터넷 접근성을 지원하고 있다.

이를 활용하여 뉴욕주는 'Learn at Home', 캘리포니아주는 'Corona-virus-Distance Learning'의 원격수업을 시행하고 있고 온라인 수업 플랫폼 활용 시 연방정부 주도의 신규 개설이 아닌 기존 민간기업의 플랫폼을 활용하고 있다. 학교 단위로는 Google Classroom과 Microsoft Teams와 같은 다양한 교육 플랫폼을 활용하고 실시간 화상 수업은 Webinar, Google Hangouts, Skype, Zoom을 이용하며, 온라인 강의 녹화는 Edpuzzle[93]을 비롯한 Screencastify와 Explain Everything을 활용한다. 토론 수업은 Flipgrid 또는 Google Arts & Culture를, 글쓰기는 Google Docs를 활용하고 있다.

온라인 교육 콘텐츠 또한 민간기업이 개발한 기존의 온라인 교육 콘텐츠를 활용하거나 교사들이 스스로 만들어 공유하는 콘텐츠를 활용한다. PBS와 같은 방송국에서 보유하고 있는 무료 교육 콘텐

---

[93] 강의를 녹화하여 학생들에게 온라인으로 제공하고, 학생들은 녹화 수업 중 상호학습이 가능한 기능을 제공하며, 학생들의 학습 정도를 교사들에게 알려주는 프로그램.

츠를 비롯하여 무료 디지털 도서관(Open Textbook Library, Epic Books, Storyline Online 등), 교사들이 직접 만들어 공유하는 콘텐츠(Share My Lesson, Edutopia: OER Roundup) 등을 활용하고 있다.[94]

연방 교육부는 연방 교육부 차원의 새로운 초중등 교육 모델을 구축할 예정임을 밝힌 바 있다. DeVos 미국 교육부 장관은 새로운 초중등 교육 모델을 찾고 새로운 시대에 맞는 직업 교육안을 만드는 것을 지원하겠다고 발표했다. 또한 향후 미국 교육의 우선순위는 현재 따르고 있는 전통적인 교육 체제의 대안을 찾는 것이라고 밝히며 21세기에 걸맞은 초중등 교육 모델을 찾고 새로운 시대에 맞는 직업 교육을 실시해야 한다고 발표했다.

(2) 텍사스주

텍사스 교육위원회(Texas Education Agency: TEA)가 발표한 2020~21학년 학사 운영 방침에는 코로나19 상황을 고려한 내용이 포함되어 있다. 방침은 개학 후 18주간 대면 수업 실시에 대한 유예기간을 두어 교육구가 원격수업, 대면 수업 혹은 원격과 대면 수업 병행 방식을 선택할 수 있도록 하였고, 일정 조건 만족 시 원격수업에 대해서도 예산을 지원하겠다고 표명했다. 이는 원격수업을 실시하더라도 대면 수업에 대한 학습자의 희망을 충족시켜야 하므로 실질적으로는 대면 수업을 해야만 예산 지원을 받을 수 있음을 의미하는데 2학년 이하 학습자는 원격수업이 불가능하다는 제한을 두고 있다. 또한 2020 봄학기와

---

94   한국과학기술기획평가원, 코로나19에 대응하는 주요국 교육정책과 시사점, 과학기술&ICT 정책·기술 동향 166호, 2020, pp. 3~5.

달리 원격수업에 대해 출결 체크 기준을 마련하고 있는데 코로나19 이전 필수시간과 동일한 연간 75,600분을 필수 수업시간으로 정하고 있고 1일 최소 4시간 수업을 필수로 한다는 내용을 담고 있다.

TEA는 학년별 수업 모델을 제시[95]하여 성적 산출을 위한 근거를 마련하였다. 원격수업, 대면 수업 및 혼합수업 모델을 모두 제시하여 원격수업에도 대면 수업과 동일하게 성적을 산출하고자 하였다. 원격수업 방식은 크게 실시간 수업과 비실시간 수업으로 나뉘며 비실시간 수업은 녹화된 수업을 개별 학습자의 계획에 따라 학습하며 교사의 간헐적 교수, 형성평가, 과제 등이 주어진다는 것을 특징으로 한다.[96]

(3) 유타주

유타주는 2020년 4월 14일, 초중고를 대상으로 오프라인 수업 중단(Soft Closure)을 코로나19의 확산 방지를 위하여 봄학기 마지막 날까지 연장된다고 밝혔다.[97] 이에 유타주 교육위원회(Utah State Board of Education: USBE)는 코로나19로 인해 학생과 그 가족에게 미치는 영향을 완화하고 교육적으로는 성공을 이룰 방안을 모색하였다. 〈표 24〉는 유타주에서 비대면 교육을 성공적으로 실시하기 위한 목적으로 제공

---

95 Texas Education Agency, "Strong Start Resources", (원문: https://tea.texas.gov/texas-schools/health-safety-discipline/covid/strong-start-resources), (검색일: 2020. 10. 25.)

96 교육부, 2020년 7월 해외교육정보 동향자료, 2020, pp. 15~16.

97 Carter Williams, "Utah public, charter schools to continue 'soft closure' through end of school year", 14 Apr 2020, KSL.com, (https://www.ksl.com/article/46741573/utah-public-charter-schools-to-continue-soft-closure-through-end-of-school-year), (검색일: 2020. 10. 25.)

〈표 24〉 유타주의 비대면 교육 실시 대응 방식

구 분	상세 제공책
학생 및 가족을 위한 리소스	• 아이들의 건강 유지 방법 제공 • 원격학습을 위한 네트워크 서비스 및 HW / SW, 학습자료 제공 • 고등학생을 위한 온라인 교육 프로그램, 대학시험 가이드라인 제공
무료 점심식사 제공	• 무료 급식 서비스는 지속적으로 제공
학생 정보의 기밀 유지	• 원격 학습시 학생 개인정보 보호를 위한 가이드라인, 체크리스트 등의 툴과 관련된 모범 사례 제공 • 안전한 원격 학습을 위한 무료 교육 프로그램, 보안 프로그램 제공
정신 건강을 위한 지원책	• 개인 자기관리를 위한 전략 수립 방법 제시 • 상담 자료 및 가이드라인 제공 • 전화 및 온라인 상담 제공

하는 지원책 및 대응책이다.[98]

Soft Closure 기간에 학교는 학생에게 원격수업을 제공하고, 급식이 필요한 학생에게 음식을 제공하며, 학생과 교사 및 교직원은 온라인으로 원만한 의사소통을 할 수 있도록 하고 있다. 또한 총 교직원의 수 제한은 물론 건물 내 움직임에도 제한을 두어 사회적 거리두기를 실천하며, 지역 및 주 단위의 건강보건센터에서 확진자가 발생할 경우 무조건적인 학교 폐쇄를 기준으로 하고 있다.

구체적으로 교직원들을 대상으로 10명 이상의 모임을 금지하고, 행

---

98 Utah State Board of Education, "CORONAVIRUS INFORMATION AND RESOURCES", (원문: https://schools.utah.gov/coronavirus?mid=4985&aid=8), (검색일: 2020. 10. 25.)

정명령에 따라 최소 인원이 최대한의 거리를 두고 근무해야 하며, 교사들은 비대면 교육 준비를 위하여 담당자와 교육감 등 관계자들과 원활히 소통해야 한다. 교내에서 확진자가 발생할 경우에는 보건당국과 학교 대표의 상의하에 학교 전체 폐쇄를 논의하고, 봄학기 수업일수와 6월 졸업 가능 여부에 대해서는 정상적인 프로세스로 진행될 것이며 학점 또한 최대한 합리적 방식으로 매겨질 것을 약속했다. 또한 파트타임 및 비정규직 직원들에 대해서도 지속적인 고용 유지를 위해 교육청 및 차터스쿨과 끊임없는 협의를 진행하고, 오프라인 수업 중단 기간을 교직원들의 전문성 향상의 기회로 삼는 것을 추천했다.

특수교육 학생들에 대해서는 온라인, 화상, 전화 및 커리큘럼 중심 교육 등 다양한 비대면 교육방법으로 특수교육의 최적화를 위해 노력하고, 이 혜택을 받지 못하는 학생들을 위해 보완책 및 보상책을 무료로 제공할 수 있도록 노력하고 있다. 또한 학부모, 교육자, 학생들이 비대면 교육을 받는 데 도움을 받을 수 있도록 하며 각 학년마다 배워야 하는 기본 틀을 제공하여 원격수업 시 발생할 수 있는 혼란 사항을 줄일 수 있도록 하였다. 이외에도 인터넷 접속이 제한적인 가정에 대한 지원책, 학생과 교직원들의 정신적 건강과 심리적 안정을 위한 지원책 등을 제공하고 있다.[99]

유타주의 교육정책 중 하나인 '유타주 교육 및 원격 네트워크(Utah Education and Telehealth Network: UETN)'는 비대면 교육 환경에서 학생 및 학부모들과의 효과적인 의사소통, 균등하고 유연한 학습 기회 창출

---

99 Utah State Board of Education, Extended School "Soft Closure" Frequently Asked Questions (FAQs), 2020, pp. 1~3.

및 제공, 학생들의 사회적·정서적 유대감 형성 등 학생들의 요구를 충족시키기 위한 교육도구 및 실습을 제공하기 위한 서비스 도구이다.

UETN은 먼저, 교사를 대상으로 온라인 회의 서비스인 Cisco WebEx와 학습자료 공유 플랫폼인 Canvas Commons, 가상학습 환경이자 강의 관리 시스템인 Google for Education 등의 온라인 학습도구를 소개하고, 온라인 도서관, 교과서, 교육용 비디오 등의 교육자료를 분야별로 제공하며 유타주 전역에서 사용가능한 WiFi 위치 지도 정보를 알려준다. 학생을 대상으로는 온라인 도서관, 교과서, 교육용 비디오 등의 교육자료를 분야별로 제공하고 코로나19 바이러스와 방역수칙 등에 대한 정보를 초·중·고등학생 모두에게 이해하기 쉬운 형태로 전달할 수 있도록 기타 자료를 제공하고 있으며, 자연 탐험, 캠프 체험 등 실습이 필요한 분야에 대해서도 온라인으로 대체할 수 있는 서비스를 제공하고 있다. 또한 ACT, AP 등 시험준비, 대학 진학 및 진로 계획 등에 대해 교사 및 학부모 모두와 함께 소통할 수 있는 플랫폼을 제공한다. 학부모를 대상으로는 자녀가 코로나19를 이해하는 데 도움을 줄 수 있도록 관련 정보와 자료를 제공하고 있고, 각종 학습자료 및 자녀의 비대면 교육 참여율을 높이고 유지할 수 있는 방법 등에 관한 정보를 제공한다.[100]

유타주는 원격교육을 원활히 진행할 수 있도록 Webex Cisco Networks와의 계약에 대한 라이선스 한도를 해제했으며 전체 버전에 대해 향후 180일 동안 모든 UETN 이해관계자가 사용할 수 있도록 하였다. UETN은 개별 사용자가 아닌 고등교육 및 K12 기관의 관리자와

---

100 Utah Education Network, "Learn @ Home", ⟨https://www.uen.org/learnathome⟩

직접 협력하는 것을 특징으로 한다.[101]

2. 일본

가. 비대면 교육에 대한 기본 인식

일본에서 말하는 학교교육이란 "각 교과 등의 지식·기능을 습득하도록 이끄는 것뿐 아니라 학생들이 집단 내에서 다양한 생각을 접하고 서로 인정하고 협력하는 과정을 통해 사고력·표현력·판단력 등을 기르고 인간성 등을 함양하여 한 사람 한 사람이 자질·능력을 균형 있게 늘려가는 것"을 의미한다. 하지만 일본 사회에서 저출산 현상이 지속되고 소규모 학교가 증가함에 따라 학생들의 사회성 육성에 제약이 생기는 등 교육 지도에서 다양한 과제가 가시화되고 있다.

이에 일본에서는 일찍이 소규모 학교에서 교육의 기회 균등과 수준의 유지 및 향상이라는 점에서 해결책으로 제시된 것이 원격교육, 즉 비대면 방식의 교육이라 할 수 있다. 이러한 원격교육의 활성화와 내실화를 추구하기 위해 교과 내용에 관계하는 전문가나 관계 기관 등의 제휴 및 협동을 도모하고 원격교육을 실시하는 교원의 연수 등에 있어서 환경 조건의 정비를 진행하여 왔다.[102]

---

101 Utah Education and Telehealth Network, Statewide Connectivity and Learning Resources to Support Students During the Coronavirus Outbreak, 2020, pp. 5~6.

102 中央教育審議會, 幼稚園, 小學校, 中學校, 高等學校及び特別支援學校の學習指導要領等の改善及び必要な方策等について(答申), 2016. 12.

무엇보다도 원격교육에 대한 질의 향상을 도모하기 위해서는 교육 현장의 실정을 근거로 원격교육의 효과적인 학습 장면이나 원격 시스템을 활용할 때의 과제·유의점 등에 대해 검토하고 시책 방침을 제시함으로써 교육위원회나 학교 등에서의 대응의 개선·내실을 도모해가는 것이 효과적이라고 판단하고 있다.[103] 다시 말해 일본에서의 원격교육, 즉 비대면 교육은 본래 소규모 학교나 지방의 교육기관을 위한 교육의 제공과 질의 향상을 목표로 시작하였다. 이에 대한 대응은 정부 차원에서 큰 방향을 제시하고 각 지역의 교육위원회나 학교 등에서 비대면 교육 방식의 내실을 다지기 위해 개선점을 찾아 개별적으로 대응해 나가는 방향을 취하고 있다고 할 수 있다.

나. 일본의 비대면 교육 및 디지털 포용 관련 법제, 정책 분석

(1) 원격교육의 추진을 향한 시책 방침

일본의 문부과학성에서는 2018년 6월 '원격교육의 추진을 위한 태스크포스'를 설치하고, 학교에서의 원격 시스템을 활용한 교육 추진을 위한 구체적 방책에 대해 검토를 실시해왔다.

이를 기반으로 2018년 9월 14일에는 「원격교육의 추진을 향한 시책 방침(遠隔教育の推進に向けた施策方針)」을 책정하였다. 이 시책 방침에는 원격교육이 효과를 발휘하기 쉬운 학습 방안이나 목적·활동 사례 등을 유형화하고 있으며, 동시에 초·중학교 단계에서 질병 등에 의해

---

[103] 遠隔教育の推進に向けたタスクフォース, 遠隔教育の推進に向けた施策方針, 2018, p. 3.

학교에 나오지 못하고 요양이 필요한 학생에 대해 일정 요건을 충족하는 경우 원격교육을 통해 학생지도부 상에 출석으로 인정하고, 원격교육의 학습 성과를 평가에 반영할 수 있도록 조치를 강구한다고 밝히고 있다.[104]

(2) 학교 ICT 환경 개발 촉진을 위한 모델 연구 프로젝트

일본의 문부과학성에서는 학습 환경의 다양성과 전문성 높은 수업의 실현을 위해 원격교육시스템의 도입 촉진과 관련되는 실증 사업을 추진하고 있다.

「학교 ICT 환경 개발 촉진을 위한 모델 연구 프로젝트」는 이러한 원격교육시스템의 도입에 관한 실증 사업을 총괄하는 프로젝트로 실증 지역에서 원격교육시스템을 도입하는 것뿐 아니라 이 시스템을 활용한 원격교육을 통해 시스템의 효과적 활용 방법의 검증이나 원격교육에 관한 효과 측정 등에 관한 실증 연구를 진행하고 있다.[105]

2015년부터 2017년까지 문부과학성에서 실시한 「인구감소 사회에서의 ICT 활용을 통한 교육의 질 유지 향상 실증사업」에서는 인구 과소지역의 소규모 학교교육에서의 과제를 극복하는 것을 목적으로 7개 지역에서 원격 합동 수업을 진행하였다. 이를 발전시켜 2018년부터 시작된 「원격교육시스템 도입 실증연구사업」은 2018년 6개 지역에서 2019년 14개 지역으로 실증 대상 지역이 확대되어 원격교육 환경 구

---

104 遠隔教育の推進に向けたタスクフォース, 遠隔教育の推進に向けた施策方針, 2018, pp. 6~22.

105 「學校ICT環境整備促進實証研究事業」(遠隔教育システム導入實証事業)

축에 힘쓰고 있다.

2020년 3월에는 '원격교육시스템 활용 가이드라인'을 발표하고 2020년 원격교육 시스템 도입 실증 연구 사업의 기본 방향을 제시하였다. 이 프로젝트와 관련하여 현재 온라인 영상으로 진행되는 전국 원격교육포럼(원격교육시스템 도입 실증연구 사업 성과 보고회)에서는 '사회에 열린 교육과정의 실현', '자질·능력의 육성', '외국어 교육의 충실', '프로그래밍 교육의 의무화' 등 새로운 학습 지도 요령을 반영하기 위한 원격교육시스템의 여러 활용 방법 등에 대해 소개하고 있다.

(3) 전일제·정시제 과정 고등학교의 원격수업 제도

2015년 4월 1일 「학교교육법 시행규칙의 일부를 개정하는 성령」(2015년 문부과학성령 제19호), 「학교교육법 시행규칙의 규정에 의하지 않고 교육과정을 편성할 수 있는 경우를 규정한 건의 일부를 개정하는 고시」(2015년 문부과학성 고시 제91호), 「학교교육법 시행규칙 제88조의 2의 규정에 근거해 고등학교, 중등 교육학교의 후기 과정 또는 특별 지원 학교의 고등부가 이수시킬 수 있는 수업에 대해 정하는 건」(2015년 문부과학성 고시 제92호)이 공포되어 같은 날 시행되었다.

이러한 개정을 통해 전일제·정시제 과정의 고등학교에서 원격수업이 가능해졌다. 이러한 제도 개정의 취지는 「IT 이용·활용의 저변 확대를 위한 규제제도 개혁의 집중 액션 플랜」(2013년 12월 고도정보통신 네트워크 사회추진 전략본부 결정)과 「중앙교육심의회 초등중등교육분과회 고등학교교육부회 심의정리」(2014년 6월 향후의 고등학교에서의 원격교육의 기본 방향에 관한 검토회의)에서 포함된 내용을 제도화한 것이다.[106]

개정의 핵심 내용은 고등학교 등에서의 미디어를 이용하여 실시하는 수업의 제도화이다. 학교교육법 시행규칙 제88조의 2의 신설을 통해 고등학교 등은 문부과학대신이 별도로 정한 바에 따라 미디어를 이용하여 실시하는 수업을 할 수 있게 되었다. "문부과학대신이 별도로 정한다"는 것은 2015년 문부과학성 고시 제92호에 정한 대로 〈표 25〉와 같은 요건을 충족하는 것으로 고등학교 등에서 대면 수업에 상응하는 교육 효과를 가졌다고 인정되는 것에 한하고 있다.

〈표 25〉 고등학교의 원격수업 제도에서 인정되는 미디어 수업의 요건

2015년 문부과학성 고시 제92호
통신위성, 광섬유 등을 이용함으로써 다양한 미디어를 고도로 이용하여 문자, 음성, 정지화면, 동영상 등의 다양한 정보를 일체적으로 취급하는 것으로 실시간 쌍방향적 소통이 가능할 것
미디어를 이용하여 실시하는 수업이 행해지는 교과·과목 등의 특성에 따라 대면에 의해 실시하는 수업을 상당한 시간 동안 행할 것

이처럼 대면 수업이 원칙인 전일제·정시제 과정의 고등학교에서 동시 쌍방향의 원격수업이 대면 수업과 동등의 교육 효과를 가진다고 인정되는 경우 해당 원격수업은 정규 수업으로 인정된다. 단 학교교육법 시행규칙 제96조 제2항 및 제133조 제2항의 신설을 통해 고등학교 전 과정의 수료 요건인 74학점 중 36학점까지를 상한으로서 실시하며 각각의 수업 교과·과목 등의 특성에 따라 상당한 시간 수의 대면 수업을 실시하여야 한다는 제한 사항을 두고 있다.[107]

---

106   文部科學省初等中等教育局長　小松親次郎, 學校敎育法施行規則の一部を改正する
省令等の施行について(通知)(平成27年文科初第289号), 2015. 04. 24., https://www.
mext.go.jp/a_menu/shotou/kaikaku/1360985.htm

107   文部科學省, 全日制·定時制課程の高等學校の遠隔授業, https://www.mext.go.jp/a_

(4) GIGA School

비대면 교육에 있어서 가장 심각한 역기능이라고 하면 ICT 환경이 갖추어져 있지 못한 지역의 학교나 학생들이 해당 교육을 온전히 누릴 수 없다는 문제이다. 이러한 격차에서 나타나는 교육 제공의 불평등이 심화될 것이라는 현상이다.

일본의 GIGA(Global and Innovation Gateway All) School은 일본의 모든 초·중·고등학교의 학생들이 ICT 환경을 구축할 수 있도록 지원하는 사업으로 이러한 비대면 교육의 역기능을 해소하고 모든 학생들이 공평하게 비대면 교육을 누릴 수 있도록 하는 정책으로 볼 수 있다. 이 정책의 구상은 2019년 12월 13일 각의에서 결정된 2019년도 보정예산안에서 학생 1인당 1대의 정보단말과 고속 대용량 통신 네트워크를 일체적으로 정비하기 위한 GIGA School 사업 경비(약 2천억 엔)가 포함되면서 시작되었다.

이는 ICT를 활용하는 것이 일상이 되고 학생들이 이러한 시대 변화에 뒤처지지 않도록 하기 위한 것으로, 최첨단 ICT 교육의 도입을 추진하기 위해 일본이 과감한 투자를 진행하고 있는 것을 확인할 수 있다. 특히 학생 1인당 1대의 PC 단말기 정비와 함께 통합형 교무지원 시스템을 비롯한 ICT의 도입·운용을 가속해 나감으로써 수업 준비나 성적 처리 등 교원의 부담 경감에도 이바지하여 학교에서의 일하는 방식의 개혁에도 연결시켜 나갈 계획이다.[108]

---

menu/shotou/kaikaku/1358056.htm

108 文部科學大臣 萩生田光一, 子供たち一人ひとりに個別最適化され,創造性を育む教育 ICT 環境の實現に向けて 一令和時代のスタンダードとしての1人1台端末環境- 《文部科學大臣メッセージ》, 2019. 12. 19., https://www.mext.go.jp/content/20191225-

이러한 계획을 구체화하고 학생 개개인에게 최적화된 창의력을 키우는 교육 ICT 환경의 실현을 위해 2019년 12월 19일 문부과학대신을 본부장으로 하는 「GIGA 스쿨 실현 추진본부」를 설치하였다. 이 추진본부의 추진 사항은 〈표 26〉과 같다.[109]

〈표 26〉 GIGA 스쿨 실현 추진본부 추진 사항

- 학생 개개인이 단말기를 갖기 위한 예산의 적정한 집행·관리
- 학생 개개인이 단말기를 소지했을 때의 교과서나 교재의 기본 방향 검토
- 교사나 학생이 사용하기 쉬운 학습 콘텐츠의 조사와 이용 및 활용에 관한 연수
- 지방 공공단체가 원활하게 사업을 실시하기 위한 국가와의 연계·보급 촉진
- 새로운 교육 환경을 전제로 한 교육의 기획 입안이나 정보의 수집·이용·활용의 기본 방향 검토
- 그 밖에 '레이와 학교'[110]에 걸맞은 교육 내용을 실현하기 위하여 필요한 사항

본래의 GIGA School 구상으로는 2023년을 목표로 학생 1인 1대의 PC단말 정비를 추진하고 있었으나 코로나19 확산에 따라 상황이 급변함에 따라 2021년 안에 해당 사업의 완료를 목표로 하고 있다. 이와 함께 단말기를 가정학습에도 활용할 수 있도록 모바일 라우터(공유기)의 무상 대여와 교사를 위한 카메라와 마이크도 준비하여 원격교육이 가능한 ICT 환경의 정비를 가속화 할 계획이다. GIGA School 관련 예산은 「1인 1대 단말기의 조기 실현」에 1,951억 엔, 「학교 네트워

mxt_syoto01_000003278_03.pdf

109 令和元年 12月 19日 文部科學大臣決定, GIGA スクール實現推進本部の設置につい て, https://www.mext.go.jp/content/20191219-mxt_syoto01_000003363_08.pdf

110 일본은 2019년 4월 30일 '헤이세이(平成)' 시대가 막을 내리고, 5월 1일부터 '레이와(令和) 원년으로 개원하였다. '레이와 학교'는 새로운 시대의 학교를 의미한다.

크 환경 전교 정비」에 71억 엔을 포함하여 집에서 노트북과 태블릿의 단말기 사용을 위한 와이파이 통신 환경이 없는 전국 대상 가구에 모바일 라우터를 무상 대여하는 「가정학습의 통신장비 정비 지원」에 147억 엔의 예산을 편성했다.

다. 중앙정부 및 지자체 차원의 비대면 교육 지원 사항

(1) 일본 문부과학성

문부과학성은 코로나19의 감염 확산을 방지하기 위해 온라인 강의를 하는 대학이나 고등전문학교에 대한 지원 계획을 발표하였다. 약 10만 명분의 모바일 통신기기를 학교를 통해 학생들에게 무상으로 빌려주고 자택 등에서의 학습을 지원한다는 계획이다. 또한 저작권자의 허락 없이 교재를 인터넷에서 사용하는 것을 특례로 인정하는 조치를 1년 한정으로 도입하는 등 '원격 강의의 실시'를 재촉하고 있다.

(2) 각도별 비대면 교육 지원 사항

도쿄도 교육위원회는 ICT를 활용하여 학습 스타일을 기존의 '지식 습득형'에서 '과제 해결 및 가치 창조형'으로 전환하는 「TOKYO 스마트스쿨 프로젝트」를 추진하고 있다. 도립학교에서는 온라인에 의한 교육을 실시할 수 있도록 환경 정비를 추진하고 있다. 특히 이러한 온라인 환경에서의 교원과 학생들 간의 양방향 학습이 가능한 학습 지원 서비스는 2020년 11월부터 모든 도립학교에서 도입될 예정이다. 코로나19 감염에 의한 도립학교 휴업의 장기화에 따라 도쿄도 교육위원회는 일본 마이크로소프트주식회사와 협정을 맺고 학습 지원 서비스

Office 365를 활용하여 모든 도립학교에서 원활한 양방향 온라인 학습지도를 실현할 계획에 있다.[111]

오사카부 교육위원회는 2012년 9월부터 부내의 고등학교에서 원격수업 지원 시스템의 시험 도입과 검증을 실시해온 바 있으며, 그 성과를 바탕으로 부립고등학교 전교를 대상으로 2013년부터 질병이나 부상 등으로 장기간 통학이 어려운 학생들을 대상으로 원격수업 지원 시스템을 활용하여 가정이나 병원에서 수업을 받을 수 있도록 지원하고 있다. 한편 일본 마이크로소프트사와 협력하여 지원 대상 학생들에게 마이크로소프트의 Office 365 Education을 무료로 제공해 왔으며, Microsoft Lync Online을 통해 온라인 수업을 실시간으로 수강할 수 있도록 지원하고 녹화 영상을 통해 수업에 결석한 학생들이 수업 내용을 따라갈 수 있도록 지원하였다.[112]

홋카이도 지역은 일찍부터 원격수업을 도입해 왔다. 2008년 처음으로 원격수업을 개시하였고, 2013년 원격수업에 의한 학점인정에 관한 연구개발을 시작하였다. 2015년에는 일정 조건 하에 원격수업에 대한 학점인정이 제도화되었으며, 2017년부터 원격수업에 대한 대응을 심화해나가고 있다.

2019년 전국고등학교교육개혁 연구협의회의 'ICT 환경을 기반으로 한 첨단기술 등의 활용의 실현'에 따라 홋카이도는 원격교육에 대

---

111 東京都教育委員會, 都立學校における學習支援サービスを活用したオンライン學習の取組について, https://www.kyoiku.metro.tokyo.lg.jp/press/press_release/2020/release20200508_01.html

112 大河原克行, "通學困難な生徒に遠隔授業――大阪府教育委員會とマイクロソフト", ZDNet Japan, 2013. 03. 27., https://japan.zdnet.com/article/35030044/

한 정보화 추진 지침을 발표하였다. 이 지침에는 우선 학생들이 적절한 정보 활용 능력을 배양할 수 있도록 하는 방안과 ICT를 활용하여 수업에 대한 이해를 높이는 방안을 추진하고 있다. 이를 위해 태블릿 단말기를 사용하여 수업의 이해도를 높이고 소인수 지도, 개별 학습을 강화할 계획이다. 특히 이 지침의 핵심 과제 중 하나로 비대면 교육인 원격수업 및 원격 연수의 확대로 홋카이도 전 지역의 교육의 질 향상을 목표로 하고 있다.

홋카이도의 지리적 특성상 많은 소규모 고등학교에서 ICT를 도입한 원격수업을 통해 내실화를 다지고 화상회의 시스템이나 Web회의 시스템 등을 활용해 멀리 떨어져 있는 지역의 학교나 사람들과의 교류를 확대해나갈 계획이다. 또한 교원들을 대상으로 하는 질 높은 원격교육 연수 등의 실시도 준비 중에 있다.[113]

2020년 코로나19에 대한 대책으로 비대면 교육이 중요해짐에 따라 홋카이도 교육위원회는 2020년 5월 14일 '원격학습 응급대응 매뉴얼'을 발표하였다. 이 매뉴얼의 내용에 따르면 'ICT를 활용한 가정학습 지원의 구체적인 대응'에 있어 각 학교 차원에서 〈표 27〉과 같은 대응을 제안하고 있다.[114]

113   北海道教育廳學校教育局, 令和元年度「全國高等學校教育改革硏究協議會」ICT環境を基盤とした先端技術等を活用した新しい學びの實現~北海道における遠隔教育の取組~, 2019. 10. 18.

114   北海道教育委員會, 新型コロナウイルス感染症對策に係る リモート學習応急對応マニュアル, 2020. 05. 14.

<〈표 27〉 홋카이도 교육위원회 원격학습 응급대응 매뉴얼 주요 내용

- 학교 웹페이지에 교재 등의 게재
- 인터넷 상의 학습 콘텐츠 활용
- 동영상 스트리밍 사이트를 활용한 수업 영상 전달
- Web 회의 서비스를 활용한 학생들과의 쌍방향 커뮤니케이션
- ICT를 활용한 학생의 생활 상황 등의 파악

라. 대학별 비대면 교육 대응 현황

코로나19가 심각해짐에 따라 원격교육을 더 이상 소규모 학교나 지방의 학교에서만 실시할 수 없게 되었으며 전국 모든 교육기관에서의 도입을 필요로 하게 되었다. 2020년 초 코로나19 사태가 발발하고 대부분의 학교에서 캠퍼스를 폐쇄하고 개학 일정을 연기하였으나, 더 이상 개학 연기가 불가능한 지경에 다다르자 대학 등의 고등 교육기관에서는 비대면 수업을 적극 도입하면서 정상적으로 학기를 운영하여 왔다.

2020년 7월 17일 문부과학성이 발표한 「신종 코로나 바이러스 감염증의 상황에 따른 대학 등의 수업 실시 상황」의 조사결과에 따르면, 2020년 7월 1일 시점에서 전국의 대학 및 고등전문학교의 80% 이상이 원격 방식의 수업을 도입하고 있음을 확인할 수 있다.[115]

도쿄대학(東京大學)은 2020년 봄학기의 경우 전면 온라인 수업을 진행하였으나 가을학기부터는 실험이 많은 학과에서의 실험이나 세미나 등을 중심으로 일부 수업의 대면화를 진행하면서 대면과 온라인 수업

---

115 文部科學省, 新型コロナウイルス感染症の狀況を踏まえた大學等の授業の實施狀況, 2020. 07. 17.

〈표 28〉 2020년 일본 대학의 비대면 수업 채택 비율

구 분	대면 수업	대면 · 원격 병행	원격수업
국립대학	1 (1.2%)	55 (64.0%)	30 (34.9%)
공립대학	8 (7.8%)	72 (70.6%)	22 (1.2%)
사립대학	135 (17.6%)	492 (59.7%)	187 (22.7%)
고등전문학교	19 (33.3%)	23 (40.4%)	15 (26.3%)
전체	173 (16.2%)	642 (60.1%)	254 (23.8%)

의 하이브리드 형태를 채택하였다.[116]

도쿄대학은 원활한 온라인 수업을 제공하기 위해 원스톱 온라인 수업 및 웹 컨퍼런스 정보를 제공하는 포털[117]을 운영하고 있다. 이 포털은 도쿄대학의 학생·교직원을 위한, 온라인 수업이나 Web 회의에 관한 정보를 제공하기 위해 '도쿄대학 정보기반센터(東京大學情報基盤センター)'와 '대학종합교육연구센터(大學總合敎育硏究センター)'가 중심이 되어 개설되었다. 이 포털에서는 온라인 수업 모범 사례를 공유하고 Zoom, WebEx, Google Meet에 대한 이용방법과 대학 계정으로 이용할 수 있는 각 플랫폼에 대한 비교 자료를 제공하여 온라인 수업에 해당 플랫폼의 활용을 돕고 대학 온라인 학습관리 시스템인 ITC-LMS(ITC Learning Management System)[118] 사용 방법에 대한 설명을 제공하여 학생들과 교원의 온라인 수업에 대한 적응을 돕고 있다.

특히 ITC-LMS 시스템은 학생들의 경우 LINE이나 e-mail 등과 연

---

116 東京大學國立情報學研究所, 東京大學のCOVID-19感染防止と教育の兩立に向けた試み, 2020. 09. 11.

117 オンライン授業・Web會議 ポータルサイト@ 東京大學, https://utelecon.github.io/

118 ITC-LMS, https://itc-lms.ecc.u-tokyo.ac.jp/login

동하여 온라인 수업에 대한 알림을 실시간으로 받을 수 있으며, 일정 조정과 온라인 수업 URL 등의 공유 및 자료 공유 등 수업과 관련된 정보를 제공받을 수 있다. 교원의 경우 이 시스템을 통해 교재 배부, 학생의 출석 관리, 테스트, 과제 출제 등이 가능하다.

와세다대학(早稲田大學)은 '신종 코로나바이러스 감염증 확대에 대한 기본 방침'에 따라 봄학기 모든 수업을 온라인으로 진행하여 해외 거주 학생 및 수도권 외에 거주하는 학생들이 캠퍼스에 오지 않더라도 수업을 진행할 수 있도록 원격수업 시스템을 구축하였다. 와세다대학은 2020년 가을학기의 시작을 앞두고 '포스트코로나 사회' 와세다 대학의 수업 본연의 자세에 대해 크게 3종류의 커리큘럼을 제시하였다.

첫 번째로 '반전수업(反轉授業)'은 온라인과 대면 수업을 결합한 수업 형태로 1주에 2회 수업을 진행한다. 먼저 주 초반부에 교원이 온라인 강의를 진행하고 학생들은 예습을 진행하며 주 후반부 수업은 대면으로 진행하여 토론을 통해 심화하는 방식이다. 이러한 '반전수업'은 교육공학의 관점에서도 높은 교육 효과가 기대되는 형태로 온라인 강의의 효과를 더욱 향상시키기 위해 향후 와세다대학의 새로운 수업방법으로 전개해나갈 계획임을 밝힌 바 있다.

두 번째는 포스트코로나 사회에서도 세미나나 실험·실습과 같은 토론이나 액티브·러닝 등 교원의 치밀한 지도가 필수적인 수업에 대해서는 대면 수업을 중심으로 진행할 계획이다. 세 번째는 완전한 온라인 수업의 경우 150~500명과 같은 대규모의 수업에서 주로 채택해나갈 계획이다. 2020년 봄학기 온라인 수업의 경우 교원이 일방적으로 학생들에게 강의하는 대규모 수업에서 온라인 교육이 대면 수업에 비해 수업에 대한 질문의 기회가 증가하는 것을 확인하였으며, 수업의 이해도를 확인하는 쪽지시험의 경우도 쉽고 효과적으로 평가가 가능하다는 점에서 온라인 교육의 장점을 확인하였다. 단 온라인으로만 진행하는 수업의 경우 수업이 끝난 후에 학생들 간의 의견을 교환할 수 없다는 결점이 존재한다. 와세다대학은 이러한 결점을 보충하기 위해 수업이 끝나고 학생들이 접속할 수 있는 '온라인 학생 라운지'를 설치하는 것을 계획하고 있다.[119]

또한 와세다대학에서는 '신종 코로나바이러스 감염 확대와 관련된 긴급 지원기금' 제도를 수립하고 생활이 어려운 학생들을 지원하고 있으며 이 제도를 통해 '온라인 수업 지원'으로 온라인 과정 수강에 필요한 장비(PC, 와이파이 기기 등)가 없어 수업 수강이 어려운 학생들에게 장비 대여 등의 추가 지원을 하고 있다. 이 제도로 총 3,000명의 학생에게 1인당 약 10만 엔의 긴급지원과 필요에 따라 PC 무료 대여, WiFi 장치 제공 등을 추진하고 있다.[120]

교토대학(京都大學) 정보환경기구는 교토대학 내에서 자체적인 원격 강의 지원 서비스를 제공하고 있다. 이 기구에서 운용 및 관리하고 있는 고정밀 원격강의 시스템을 통해 학내 캠퍼스 간 학외, 또 해외와의 원격강의 및 원격 회의를 진행하며 이를 위한 기술적 지원을 제공하고 있다.[121] 고화질 원격 강의시스템의 경우 2010년 4월부터 시작된 서

119 早稻田大學, 秋學期と來年度以降の授業のあり方について, https://www.waseda.jp/top/news/69866

120 早稻田大學, 「新型コロナウィルス感染症擴大に伴う緊急支援金」ならびに「オンライン授業受講に關する支援」の申請について, https://www.waseda.jp/inst/scholarship/news/2020/05/01/2197/

121 京都大學情報環境機構, 遠隔講義支援サービス, http://www.iimc.kyoto-u.ac.jp/ja/services/distlearn/

비스로 영상·사운드 전송장치로서 H.323 등 표준화된 범용 화상회의 시스템을 위주로 거의 모든 기기가 네트워크 제어가 가능한 기기로 구성되어 원격으로 전원 제어 및 기기 작동이 가능하다는 장점이 있다. 온라인 강의는 미디어센터 서버에서 함께 관리되고 강의를 자동으로 시작, 종료하는 등의 제어가 가능하다.

토카이대학(東海大學)은 코로나19 감염의 확산을 막기 위해 인터넷을 이용해 2020년 봄학기 원격과정을 개설하였다. 이에 따라 학생들은 가정 등의 상황에 따라 새롭게 네트워크 환경을 조성해야 하는 경우가 있어 이를 지원하기 위해 '원격수업지원금제도'를 도입하였다. 이 제도를 통해 학생 1인당 최대 1만 엔의 요금이 지원되며 인터넷 모바일 회선의 계약비 혹은 통신비 등의 지원이나 PC, 태블릿 등의 정보단말기 구매비용, 디스플레이, 키보드, 마우스 등 주변기기, 웹캠, 마이크 등 원격수업 지원 품목 등의 구입을 지원하고 있다.[122]

칸사이대학(關西大學)은 원격 온라인 수업을 진행함에 있어 수업자료 배부나 쪽지시험, 설문조사, 리포트 제출 등을 준비하고 적절한 시기에 학생들이 교재를 학습할 수 있도록 하기 위한 툴이나 강의 등을 동영상으로 전달하기 위한 툴을 제공하고 있다.[123]

---

122 東海大學, 遠隔授業支援金, https://www.u-tokai.ac.jp/caution/detail/post_67.html
123 關西大學, 2020年度秋學期授業特設ページ, https://www.kansai-u.ac.jp/ctl/effort/case.html

3. 핀란드

가. 비대면 교육에 대한 기본 대응

핀란드 교육문화부는 코로나19 사태 이후 2020년 3월부터 모든 학교의 비대면 교육을 의무화하였다. 이 조치는 2020년 4월 13일까지였으나 사태가 장기화되면서 기간을 연장하였으며, 2020년 8월 중순부터 정기 대면 수업을 재개하여 운영하고 있다. 핀란드는 94%의 학생들이 학교 학습이 가능한 컴퓨터를 가정 내에 보유하고 있어 OECD 평균인 89%보다 높은 기기 보급률을 보이고 있다.[124]

이와 관련하여 핀란드 국가교육청(Opetushallitus: OPH)은 대면 수업이 재개되는 가을학기로 돌입하면서 각급 학교들에게 대면 수업을 원칙으로 하되 필요 시 비대면 수업을 진행하도록 하고 이에 대비하기 위하여 디지털 기기, 데이터 연결 및 학습자료의 가용성과 접근성 검토, 연간 계획에 비대면 교육 등 특수 프로그램 전환을 위한 조치 계획 포함, 비대면 교육 시 평가 및 실습에 관한 사항, 비대면 학습 시행 시 지원 방법에 관한 사항 등을 정하도록 권고하였다.[125]

핀란드는 코로나19 발생 이전부터 온라인 교육정보 시스템이자 플랫폼인 Wilma를 통해 학생들의 개인별 학습과정을 관리, 평가하고 학

---

124 OECD, "School Education during COVID-19: Were Teachers and Students Ready?", Country Note, 2020, p. 5.

125 Finnish National Agency for Education, "New school year began in contact teaching", 13.08.2020, https://www.oph.fi/en/news/2020/new-school-year-began-contact-teaching accessed: 2020. 10. 17.

부모, 보호자 및 교사가 온라인 환경에서 소통할 수 있는 체계를 제공하고 있었다.[126] WIlma는 기본적으로 일반 고등학교에서 사용되며 보호자와 학생에게 각각 개별 ID를 부여한다. 이를 통해 보호자와 학생은 교사가 기록한 성적과 출결 등의 정보를 확인할 수 있으며 교사는 학생의 등록, 평가, 출결관리, 설문조사, 보호자와의 소통, 학교 및 수업 관련 안내, 과제 제출 등을 수행한다.[127] 핀란드는 Wilma를 통해 비대면 수업에 관한 공지와 운영 방안을 제공하고 학부모 및 학생과 소통함으로써 비대면 수업 추진으로 인한 혼란을 줄이고 방역 체계를 강화하고 있다.

핀란드는 비대면 수업 의무화 당시 온라인 수업(distance learning)을 기본적으로 권고하면서 구체적 방법은 교사들이 자율적으로 선택하도록 하였다. 이에 따라 각급 학교는 여러 서비스들을 개별적으로 선택하여 활용하고 있다. 대표적으로는 무들(Moodle), 구글 클래스(Google Classrooms), 빌(Ville), 팀즈(Teams), 오피스365(O365), 스카이프(SKype), 줌(Zoom) 등이다. 소통 및 일반 수업과 토론뿐 아니라 게임이나 시뮬레이션 등을 수행해야 하는 경우에는 VirtualAutoedU, Sandbox 및 DigiVirtu를 활용하고 있다.[128]

126　World Bank, "How countries are using edtech (including online learning, radio, television, texting) to support access to remote learning during the COVID-19 pandemic", https://www.worldbank.org/en/topic/edutech/brief/how-countries-are-using-edtech-to-support-remote-learning-during-the-covid-19-pandemic accessed: 2020. 10. 12.

127　City of Helsinki, "Wilma", https://www.hel.fi/helsinki/en/childhood-and-education/comprehensive/cooperation/wilma/ accessed: 2020. 10. 12.

128　World Bank, "How countries are using edtech (including online learning, radio,

초중등학교와 더불어 대학들 또한 신중한 대응을 취하여 왔다. 핀란드 교육 당국이 대면 수업을 재개하기 전까지 대부분의 대학들은 당국의 권고에 따라 비대면 학습이 불가능한 수업을 제외하고는 비대면 학습을 원칙으로 채택하고 있었다. 그러나 대학들은 대면 수업 재개 이후에도 유학생, 교환학생, 외부인 출입, 연구 등 대학의 특성을 고려하여 온라인 수업을 전면 추진할 수 있는 체계를 마련하고 있다.

예를 들어 헬싱키대학(University of Helsinki)은 2020년 가을학기뿐 아니라 2021년 봄학기까지 모든 교육 및 시험을 원격으로 추진하도록 결정하였다. 부득이하게 대면 교육 및 시험을 진행해야 할 때는 한 공간에 최대 50인까지 수용할 수 있도록 하고 마스크 착용, 2m 거리두기 등 방역 지침을 따르도록 하였다.[129] 비대면 교육을 추진하는 경우에는 e러닝 서비스인 무들(Moodle)을 활용하도록 안내하고 있다. 이를 통해 학생들은 수업, 토론, 과제, 시험, 평가 등을 모두 수행할 수 있다.[130]

동부핀란드대학(University of Eastern Finland) 또한 유사한 정책을 채택하면서 원격 학습도구를 안내하고 사용법을 제공하고 있다. 이에 따라 동부핀란드대학은 이러닝 시스템, Teams, Skype, Lifesize,

television, texting) to support access to remote learning during the COVID-19 pandemic", https://www.worldbank.org/en/topic/edutech/brief/how-countries-are-using-edtech-to-support-remote-learning-during-the-covid-19-pandemic accessed: 2020. 10. 12.

129 University of Helsinki, "CORONAVIRUS SITUATION AT THE UNIVERSITY OF HELSINKI", https://www.helsinki.fi/en/news/coronavirus-situation-at-the-university-of-helsinki, accessed: 2020. 10. 17.

130 University of Helsinki, "UNIVERSITY OF HELSINKI MOODLE-NEWS", https://blogs.helsinki.fi/moodle-news/en/, accessed: 2020. 10. 17.

Zoom과 같은 원격회의서비스, 온라인 강의 녹화를 위한 파워포인트, Lifesize Cloud, Skype, Moodle을 활용한 과제 및 시험 시스템, Presmo를 이용한 설문조사 및 토론 기능 등을 안내하고 있다.[131]

특히 핀란드 국민뿐 아니라 해외 교환학생이나 유학생 등은 사태 발생 전후 자국으로 돌아간 경우들이 있는데 이러한 학생들을 위한 온라인 프로그램 운영 계획도 급히 마련되었다. 교환학생 등의 지원 사항에 관한 2020년 6월 당국 조사에 따르면 핀란드 대학의 약 1/3에 해당하는 3개의 일반 대학과 8개의 응용과학대학이 가을학기 기간 내 대면 수업을 금지하고 전면 비대면 수업을 추진하고 있다. 또한 나머지에 해당하는 10개 대학과 15개 응용과학대학은 대면 수업과 비대면 수업을 혼합하여 비대면 수업을 원칙으로 하되 상황이 개선되는 경우 대면 수업을 추진할 수 있도록 하고 있으나 비대면 수업 원칙으로 전환을 추진하고 있다.[132]

나. 핀란드의 비대면 교육 및 디지털 포용 관련 법제, 정책 분석

(1) 교육기본법 및 직업교육훈련법 임시 개정

핀란드는 교육기본법을 임시 개정하여 코로나19 사태에 대응하였

---

131 University of Eastern Finland, "Opetuksen aktivointi- ja kommuni-kointimahdollisuuksia", https://www3.uef.fi/fi/aktivointi-ja-kommunikointi accessed: 2020. 10. 19.

132 Finnish National Agency for Education, "Impact of COVID-19 on higher education student mobility in Finland", 30.06.2020. https://www.oph.fi/en/news/2020/impact-covid-19-higher-education-student-mobility-finland, accessed: 2020. 10. 18.

다. 개정에 따라 대면 교육을 안전하게 운영하기 어려운 경우 교육 제공 기관의 결정에 따라 초등 및 중등 교육에 관하여 예외적인 교육을 시행하고 적용할 수 있다. 예를 들어 학교들은 자율적으로 격주로 원격학습을 진행하여 대면 교육과 비대면 교육을 병행하는 방식을 운영할 수 있다. 다만 대면 교육 운영과 관련된 안전성에 관한 사항은 감염병 관리법에 따른 지역 보건책임 기관과의 협의에 따른다. 임시 개정된 교육기본법은 2020년 말까지 효력을 갖는다.

교육기본법뿐 아니라 직업교육훈련법 또한 임시 개정되었다. 이에 따라 직업학교 등은 전염 사태로 인해 자격 요건의 판단에 필요한 전문 기술과 역량을 실제 업무 상황이나 현장에서 검증할 수 없는 경우 유사한 실무과제를 통해 이를 대체할 수 있도록 하고 유연한 방식으로 다른 유형의 역량 평가를 통해 보완할 수 있다. 직업교육훈련법의 임시 개정 사항은 2021년 7월 31일까지 효력을 갖는다.

(2) 교육보조금 지급

핀란드 교육 당국은 고등학교 교육기관들을 지원하여 코로나19 사태로 인해 발생한 고등학생들의 학습격차를 보완하여 교육 기회를 평등하게 제공하고자 주정부 보조금 1,700만 유로를 배분하였다.[133] 이는 초기 발생 이후 대응 과정에서의 혼란으로 인해 진도가 늦어지거나 본래와 같은 교육이 이루어지지 못한 점, 일부 고등학생들이 봄에 수

---

133 김영미, "핀란드, 고등학교 227곳에 코로나19 대응 보조금 1700만 유로 지원", 교육 잇다, 2020. 09. 18. http://www.itdaa.kr/news/articleView.html?idxno=32143 (최종 접속: 2020. 10. 21.)

업을 중단한 점 등으로 인해 학업을 연장하거나 반복해야 하는 상황이 나타나고 새롭게 나타나는 학습격차를 줄이고자 하는 의도로 시행되었다.

(3) 모두를 위한 컴퓨터 캠페인(Computers for everyone)

핀란드는 높은 기기 보급률을 보이고 있으나 여전히 기기나 인터넷을 활용할 수 없거나 핀란드어가 아닌 다른 언어를 사용하는 시민들이 비대면 교육에 참여하기 어렵다는 문제가 있다.[134] 이와 관련하여 핀란드는 코로나19 대응 상황에서 학교에 다니지 않고 독립적으로 공부하는 학교 밖 청소년이나 디지털 기기를 사용하기 어려운 환경에 있는 학생들, 특수교육 교사, 복지 등을 고려한 지원책을 마련하였다.

이 중 핀란드 국가교육청은 모두를 위한 컴퓨터(Computers for everyone) 캠페인에 봄부터 참여하여 IT 업체 등으로부터 중고 컴퓨터나 태블릿PC를 기증받아 이를 포맷하여 필요한 학생들에게 제공하는 정책을 시행하고 있다.[135]

기증받은 디지털 기기는 IT 회사인 3stepIT가 수거하여 포맷하고 필수 프로그램을 설치한 후, 필요한 기관 및 학교에 배포된다. 실제로 오울루(Oulu) 교육구는 지역 태블릿PC 업체인 Aava Mobile로부터 태

---

134 Catarina Stewen, "AS FINNISH TEACHERS MOVE CLASSES ONLINE, FAMILY ROUTINES CHANGE", This is Finland, Aug 2020, https://finland.fi/life-society/as-finnish-teachers-move-classes-online-family-routines-change/ accessed: 2020. 10. 17.

135 Finnish National Agency for Education, "Distance education in Finland during the COVID-19 crisis", 2020, p. 6.

블릿PC 50대를 기증받아 기기를 보유하고 있지 못한 학생들에게 제공한 바 있다.[136] 이러한 정책이 시행되고 있었기 때문에 핀란드는 초기 온라인 수업 추진 과정에서 대부분의 기초교육 대상 학생들이 스마트폰, 태블릿PC, 노트북과 같은 디지털 기기를 보유할 수 있었고 교사와 학부모들, 교사와 학생들이 왓츠앱 등의 디지털 서비스를 활용하여 활발한 소통을 진행할 수 있었다.[137]

(4) 교사 튜터제를 통한 디지털 교육 역량의 확보

핀란드 국가교육청의 연구에 따르면 비대면 교육 현장에서 발생한 가장 큰 문제 중 하나는 디지털 역량의 확보 문제였다. 즉 기존의 현장 중심 대면 수업이 디지털 기술을 활용한 비대면 수업으로 전환되면서 교사들의 업무가 증가하였던 것이다. 이와 관련하여 핀란드 교사의 70%가 온라인 교육 전환 과정에서 업무량과 부담의 증가를 느꼈다고 한다.[138] 이러한 문제를 해결하기 위해 핀란드는 디지털 기술에 익숙한 동료 교사가 주된 역할을 수행하면서 익숙하지 못한 교사들을 돕는 등 봄학기부터 튜터제를 시행하여 교사와 교육자들의 디지털 역량을 확보할 수 있었다.

아울러 이러한 온라인 수업과 디지털 기기 활용법의 확산은 교사와

---

136 Newsnow Finland, "Drive to donate computers for distance learning students", Mar 31 2020, https://newsnowfinland.fi/startups-tech/drive-to-donate-computers-for-distance-learning-students accessed: 2020. 10. 12.

137 Finnish National Agency for Education, "Distance education in Finland during the COVID-19 crisis", 2020, p. 3.

138 Finnish National Agency for Education, "Distance education in Finland during the COVID-19 crisis", 2020, p. 4.

학생 모두의 디지털 역량을 제고하면서 교육의 질을 높이는 기회도 되었다. 국가교육청은 추후 지원 과정을 통해 디지털 기기와 소프트웨어의 활용법을 확산하고 교사 및 교육자들에게 교육훈련을 제공함으로써 원격교육이 체계적으로 진행될 것을 예정하였다.[139]

4. 독일

가. 비대면 교육 일반 대응 현황

독일은 코로나19 사태 이후 대부분의 주에서 휴교를 시작하였으나 2020년 4월 15일 메르켈 총리 및 16개 주 대책회의를 통해 공공생활 제한에 대한 결정(Beschränkungen des öffentlichen Lebens zur Eindämmung der COVID19-Epidemie)을 내림으로써 연방 및 주정부들은 초중등 학교급별, 학년별로 단계적인 개학을 추진하는데 합의하였다. 이에 따라 각 주의 교육부는 의료 및 보건 담당 부서와 협의하여 방역 조치, 학교 버스, 휴식시간 운영, 학습집단의 소규모화 등을 추진하였다.

이러한 조치에 따라 독일은 단계적 등교를 시작으로 2020년 4월 27일에는 대부분의 학교가 등교를, 초등학교의 경우 5월 4일부터 단계적으로 등교하여 사실상 일상과 동일한 방식으로 대면 수업을 실시하였다. 다만 가급적 다른 시간에 다른 장소에서 수업을 받을 수 있도

---

139 IFinnish National Agency for Education, "Distance education in Finland during the COVID-19 crisis", 2020, p. 5.

록 하고 휴식시간과 식사시간을 조정하는 등 다수의 접촉을 최소화하도록 조치하고 있다.

비대면 수업 혹은 대체 수업에 대한 연방 차원의 별도 지침은 없으며 학교에 따라 자체적으로 결정하도록 하고 있다.[140] 다만 기본적으로 독일은 뒤처진 디지털 교육 인프라와 환경을 갖고 있다.[141] 대면 수업을 재개하기 전 독일의 학교들은 기본적으로 인쇄물을 가정에 보내거나 학교에서 가져가도록 하는 아날로그 방식, 메신저나 이메일, 온라인 회의를 활용한 디지털 방식을 혼용하여 대응하였다.[142]

베를린주는 교육정보 플랫폼인 LERNraum Berlin을 활용하여 수업 진행 및 학습이력 관리 등을 수행하였다. 교사와 학생들은 이 플랫폼을 활용하여 학습 관련 자료를 공유하고, 수업은 수업 진행부터 학습이력 관리가 가능한 플랫폼으로 이루어진다. 교사와 학생 모두 이 플랫폼을 통하여 학습 관련 자료를 공유하고 있다. 헤센주의 경우 학교 포털이나 학습플랫폼을 운영하는 학교는 기존대로 포털이나 메일을 통해 과제를 내고 수업 진도를 확인하며 영상 및 자료를 제공하는 방식을, 그렇지 못한 학교는 메일 또는 전화를 활용하여 학부모회와 상시 소통하며 학생과의 연락을 유지하도록 하였다.

---

140 주독일한국교육원, "독일 코로나-19 관련 개학 현황 및 계획", http://changesoul. de/keid/board.php?board=keidb204&command=body&no=485 (최종 접속: 2020. 10. 20.)

141 Michael Kerres, "Against All Odds: Education in Germany Coping with Covid-19", Postdigital Science and Education, 2020.

142 주독일한국교육원, "독일 코로나바이러스로 인한 휴교 중 학교 운영", http:// changesoul.de/keid/board.php?board=keidb204&command=body&no=484 (최종 접속: 2020. 10. 21.)

바이에른주는 주 교육부와 바이에른 방송국이 협약을 맺고 가정학교(Schule daheim)라는 명칭의 프로그램을 구성, 운영하였다. 이 프로그램은 특정 시간에만 교육 콘텐츠를 제공하는 별도의 채널(ARD-alpha) 신설, 바이에른 방송국의 미디어 도서관을 통해 지난 방송과 영상물을 무제한 시청, 정보포털사이트(www.mebis.bayern.de)를 통해 개인별, 학급별 코스 및 학습관리, 시험, 학습, 자료 공유 등의 기능을 제공하고 있다.

나. 독일의 비대면 교육 및 디지털 포용 관련 법제, 정책 분석

(1) 학교 디지털화를 위한 협약

2018년 독일 연방정부는 '학교 디지털화를 위한 협약(DigitalPakt Scuhule)'을 발표하고 2019년 5월, 5개년 실행계획을 마련하여 독일 내 4만여 개의 초중등학교 디지털화를 촉진하고자 50억 유로를 편성했다. 이와 관련하여 2020년 9월 연방교육부는 디지털 미디어를 통한 학습의 중요성과 디지털 교육 형식의 중요성을 강조하면서 교육의 디지털화를 위한 정책을 추진하기로 합의하였다. 연방정부와 16개 주 교육부는 코로나19 정상회의를 통해 메르켈 총리의 학교 정보화 촉진 필요성을 강조하고 교사의 디지털 역량을 강화하기 위해 유럽기금을 활용하여 교사를 대상으로 노트북을 제공하기로 하였다.[143]

---

143 Schulgipfel, "800,000 Lehrerinnen und Lehrer sollen Dienstlaptops bekommen", Sep 21 2020, https://www.zeit.de/politik/deutschland/2020-09/schulgipfel-digitalisierung-dienstlaptops-lehrer-digitalpakt-kultusministerkonferenz?utm_referrer=https%3A%2F%2Fwww.google.com%2F accessed: 2020. 10. 21.

이를 통해 교사들은 코로나19 대책을 위해 책정된 유럽기금 7억 5천만 유로 중 5억 유로를 활용하여 업무용 노트북 약 80만 대를 제공받았으며 이와 더불어 디지털 교육 관련 교원 교육 및 연수, 학교와 수업 정보화 기술 개발, 연방 차원의 디지털 교육 플랫폼 구축 등이 추진될 예정이다. 아울러 학생들의 인터넷 이용료 관련 10억 유로 상당의 예산을 배정하여 학교교육에 무상으로 참여할 권리를 보장할 예정이다.

(2) 역기능 방지를 위한 정책

2020년 4월 독일 바덴뷔르템베르크(Baden-Wurttemberg) 주의 교내 화상회의 과정에서 Zoom 서비스가 해킹당해 포르노 이미지가 게시되는 등의 문제가 발생하자 주 정보보호 당국은 Zoom을 개인정보보호 위험 프로그램으로 분류하고 학교에서의 사용을 경고하였다.[144] 현재 Zoom은 주 정보보호 당국과 협의하여 제3자에 대한 화상회의 내용 보안 강화, 데이터 전송 전 재확인 절차 도입, 비밀번호 보호 방법의 선택 등 추가 조치를 취하였으며 이에 따라 바덴뷔르템베르크 주에서의 위험 프로그램 지정도 해지된 상태이다.

2020년 7월 노르트라인베스트팔렌(Nordrhein-Westfalen) 주 교육부는 공립 및 대안학교 교사 약 20만 명에게 디지털 기기를 제공하기로 결정하고 지원 규정을 제정하여 주정부 차원에서 1억 300만 유로의 예산을 확보하였다.[145] 이를 통해 노르트라인베스타팔렌주는 16개 주

144 DW.com, "What's the harm in Zoom schooling or contact tracing?", May 26 2020, https://www.dw.com/en/whats-the-harm-in-zoom-schooling-or-contact-tracing/a-53568876 accessed: 2020. 10. 22.

145 BILDUNGSLAND NRW, "Ministerin Gebauer: Mit der Ausstattung unserer Lehrkr

중 처음으로 모든 교사에게 디지털 기기를 제공하게 되었다. 각 공립학교와 대안학교들은 지역 교육청에 디지털 기기 보급을 위한 재원을 신청할 수 있으며 노트북, 태블릿PC 등을 신청 수요에 따라 구매하고 이를 근무 기간 내 교사들이 대여하여 활용하는 방식으로 정책이 추진되고 있다.

2020년 7월 브레멘시 교육부는 1,670만 유로를 통해 시에 소재한 공립학교에 정보 기기를 제공하고 있다. 이에 따라 각급 학교는 모든 교사와 가정형편이 어려운 학생들에게 아이패드를 각각 총 7,680개, 3만 개를 제공하였다. 뿐만 아니라 브레멘 상원은 추가로 아이패드 6만 개를 확보하여 디지털 격차를 줄이고 교육의 기회를 확산할 것을 계획하였다.[146]

5. EU

가. 비대면 교육에 대한 기본 인식

EU는 EU 회원국들이 코로나19 상황에서 교육을 추진하고 관련

---

fte machen wir einen gro en Schritt in die digitale Zukunft unserer Schulen", Jul 29 2020, https://www.schulministerium.nrw.de/presse/pressemitteilungen/ministerin-gebauer-mit-der-ausstattung-unserer-lehrkraefte-machen-wir accessed: 2020. 10. 12.

146 Freie Hansestadt Bremen, "Digitaler-Millionen-Schub für Bremer Schulen", Jul 7 2020, https://www.bildung.bremen.de/sixcms/detail.php?gsid= bremen117.c. 253483.de accessed: 2020. 10. 15.

정보를 공유할 수 있도록 플랫폼을 제공하고 있다. EU는 교사 및 교육자들을 위해 각종 교육자료와 튜토리얼, 무료 온라인 강의, 웨비나(Webinar) 기능, EU의 최신 교육정책 등을 제공하는 학교교육 게이트웨이(School Education Gateway) 서비스를 유럽 23개 언어로 제공하고 있다.[147] 또한 교사들 간의 소통, 공동 프로젝트, 정보 및 자료 교환 등을 위한 EU 협업 플랫폼인 eTwinning, 아동 교육을 위한 게임, 학습자료 등을 제공하는 Learning Corner, 코로나19 사태 관련 교사 및 교육자들을 위해 온라인 학습자료, 각종 교육 및 훈련 일정, 맞춤형 교육 툴박스 등을 제공하는 온라인 플랫폼인 SALTO-YOUTH, 성인들을 위한 교육 및 학습 플랫폼(Electronic Platform for Adult Learning in Europe: EPALE), 에라스무스 온라인 가상 교환학생 프로그램(Erasmus+ Virtual Exchange), 주간 코딩 교육(EU Code Week) 등을 제공하고 있다.

2018년부터 제공하고 있는 SELFIE(Self-reflection on Effective Learning by Fostering the use of Innovative Educational Technologies) 서비스는 현재 EU 내 7,000개 이상의 학교와 57개국에서 약 70만 명이 사용하고 있다. 이 툴은 학교 스스로 디지털 교수 학습 환경을 평가하고 개선할 수 있도록 도와주는 기능을 제공한다. 2020년 9월 EU 집행위원회는 이 툴의 강화 및 교사의 디지털 역량 향상을 지원할 수 있도록 SELFIE for Teachers를 개발하고 있으며 코로나 환경에서 교육 및 훈련의 디지털 전환에 대비하기 위해 툴을 강화할 것이라고 밝혔다.[148]

---

147 School Education Gateway, https://www.schooleducationgateway.eu/en/pub/index.htm accessed: 2020. 10. 15.

148 EUropean Commission, "New school year: support to schools facing the remote teaching challenge", Aug 12 2020, https://ec.europa.eu/jrc/en/news/new-school-

또한 EU 차원에서 직접 운영하는 방식 외에도 디지털 및 온라인 기반이나 다른 프로젝트나 프로그램을 통해 구축한 서비스도 활용할 수 있도록 안내하고 이에 대한 지원을 제공하고 있다. 주요 대상으로는 대학 교육자들의 디지털 역량을 강화하기 위한 EduHack, ICT 학습과 기초 코딩교육을 제공하는 Code n Social, 1991년 원격 및 이러닝, 웨비나 등을 통해 전문가들이 지식을 공유할 수 있도록 구축된 전문가 커뮤니티인 유럽 비대면 이러닝 네트워크(European Distance and e-Learning Network: EDEN), 중등 학생들의 온라인 학습 환경과 관련 콘텐츠 자료 저장 및 공유 등을 위한 Up2U 프로젝트 등이 있다.

나. EU의 비대면 교육 및 디지털 포용 관련 법제, 정책 분석

(1) EU 공동연구센터의 코로19나 대응 권고

EU 공동연구센터(Joint Research Center: JRC)는 보고서를 통해 코로나19 사태가 교육에 미치는 영향을 분석하고 이에 대응하기 위한 정책으로 온라인과 오프라인 교육 환경을 종합적으로 고려한 방식이 필요하다고 권고하고 있다.[149] 이에 따르면 정부는 학생들이 컴퓨터, 노트북, 태블릿 등의 기기를 활용하여 저렴한 인터넷 비용으로 온라인 수업에 접근할 수 있어야 한다. 또한 다양한 민간 가상학습환경(Virtual Learning Envrionments: VLE)을 채택하여 온라인으로 각종 교육 자원을

year-support-schools-facing-remote-teaching-challenge accessed: 2020. 10. 15.

149 European Commission JRC, The likely impact of COVID-19 on education: Reflections based on the existing literature and recent international datasets, JRC Technical Report, 2020, p. 33.

제공, 공유하고 학생 및 학부모와 교사가 상시 소통할 수 있는 체계가 필요하다. 공영 TV나 라디오 등 공영방송 차원에서도 다양한 교육 프로그램을 제공함으로써 인터넷 등에의 접근이 어려운 학생들에게 교육 기회를 제공할 수 있다.

아울러 온라인 교육을 시행할 때 시각, 청각 장애인 등 각별한 교육적 고려 사항이 필요한 경우를 감안한 정책 설계가 필요하다. 교사와 부모를 지원하는 것 또한 중요하다. 예를 들어 교사는 기술적 전문성과 더불어 비대면 환경에서 학생들의 감정 상태 등도 고려할 수 있어야 하며 부모는 그간 학교에서 세공하던 영역들을 떠맡게 됨에 따라 부담이 증가하거나 적절한 방식을 제공하지 못할 우려가 있으므로 이를 지원할 수 있는 정책이 필요하다.

(2) 디지털 교육 액션플랜

EU는 '디지털 교육 액션플랜(Digital Education Action Plan)'[150]을 마련하여 코로나19 대응 및 이후 디지털 교육의 일상화에 대비하고자 관련 전략을 수립하였다. 기본적으로 이 플랜은 연합 차원의 디지털 교육 강화와 관련 협력을 요청하면서 회원국은 코로나19 사태를 겪으며 기술을 통해 혁신적인 교육과 훈련을 시행한 경험을 활용하고 디지털 시대에 적합한 교육 훈련 시스템을 마련할 수 있어야 한다고 강조한다.

구체적으로 두 가지 전략계획을 강조하고 있는데 첫 번째는 디지털 교육 생태계를 확립할 수 있어야 한다는 점이다. 이를 위해서는 기반

---

150 European Commission, Digital Education Action Plan 2021~2027: Resetting education and training for the digital age, 2020.

시설, 연결성, 디지털 기기와 장비의 확보, 조직의 최신 역량 등 효율적인 디지털 역량 계획과 개발, 디지털 역량을 갖춘 교사와 교육 및 훈련 관련 직원, 고품질의 온라인 학습 콘텐츠, 사용자 친화적인 툴과 프라이버시 및 윤리 기준을 준수하는 안전한 플랫폼이 필요하다. 이와 관련하여 EU 집행부는 2022년까지 성공적인 디지털 교육을 위해 위원회 차원의 권고안을 마련하여 EU 회원국 간의 전략협의체를 발족하고, 2021년까지 비대면, 온라인 및 오프라인 병행 등 효율적 교육방식을 논의하고 채택하기 위한 위원회 차원의 온라인 및 비대면 교육 권고안을 마련할 예정이다.

또한 유럽의 문화적·창조적 다양성에 기반한 EU 디지털 교육 콘텐츠 프레임워크를 개발하고 교육 플랫폼에 업로드되거나 이와 연결되는 인증된 온라인 자원들을 공유할 수 있는 EU 차원의 교환 플랫폼에 관한 연구를 추진할 예정이다. 아울러 학교 간의 연결성을 확보하기 위해 학교를 위한 연결성(Connectivity4Schools) 프로젝트를 추진하고 인터넷 접속, 디지털 기기의 보급, 이러닝 애플리케이션과 플랫폼의 보급 등을 위해 EU 차원의 지원을 추진할 예정이다. 이 외에도 교환학생 프로그램인 Erasmus 협력 프로젝트를 통해 모든 교육 수준의 디지털 대전환 계획을 지원하고 교원들의 디지털 교육학 및 실무 전문성을 제고하며, 온라인 자체평가시스템을 추진하고 교육 및 학습 분야 인공지능과 데이터 활용에 관한 윤리 가이드라인을 개발할 계획이다.

두 번째는 디지털 대전환을 위한 역량 강화이다. 이를 위해서는 기본적으로 조기에 기초 디지털 역량을 갖출 수 있도록 디지털 리터러시, 컴퓨팅 교육, 데이터와 인공지능의 이해, 디지털 전문가의 양성 및 여성 평등성을 고려할 수 있어야 한다고 언급했다. EU 집행부는 시민

사회, EU ICT 및 통신사, 방송사업자, 언론사, 미디어 리터러시 전문가 그룹, EU 디지털 미디어 감독국(European Digital Media Observatory), 국가기관, 부모, 학생 및 청소년 등과 협력하여 교육 및 훈련에 관한 잘못된 정보를 필터링하고 교사 및 교직원 등의 디지털 리터러시를 강화하기 위한 공통 가이드라인을 개발하고 인공지능과 관련 기술, 인공지능을 활용한 학습 자원 등에 관한 EU 디지털 역량 프레임워크(European Digital Competence Framework)를 업데이트할 계획이다.

또한 EU 디지털 역량 인증체계(European Digital Skills Certificate)를 구축하여 정부와 고용주 및 기타 주체들이 인식하고 수용할 수 있도록 할 예정이며, 컴퓨팅 교육에서의 우수 사례와 방법을 공유하고 개발할 수 있도록 디지털 교육훈련 역량 개선을 위한 권고안을 마련하면서 산업계와의 협업 또한 병행할 계획이다. 아울러 학생의 디지털 역량에 관한 국가 간 데이터를 수집하고 있는 국제컴퓨터정보리터러시연구(International Computer and Information Literacy Study)의 참여를 활성화하고 컴퓨터 및 정보 리터러시에 익숙하지 못한 13~14세 연령대 학생들의 디지털 역량을 개선하여 2030년까지 그 비율을 15% 아래로 낮출 예정이다. 이 외에도 디지털 기회 훈련 프로그램, 유럽혁신기술연구소(European Institute of Innovation and Technology)와 협력하여 여성의 정보통신 및 과학기술 분야 참여를 강화할 계획이다.

(3) 유럽법률연구소(ELI)의 코로나19 대응 원칙

유럽법률연구소(European Law Institute: ELI)는 코로나19 환경에서 정책 수립 및 추진을 위해 고려하여야 하는 법적 원칙을 제시하였다.[151] 이 원칙은 기본권과 자유, 민주주의, 비차별, 입법과 사법, 프라이버시와 정보보호, 고용과 경제, 교육, 비대면 상황에서의 관계 지속 등을 언급하고 있는데 교육 분야에서는 두 가지 원칙을 제안했다. 먼저 정부는 학생과 교육 수요자 등이 코로나19 사태로 인해 기본적 교육을 제공받지 못하거나 수업과 시험, 평가, 졸업 등에 불이익이 없도록 해야 한다고 강조하고 있다. 두 번째 원칙으로는 기술적 관점을 언급하면서 학습 환경의 디지털화에 따라 기술적 역량이 부족하거나 기기를 보유하지 못하는 계층들을 고려하여 차별없는 원격수업이 이루어질 수 있어야 함을 강조하였다.

6. 국외 동향 검토를 통한 시사점

코로나19는 전 세계 학생들에게 동일하게 불평등의 영향을 끼쳤으나 국가나 저변 환경에 따라 불평등을 더 크게 느낀 학생들이 존재하였다. 학교교육이 원격수업에 크게 의존하면서 기존의 교육 불평등은 더욱 악화되어 가고 있으며, 수백만 명의 학생들에게 휴교나 비정상적 교육의 운영은 학업의 일시적 중단이 아닌 영구적 중단이라는 결과를 낳게 될 것이라고 지적하였다. 국가별로 코로나19에 대응하기 위한 여러 정책 등을 추진하고 있으나 모든 동향을 종합해보면 다음과 같은 시사점을 얻을 수 있다.

학생들을 위한 디지털 불평등을 해결하기 위해서는 3가지 요소가 균형있게 보급되어야 한다. 첫째, 학생들을 위한 안정적이고 빠른 가

151　European Law Institute, ELI PRINCIPLES FOR THE COVID-19 CRISIS, 2020.

정 내 인터넷 접근의 보장, 둘째, 데스크톱이나 노트북 등과 같이 학업에 적합한 장치 보장, 셋째, 모든 학생들이 필요한 디지털 도구를 능숙하게 사용할 수 있는 디지털 기술 교육의 보장이다. 많은 사람들에게 적절한 접근의 부족은 종종 낮은 사회경제적 지위와 관련되어 있으며, 이것이 학생들이 뒤처지게 되는 악순환으로 이어질 수 있음을 우려한다.

이러한 문제를 해결하기 위해서는 모든 사회·경제적 계층에 안정적인 인터넷 접근이 이루어질 수 있음이 전제되어야 한다. 즉 와이파이 핫스팟과 같은 임시 정책이 아닌 지속적이고 안정적인 서비스를 의미한다. 또한 학생들은 학업과 숙제를 완료하기 위한 전용 장치가 필요하다. 여러 사람과 장치를 공유하는 것은 학생이 학교와 관련한 작업에 보낼 수 있는 시간을 제한한다. 마지막으로 학생과 가족, 교사는 디지털 기술 지원 및 교육에 쉽게 접근할 수 있어야 한다. 이는 학교나 관련 기관, 지역의 도서관 등을 통하여 이루어질 수 있다.

코로나19가 여러 도전을 촉발시켰지만, 전 세계 학생들은 코로나19 이전부터 디지털 불평등과 싸워오고 있었다.[152] 비대면 교육을 위한 대응은 현재의 코로나19 기간 동안에는 필수적이며, 향후 코로나19가 종식되어 모든 학생들이 교실로 복귀하더라도 여전히 중요할 것이다.[153] 교육의 목표는 단순히 코로나19 이전으로 돌아가는 것이 아

---

152 UN 데이터에 의하면 코로나19 이전에도 아동 5명 중 1명이 학교에 다니지 못하였고, 이러한 상황에서 코로나 팬데믹으로 많은 아동들의 교육이 타격을 입었다고 한다.

153 Bianca C. Reisdorf and Laleah Fernandez, No access, no class: Challenges for digital inclusion of students, HEINRICH BÖLL STIFTUNG, 2021. 4. 15. 〈https://www.boell.

니라 오랫동안 학교가 모든 학생들에게 열려있고 또 누구나 환영받는 공간이 되는 것을 가로막았던 제도적 결함을 고치는 방향으로 전개되어야 한다.

de/en/2021/04/15/no%20access-no-class-challenges-for-digital-inclusion-of-students〉

| 제3부 |

디지털 포용사회 구현을 위한
비대면 교육 정책의
개선 과제

제6장 비대면 교육 관련 정책의 성과와 과제

1. 비대면 교육 관련 정책의 성과

가. 코로나19와 미래교육

코로나19는 모두의 예상을 넘어 사회, 경제 전반에 큰 영향을 미쳤으며 교육 분야에는 특히 더 새로운 경험과 변화를 가져다주었다. 코로나19로 학교 중심의 교육이 중단될 위기에 놓이는 등의 어려움도 있었지만 다양한 해결책을 제시하며 새로운 도전과 혁신적 변화들을 도입해보았다. 또한 이 과정에서 미래교육을 구상하면서 새로운 교육의 모습을 그려보는 기회도 가지게 되었다.

코로나19는 여전히 우리 생활에 지대한 영향을 미치고 있으나 팬데믹 상황의 다양한 경험을 토대로 향후 다른 방식으로 도래할 수 있는 감염병에 현명하게 대응해나갈 수 있는 저력을 보유하게 되었다. 교육부는 이러한 경험을 토대로 「2020 교육 분야 코로나19 대응」 보고서를 발간하였다. 이는 2020년의 코로나19 상황과 그에 따른 교육 분야의 정부 대응을 정리한 것이다. 이러한 정리가 필요한 이유는 다음과 같다.

첫째, 2020년의 교육 분야 코로나19 대응 과정을 상세히 정리함으로써 코로나19 및 향후의 유사한 감염병 확산 상황에 더욱 효과적으로 대처하기 위한 유용하고 실제적인 자료를 제공할 수 있다. 아직 코로나19가 완전히 종식되지 않은 상황에서 2020년의 대응을 점검함으로써 그간의 대응 노력을 재정비하는 한편 보다 선제적이고 적극적인 대책을 모색할 수 있을 것이다.

둘째, 코로나19와 같은 위기 상황에서도 교육을 지속하고 안정적으로 학교를 운영하기 위한 정책 제언을 도출할 수 있다. 특히 일상적 교육체제에 위협이 발생했을 때 사각지대에 놓일 수 있는 취약계층과 관련 위험 요인을 분석하고, 이를 예방하기 위한 전략으로서 정책적 지원 및 관계기관 협업의 사례를 제시함으로써 향후의 대응을 모색할 수 있다.

셋째, 코로나19 대응 현황과 향후의 위기 대처 전략에 대한 시사점을 한층 객관적 시각에서 분석하고 평가할 수 있다. 각 영역별 코로나19 대응 과정에 대해 종합적으로 평가한 내용은 생산적이고 미래지향적 정책을 발굴하는 데 도움이 될 수 있다,

넷째, 코로나19 사태 및 향후 이와 유사한 위기 상황에서 교육 정상화를 위해 중·장기적으로 취해야 하는 대응 방안 및 전략 모색에 있어서 필요한 정책적 시사점을 도출할 수 있다. 주요 위험요소의 평가 및 개선을 위한 정책적 지원과 적시적절한 전략 개발의 필요성이 제기되고 있음으로 그간의 정책을 검토함으로써 미래 지향적인 향후 방향을 제시할 수 있다.[154]

---

154   교육부, 2020 교육 분야 코로나19 대응, 2021, pp. 36~37.

나. 비대면 교육 관련 정책의 성과

코로나19에 대한 대응은 비단 비대면 정책만으로 한정되지 않는다. 비대면은 학사운영의 하나의 방식에 불과하며, 교육 전반으로 볼 때는 일반 대응체계, 학교 방역, 외국인 유학생 관리, 돌봄 지원, 위기상황 대응, 시험, 미래교육 등 다양한 이슈가 포함되어 있다. 또한 교육 분야는 유·초·중등 및 대학에 이르는 광범위한 현안을 다루고 있기도 하다.

하지만 학생들의 현실과 가장 맞닿아 있는 것이 학사운영과 교육 방식이 될 것이며, 등교를 하지 못하는 상황에서 발생하였던 여러 문제에 대하여 어떻게 대응하였는지를 중심으로 살펴볼 필요가 있다. 다음에서는 교육부의 「2020 교육 분야 코로나19 대응」을 중심으로 비대면 교육 관련 정책의 성과를 살펴본다.

(1) 학사운영

한정된 공간에서 다수가 모이는 학교 공간의 특수성으로 인해 교육 분야에서는 학교 방역을 강화하고 학교 내 감염을 최소화하는 것이 가장 큰 과제 중 하나였다. 이에 학교는 학생들의 건강과 안전을 최우선으로 하면서 지속적 학습이 가능하도록 탄력적인 학사운영 방안을 마련하고 현장에 맞게 적용해 나갔다. 이러한 탄력적 학사운영 안으로 온라인 개학과 등교-원격수업의 병행이 이루어졌다.

2020년 3월 27일, 교육부는 코로나19 상황에서 교실 수업이 불가능한 경우를 대비하여 원격수업을 통한 학습이 체계적으로 이루어질 수 있도록 '원격수업 운영 기준안'을 마련하였다. 3월 31일에는 현 시점에서 등교 개학이 어렵다고 판단하여 원격교육을 통한 정규수업으로 학생의 학습 공백을 해소하고 코로나19에 능동적으로 대응하고자 전국 모든 초중고등학교 및 특수학교, 각종 학교를 대상으로 처음 온라인 개학을 실시한다고 발표하고, 2021학년 수능 시행일을 12월 3일로 2주 연기하는 등 대입 일정도 조정하여 함께 발표하였다. 이어 4월 7일에 교육부는 '원격수업 출결·평가·기록 가이드라인'을 마련하여 단위학교에서 체계적으로 원격수업이 관리될 수 있도록 하였다.

이 가이드라인은 원격수업 시행에 따른 학생 출결관리의 기준을 제시하였고, 수업 유형에 따른 세부 평가 방법과 학생부 기재 방법 등을 구체화하였다.

아울러 4월 16일에 개시된 2차 온라인 개학에 앞서 교육부는 원격수업 플랫폼 접속 장애 발생 시 시행할 탄력적인 학사운영에 필요한 준비 사항을 담은 출결 및 대체학습 관련 추가 지침을 안내하였다. 특수학교와 일반학교 특수학급에 대해서는 장애 학생 원격수업 지원 방안을 수립하여 장애 유형·정도 및 학교 여건 등을 종합적으로 고려한 맞춤형 지원을 실시하고, 특수교사들의 원활한 원격수업을 위해 국립특수교육원에 '장애 학생 온라인 학습방'을 개설·운영하였다. 이와 함께 대면 교육이 필요한 경우 철저한 감염병 예방수칙 준수를 전제로 가정, 시설 등 1:1 방문교육이 가능하도록 하였다. 또한 교사들의 원격수업을 온라인으로 지원하기 위한 플랫폼을 운영하였고, 이를 통해 교사들이 원격수업 사례와 노하우를 공유할 수 있었다.

유초중고와 마찬가지로 대학에서도 코로나19에 따른 정상적 대면 수업이 불가해짐에 따라 탄력적 학사운영이 이루어졌다. 2020년 3월 2일에는 코로나19가 전국적으로 확산됨에 따라 대면 수업 지양, 비대면 수업 권장 등을 골자로 하는 「2020학년도 1학기 대학 학사

<표 29> 교사 원격수업 지원 커뮤니티

구 분	내용
1만 커뮤니티	학교 현장의 원격교육 안착을 위해 17개 시도 학교별 대표 교사, 교육부, 교육청, 한국교육학술정보원(KERIS) 등 관계기관에서 모인 공동체 플랫폼
학교온	교사가 온라인 학급방을 개설하고 학습 및 생활지도 등의 가정학습을 지원하는 데 필요한 정보를 쉽게 찾을 수 있는 온라인 학습 통합 지원 플랫폼
교사온	지원을 요청한 교사의 PC에 원격으로 접속하여 온라인 학급방 개설 및 온라인 학습과정 설계와 운영 등을 돕는 원격지원 자원봉사단
지식샘터	원격수업에 필요한 내용을 교사가 직접 동료 교사들에게 알려줄 수 있도록 하는 쌍방향 온라인 지식 공유 사이트

운영 권고안」을 발표하였다. 주요 내용은, 첫째, 각 대학의 여건에 맞춰 자율적으로 정하되 원격수업, 과제물 활용 수업 등 재택수업을 실시하고, 둘째, 원격수업 교과목 개설, 교육 콘텐츠 구성 방식도 각 대학이 자체적으로 편성할 수 있고, 셋째, 학사운영에 필요한 행정조치는 우선 실시하며 추후 학칙 개정으로 소급 적용이 가능토록 한다는 것이다. 3월 5일에는 1학기 전면 원격수업을 허용하였다. 따라서 중국 유학생도 자국에 체류하면서 국내 학생과 동일하게 비대면 수업에 참여할 수 있게 되었다. 코로나19 확산세가 강해지면서 4월 25일에 교육부는 「2020학년도 1학기 대학 학사 운영 권고안」에 따라 각 대학에 코로나19 안정화 단계까지 대면 수업을 지양하고 재택수업이 이루어지도록 권고하였다.

코로나19의 확산 대응 경험을 토대로 2020학년 2학기에는 개학 연기 없이 학사운영을 시작하였으며, 코로나19 단계별 등교 원칙 및 학사운영 세부 지원방안을 수립하였다. 먼저 코로나19 감염 확산 정도에 따라 지역별로 등교수업 개시일과 원격수업 기간을 탄력적으로 운영하였다. 빈번한 사회적 거리두기 단계 조정·연장에 따른 학사 운영 수립의 어려움을 고려하여 중대본 지침을 조정한 기준안을 제시하였으며, 11월에는 사회적 거리두기 5단계 개편안에 맞춰, 새롭게 적용 가능한 등교 원칙을 제시하였다. 또한 2020년 2학기 학사운영 세부 지원 방안에서도 비대면 교육을 고려한 다양한 유연성을 확보하였는데 그 내용은 〈표 30〉과 같다.

〈표 30〉 2020학년 2학기 학사운영 세부 지원 방안

구 분	내 용
교육과정·평가·기록	등교·원격수업 병행이 장기화됨에 따라 2학기 교육과정(수업)·평가·기록 개선을 통해 학사운영의 유연성 확보
교육과정·수업 방식 혁신	학습내용 재구조화·블렌디드 수업 모델 제공 등 온·오프라인 연계가 가능한 수업 방식 혁신 지원
맞춤형 피드백 활성화	교사-학생간 정서적 유대 강화 및 학습동기 독려를 위해 교사별 학생 개인 피드백 활성화 유도
출결	당일 교과별 차시 단위로 실시하되, 수업 유형에 따라 7일 내 최종 확인하고, 출결 확인 시스템 개선 및 학교 자율성 강화
평가·기록	단위학교의 수행평가·지필평가 선택권 부여 등 평가 부담 완화 및 학생부 기재 가능 범위 확대 등 평가·기록 자율성 확대

코로나19에 대응한 학사운영의 주요 성과로는 원격수업을 중심으로 한 학사운영의 기초적 틀이 수립되었다는 것이다. 교육부는 개학 이후 교실 수업이 불가능한 경우를 대비하여 원격수업을 통한 학습이 체계적으로 이루어질 수 있도록 '원격수업 운영 기준안'을 마련하고 2020년 3월 27일 이를 공표하였다. 기준안에는 「초중등교육법」 제23조(교육과정 등), 제24조(수업 등) 및 같은 법 시행령 제48조(수업운영방법

등)를 근거로 정한 원격수업의 개념, 수업 운영 원칙, 학교 계획 및 관리 등에 관한 기본 사항을 포함하였다. 시도 교육청은 이 기준안을 바탕으로 원격수업에 관한 교육과정의 운영, 수업방법 등 세부 운영지침을 마련하고, 학교가 원격수업 계획을 수립하여 시행할 수 있게 하였다.

코로나19 대응을 위한 '원격수업 운영 기준안'의 주요 내용은 다음과 같다. 원격수업의 운영방식을 학교와 학생의 여건에 따라 실시간 쌍방향 수업, 콘텐츠 활용 중심 수업, 과제 수행 중심 수업, 그 밖에 교육감·학교장이 인정하는 수업 형태로 운영하되, 적정 학습량을 확보하고 학습결손이 발생하지 않도록 교과의 핵심 개념을 중심으로 학습내용을 제공하도록 하였다. 출결 처리는 학습관리시스템(LMS), 문자메시지, 유선 통화 등을 활용하여 실시간으로 가능하며, 사후 확인이 필요한 경우 학습 결과 보고서, 학부모 확인서 등 학습을 증빙할 수 있는 자료를 제출하도록 하였다.

평가는 출석 수업이 재개된 후 원격 및 출석 수업의 학습 내용을 토대로 시행하는 것을 원칙으로 정하였다. 다만 실시간 관찰이 가능한 쌍방향 수업에서는 원격수업 중 수행평가를 할 수 있도록 하였다. 학교에서는 원격수업 계획을 수립하고 학교 홈페이지와 SNS를 활용하여 학생 및 학부모에게 학습내용, 학습방법, 과제, 수업 이수 시 유의사항 등을 포함한 원격수업계획을 안내하였다.

원격수업의 운영을 위하여 「학교생활기록 작성 및 관리지침」(교육부 훈령)을 개정하고, 원격수업 시 단위학교별 출결 및 평가 원칙과 방법, 학교생활기록부(학생부) 기재 지침을 담은 '원격수업 출결·평가·기록 가이드라인'도 발표하였다. 시도 교육청과 학교는 가이드라인을 참고로 지역·학교 여건, 교사의 전문적 판단 등을 종합적으로 고려하여 세

<表 31> 원격수업의 유형별 운영 형태

구 분	상세 제공책
실시간 쌍방형 수업	• 실시간 원격교육 기반(플랫폼)을 토대로 교사-학생간 화상 수업을 하며, 실시간 토론 및 소통 등 즉각적 피드백
콘텐츠 활용 중심 수업	• (강의형) 학생은 지정된 녹화강의나 학습 콘텐츠로 학습하고, 교사는 학습 진행도 확인 및 피드백 • (강의+활동형) 학습 콘텐츠 시청 후 댓글, 답글 등으로 원격토론
과제 수행 중심 수업	• 교사는 교과별 성취기준에 따라 학생이 자기주도적 학습 내용을 확인할 수 있도록 온라인으로 과제 제시 및 피드백
기타	• 교육청, 학교 여건에 따라 별도로 정할 수 있음

부 운영지침과 원격수업 운영계획을 수립하였다. 학생 출결 관리는 수업 당일을 기준으로 교과 담당 교사가 차시 단위로 '출석' 또는 '결석 (결과)'만으로 처리하는 것을 원칙으로 하고 담임교사가 이를 종합하여 교육행정정보시스템(NEIS)에 출결을 최종적으로 처리하는 것으로 하였다. 다만 원격수업의 경우 7일 이내에 출석이 확인된 경우 담임교사가 사후 증빙자료를 확인하여 출석 처리할 수 있도록 하였다.

학생평가 및 학생부 기재의 공정성과 투명성 등을 준수할 수 있도록 원격수업에서의 학생평가, 학생부 기록의 원칙도 마련했다. 학교는 원격수업에서 학습한 내용을 근거로 등교 이후 평가를 실시할 수 있도록 하였고, 학생 부담을 완화하기 위해 시도 교육청 및 학교가 수행평가 성적 반영 비율을 조정할 수 있게 하였다. 또한 교사가 원격수업 중에 학생의 학습 과정과 결과를 관찰·확인하여 이를 토대로 평가하거나 학생부에 기재할 수 있도록 하였다. 교육부는 원격수업의 실제 평가 상황을 수업 중 수행인지, 수업 후의 수행인지 구분하고 다시 수행 주체를 교사가 확인할 수 있는지 없는지를 구분하여 원격수업 중 수행평가 가능 여부와 학생부 기재 가능 여부를 명시하였다.

원활한 원격수업의 운영을 위하여 교육부와 과학기술정보통신부는 통신망 과부하로 인터넷이 연쇄적으로 끊길 수 있는 원인을 사전에 차단하고 개인정보 유출과 해킹 등 예상되는 문제점을 선제적으로 방지하기 위해 교사와 학생이 원격수업에 대비하여 지켜야 할 실천 수칙을 4월 9일 온라인 개학에 맞추어 제시하였다. 실제로 원격수업의 초기에는 접속 지연 현상이 일부 발생하였으나 점차 안정화되었는데, 이는 실시간으로 모니터링 하면서 시스템을 안정화시키기 위해 노력했던 덕분으로 평가된다.

〈표 32〉 원격수업 실천수칙

구분	내용
원활한 사용	• 원격수업을 들을 때, 되도록 유선 인터넷과 무선 인터넷(와이파이) 이용하기 • e학습터와 EBS 온라인 클래스 등 학습사이트 미리 접속하기(일시적 접속 폭주로 인한 장애 발생 방지) • 학교 여건에 따라 수업 시작 시간을 다양하게 운영하기 • 교육 자료는 SD급(480p, 720×480) 이하로 제작하기 • 교육 자료는 가급적 수업 전날(17시 이후 권장) 유선 인터넷과 무선 인터넷(와이파이)를 이용해 업로드·다운로드하기
안전한 사용	• 영상회의 방에는 비밀번호를 설정하고 링크 비공개하기 • 개인정보보호 등 보안이 취약한 영상회의 앱(웹)은 사용하지 않고, 보안패치를 한 후에 사용하기 • 컴퓨터, 스마트기기, 앱 등에 보안(백신) 프로그램 설치하기 • 모르는 사람이 보낸 전자메일과 문자는 열어보지 않기 • 수업 중에 선생님이나 친구들을 촬영하거나 무단으로 촬영한 영상 배포하지 않기

안정적인 학사운영의 일환으로서 방역·학습·돌봄의 3대 교육안전망이 마련될 수 있도록 하였다. 이 중 학습안전망 마련을 위하여 학습격차의 해소 및 취약계층을 지원하였다. 2020년 1학기 중 교육용 사이트 접속을 위한 모바일 데이터 무상 지원 등 디지털 격차를 최소

화하기 위한 대책들을 바탕으로 초·중·고 학생 534만 명 중 98.9%가 원격수업에 참여하였고, 교사가 업로드한 콘텐츠 수도 2,890만 개(2020. 7. 31 기준)에 이르는 등 원격수업이 점차 안정화되었다.

그러나 원격수업으로 인한 학습격차 우려가 지속적으로 제기되었으므로 기초학력 부족 학생 대상 1:1(소그룹) 맞춤형 대면 지도를 확대하고 실시간 쌍방향 수업, 협력수업을 활성화하는 등 학교수업의 질을 높이고자 노력하였다. 또한 장애 학생, 다문화 학생, 학업 중단위기 학생 등 원격수업 환경에서 소외되기 쉬운 학생들을 위한 맞춤형 지원 대책을 마련하였다. 시각장애 학생과 청각장애 학생을 위해서는 원격수업 콘텐츠에 점자·자막을 활용할 수 있도록 지원하고, 발달장애 학생은 필요 시 철저한 방역 하에 1:1 또는 1:2로 대면 교육을 실시하였다.

(2) 온라인 개학 준비 및 실행

코로나19로 인해 온라인 개학이 불가피해지면서 온라인 개학 준비 및 실행을 위한 준비가 시작되었는데, 정책의 주요 흐름은 크게 '온라인 개학 실행을 위한 관련 제도 정비'와 '원격수업을 위한 기반 마련'으로 구분할 수 있다. 정규 수업에 준하는 원격교육을 위해서는 공공 학습관리시스템을 마련하고 원격수업에서 활용할 수 있는 다양한 콘텐츠를 확충하여 내실있는 원격수업이 실행될 수 있도록 지원하였다.

온라인 개학의 가장 큰 성과는 원격수업을 위한 기반을 마련하였다는 데 있다. 기존에는 대면을 전제로 한 수업이 운영되었고 원격수업은 특정한 목적에서 제한적으로 활용되어왔기 때문에 활성화되지 못했다. 그러나 원격수업을 기반으로 하는 온라인 개학은 이를 위한 관련 기반 조성과 인식 제고에 큰 역할을 하였다. 코로나19의 국가 재난 상황에서 학생들의 학습을 지속하고 학습권을 보장하기 위한 방안으로 사상 초유의 '온라인 개학'이 도입되었다. 이는 코로나19 상황에서 국외 주요국들의 원격교육 활용과는 다소 다른 접근으로 의미를 지닌다. 독일은 '집에서 배우기', 미국은 'Learn at Home', 싱가포르는 'Home-based Learning', 호주는 'Learning from Home'으로 가정을 기반으로 하는 온라인 학습을 주요하게 내세웠다.

이와 다르게 한국에서는 '개학'의 개념을 적용한 '온라인 개학'을 시도하였다는 그 자체로 의의가 있다. 즉 원격수업 제공을 넘어서서 감염병 상황에서도 정상적 학사운영이 이루어질 수 있도록 원격수업을 학교의 수업일수·시수로 인정하는 제도를 도입했다는 점이다. 이뿐 아니라 교육부 내 '원격교육준비·점검팀'을 신설하고, '온라인 개학 총괄 상황실'을 운영함으로써 온라인 개학의 성공적 안착과 운영을 지원하는 체제를 구축한 점 역시 의의가 있다.

온라인 개학으로 원격수업이 새롭게 적용되면서 이에 따른 안정적 학사운영을 지원하기 위한 수업 운영, 출결, 평가 등 관련 법·제도 개선이 이루어졌다. 먼저 교육부에서는 '원격수업을 위한 운영 기준안'을 마련하여 온라인 개학에 따른 학교의 원격수업 운영을 지원하였다. 특히 원격수업 운영 방식에 대해 교사·학생 간 화상수업을 기반으로 하는 '실시간 쌍방향 수업', 녹화 강의 또는 학습 콘텐츠로 학습하는 '콘텐츠 활용 중심 수업', 온라인으로 과제를 제시하는 '과제 수행 중심 수업' 등으로 제시하였다. 이는 교사, 학생, 학부모들의 원격수업에 대한 이해를 돕고 교사들이 원격수업을 운영하는 기준이 되었다.

이와 더불어 「학교생활기록 작성 및 관리지침」을 개정하고, '원격수업 출결·평가·기록 가이드라인'을 마련하였다. 이는 법령상 학교장

운영은 가능했지만 구체적 기준이 마련되어 있지 않던 원격수업의 출결·평가·기록에 대해 온라인 개학을 계기로 공통 지침을 제시한 의미가 있다. 특히 온라인 개학 운영을 바탕으로 2020년 하반기에는 「초·중등교육법」 개정을 통해 원격수업 운영을 위한 근거를 마련하였다. 법 제24조(수업 등) 제3항의 신설을 통해 특수한 학생만이 아니라 국가 재난 상황 등 정상적 수업 운영이 어려운 경우 원격수업을 수업일수로 인정할 수 있도록 보다 명확한 내용을 제시했다는 의의가 있다.

온라인 개학을 계기로 원격수업의 활용은 특정 소수가 아닌 모든 학생들을 대상으로 확대되었다. 즉 코로나19 이전에는 모든 학생들이 교실에 출석하는 대면 수업이 일상적인 모습이었다면, 이제는 온라인을 기반으로 한 원격수업이 주요한 교육 방법으로서 학교 현장에 자리 잡게 되었다. 온라인 개학의 경험은 교사, 학생, 학부모의 원격수업에 대한 역량과 친숙도를 높이는 데 기여하였다. 특히 감염병 확산에 등교 개학이 불가한 상황에서 최선의 대안으로 원격수업의 가치가 높이 평가되며 그에 대한 반감도 불식되었다.

온라인 개학으로 전면 원격수업 시행에 따라 교사들의 원활한 원격수업을 지원하기 위한 콘텐츠 확보 노력이 적극적으로 이루어졌다. 구체적으로는 다양한 온라인 수업자료를 제공하면서 지속적으로 콘텐츠를 확보해 나갔다는 점에서 의의가 있다. 공공 콘텐츠로는 e학습터의 5.5천 종, EBS의 'EBS 중학 프리미엄 강좌' 약 15,000편을 포함한 4.3만 종, 국·검정 교과서 E-Book 497종과 디지털 교과서 134종을 제공하였다. 또한 정규 교육과정에 따라 개발된 방송 중·고 콘텐츠 역시 한국교육개발원의 협조를 통해 방송중 28종, 방송고 41종을 공유하였다. 특히 기존의 온라인 수업자료들이 정규 수업에 대한 보충학습의 성격이 크다는 점에서 정규 교육과정 기반의 수업 콘텐츠 역할을 할 수 있는 방송 중·고 콘텐츠의 공유는 의미가 있다.

EBS와 e학습터에 공유된 교과들이 주로 국어, 영어, 수학, 사회, 과학 중심인 데 반해 방송 중·고 콘텐츠는 교과군별 다양한 과목을 포함하고 있기 때문이다. 이와 더불어 보다 다양한 콘텐츠 지원을 위한 민간과의 협력도 적극적으로 이루어졌다. 네이버에서 제공하는 '듣는 교과서' 약 3,000편과 '세상을 바꾸는 시간 15분' 306편 등 민간 콘텐츠역시 무료로 탑재하였다.

전례 없는 온라인 개학을 실시하면서 교육부는 원격수업의 원활한 운영을 위한 인프라를 조성하는 데 많은 노력을 기울였다. 먼저 KERIS의 e학습터와 EBS의 온라인클래스를 원격수업 플랫폼으로 삼으면서, 보다 안정적 환경에서 원격수업이 이루어질 수 있도록 지속적으로 관련 조치들을 시행하였다. 온라인 개학에 대비해 e학습터와 온라인클래스를 각각 1일 300만 명이 사용 가능한 수준으로 준비하였다. e학습터 및 온라인클래스도 인프라를 증설하였다. 이처럼 단기간 동안 인프라 증설을 위한 상당한 노력이 지속적으로 이루어졌고 온라인 개학 상황에서 학생들이 안정적으로 원격수업에 참여할 수 있도록 하는 데 기여하였다.

두 가지 플랫폼과 함께 EBS TV를 통한 원격수업 인프라 확충의 노력도 이루어졌다. TV 채널을 기존의 7개에서 12개로 확대하고 초등학교 1, 2학년 대상의 EBS 방송과 초등학교 3학년부터 고등학교 3학년을 위한 라이브 특강 등 학년별 TV 채널을 신설하였다. 특히 이는 온라인을 기반으로 한 원격수업 활용이 어려운 초등학교 저학년과 일반 학생들의 수업 이해를 지원하기 위해 시청각 교육 플랫폼을 적극 활용한 노력으로서 의의가 있다.

온라인 개학 실시 과정에서 교육부는 정보 격차가 교육 격차로 이어지는 것에 대한 우려를 해소하기 위해 민간기업과의 협력을 통해 적극적 노력을 기울였다. 원격수업을 위한 충분한 여건을 갖추지 못한 저소득층, 다문화가정 등 소외계층 학생들에 대한 지원을 실시하였는데, '스마트 기기 대여 제도'를 시행하여 저소득층을 우선으로 다자녀·조손가정·한부모·다문화가정 학생들에게 스마트 기기를 대여하였다. 이 과정에서 스마트기기 및 스마트폰 지원을 위한 삼성, LG, 국민은행과 같은 민간기업과 통계청, 한국남부발전 등 공기업과의 적극적 공조가 이루어졌다. 그 결과, 신청자 28.3만 명 전원에 대해 대여하는 것이 가능하였다. 뿐만 아니라 교육부, 과학기술정보통신부, 통신3사의 협력을 통해 원격수업을 위한 통신비 및 데이터 지원도 이루어졌다.

온라인 개학 과정에서 주요하게 활용되는 교육 사이트(EBS, e학습터, 디지털교과서, 사이언스올, 엔트리, 커리어넷 등)에 대해서는 4~6월간 모든 학생들이 모바일 데이터 요금 없이 이용할 수 있도록 하였고, 이후 지원 기간을 2020년 12월까지 연장하였다. 실제로 이러한 교육용 사이트 등의 데이터 사용량은 3월 약 500TB에서 4월 약 2,700TB, 5월 약 6,000TB 까지 급증하는 등 온라인 개학의 원활한 진행에 기여하였다. 이와 함께 저소득층 약 17.4만 명 대상으로는 인터넷 통신비를 지원함으로써 온라인 개학에 따른 교육 소외계층의 정보격차 발생 발지를 위해 적극 노력하였다. 이처럼 민관의 협업체계 구축을 통해 민간이 가진 자원과 기술을 적극적으로 활용함으로써 원격수업을 위한 인프라를 조성하는 데 기여하였다.

기존에 대면으로 진행하던 교과수업이 원격수업으로 전환되면서 관련 콘텐츠를 개발하고 실행하는 교사들의 역량도 크게 향상되었다. 교사들 대다수가 시도 교육청, 민간 제공 또는 사설 교사 지원 사이트 자료보다 자체적으로 원격수업자료를 개발하여 활용하는 비율이 높은 것으로 나타났다. 교사 자체적으로 원격수업자료를 개발하는 과정은 수업의 설계, 운영 역량과도 연결된다. 온라인 개학 경험을 통하여 교사들은 이전과 다른 수업 역량의 개발 기회를 가질 수 있게 되었다.

온라인 개학으로 인한 원격수업 관련 교사 전문성 향상은 원격수업 질 제고를 위한 수업 개선과 연계된다는 점에서도 큰 의미가 있다. 뿐만 아니라 기존에 교실에 머물러 있던 수업이 온라인에 공유되면서 수업의 질을 제고하기 위한 노력도 더욱더 중요하게 이루어지고 있다. 이의 일환으로 2020년 하반기에는 교원의 원격수업·평가 역량을 강화하기 위해 원격수업도구 사용, 수업 디자인 실습과 함께 수업·평가 기법 체험, 수업 디자인 사례 공유 및 피드백 등의 내용을 중심으로 하는 중앙 차원의 연수도 실시되었다.

교육부는 교원들이 자발적 커뮤니티를 통해 양질의 원격수업 정보를 상호 공유할 수 있도록 지원하는 데 노력을 기울였는데, 일례로 '1만 커뮤니티' 구성이 대표적이다. 1만 커뮤니티는 학교 현장의 원격교육 정착을 선도하고 지원하기 위해 17개 시도에서 학교별 대표 교사, 교육부, 시도 교육청, 관계기관에서 모인 공동체이다. 이 안에서 교사들이 자율적으로 온라인 소통을 진행함으로써 원격수업을 준비하고 운영상의 어려움 등을 나누면서 원격교육과 관련된 정책, 사례, 정보 등을 공유하고 실시간 소통 창구 역할을 하도록 하였다. 이 외에도 다양한 플랫폼 등을 통하여 교사들이 교육도구의 활용법, 수업 아이디어 등을 공유하고 교사 자원봉사를 통해 원격수업에 어려움을 겪는 현장 교원을 지원하도록 하였다.

(3) 국제협력

코로나19가 장기화되면서 양자 또는 다자간 협력을 통해 국제사회와 공동 대응하고자 하는 노력이 많아졌다. 코로나19의 대응 사례와 정책을 서로 공유함으로써 각국의 대응 능력을 강화할 수 있도록 하는 한편, 교육협력 방안을 모색하였다.

우리는 온라인 개학의 경험과 교육성과를 다양한 나라에 공유하였다. 아르헨티나, 중국, 아랍에미리트 등에 교육의 경험을 전파하는 한편, 온라인 교류의 가능성을 확장시켰다. 특히 아르헨티나의 경우 니콜라스 트로타(Nicolas Trotta) 교육부 장관의 요청으로 원격회담을 실시해 코로나19 상황에서도 중단 없는 교육을 실현하기 위한 한국의 등교수업 및 방역 관련 정책 정보를 공유했다. 원격회담에서 트로타 장관은 한국의 디지털 기술을 활용한 수업, 특히 민간기업과의 협업에 관심을 나타내고 양국의 교육협력을 제안했다.

국제 단위에서의 교육협력을 위한 논의 등도 지속적으로 전개되고 있다. '유네스코 교육장관 화상회의(COVID-19 and Education Virtual Ministerial Meeting-3.10)', '코로나19 대응 웨비나(3.20부터 주 1회)', '아태지역 온라인 국제컨퍼런스(7.10)', '2020 세계교육회의 특별회의 전문가회의(10.20)', '2020 세계교육회의 특별회의 고위급회의(10.22)' 등 전 세계 회원국들이 유네스코를 통해 지속적으로 코로나19 대응 정보를 공유하고 대응 방안을 모색하였다. 교육부 또한 유네스코한국위원회와 함께 코로나19에 대응하고 있는 각국의 교육 상황을 모니터링하고 지속적으로 관련 정보를 공유하였다.

유네스코는 지속적인 회의와 아울러 맥킨지 컨설팅과 함께 국제교육연합(Global Education Coalition) 체제 하에서 코로나19 대응 국가별 사례연구를 실시하였다. 각 회원국에 요청한 사례를 기반으로 한 이 연구는 코로나19 교육 대응 프레임워크, 국가별 사례, 개입을 위한 구체적 단계, 전술적 조치 체크리스트 등을 포함하여 '유네스코 코로나19 대응 툴킷'으로 제공되었으며 회원국의 코로나19 대응에 도움을 주고자 하였다. 이 '툴킷'의 국가별 우수사례 및 안전한 학교 개학 방식과 교육 재개 방안에 한국 사례가 소개되었으며, 한국 교육의 코로나19 대처 방식 특징이 함께 언급되었다.

이러한 과정에서 K-방역이 여러 나라의 호평을 얻었는데, 특히 다양한 이해관계자와의 협의, 모의훈련과 재난안전대책본부와의 최종 협의를 거쳐 등교 재개를 결정한 사례는 여러 나라들의 등교 재개를 위한 효과적 전략 수립에 기여했다고 평가된다.

원격교육을 포함하여 비대면 방식이 주된 소통 방식이 된 사회에서 허위 정보에 대한 대응은 우리에게 부여된 또 하나의 과제라 할 수 있다. 대한민국이 주최국으로 10월 26일부터 30일까지 5일간 개최된 글로벌 미디어정보 리터러시(Global Media & Information Literacy: G-MIL) 주간 대표회의는 허위 정보 대응을 위한 국제사회의 적극적이고 수평적인 협업을 장려하는 '서울선언문'을 이끌어내는 성과를 보였다.

2020년 5월의 'OECD 코로나19 대응 회원국 화상회의'에서 '한국의 온라인 개학 현황 및 등교 수업 준비' 등이 주목을 받았다. OECD 회원국들은 한국의 대응 사례에 대해 "범정부적 접근과 노력, 성숙한 시민의식, 민간 협력으로 코로나19 상황에 대한 안정적 대응이 가능했다"며 체계적인 온라인 수업 및 등교 수업 준비 등 한국의 대응 사례를 높이 평가했다.

2. 향후 과제

변수가 너무나도 많았던 코로나19에 대응하여 교육 분야에 다양한 정책들이 폭발적으로 쏟아졌고, 다양한 성과를 달성하였지만 여전히 남아 있는 과제들이 있다.

학사운영과 관련하여서는 계속하여 새로운 결정을 내려야 했으며 이 과정에서 찬성과 반대 의견이 공존하여 갈등이 유발되기도 하였다. 동일한 정책에 대하여 국민들의 의견이 바뀌는 경우도 많아 대응을 어렵게 만드는 측면도 존재하였다. 그동안 시도해보지 않았던 새로운 방식의 학사운영이 이루어지면서 여러 어려움이 발생하기도 하였고 다양한 시행착오와 경험도 필요하였다. 이러한 과정을 통하여 이어질 코로나19 및 또 다른 위기 상황에 대응한 학사운영 과제를 생각해볼 수 있다.

먼저 학사 일정 및 운영 방식과 관련한 정책 결정이 이루어지면 그 취지를 국민들에게 상세하게 알려주어 공감대를 형성하고, 일단 결정된 지침은 보다 신속하게 현장으로 전달될 수 있도록 개선할 필요가 있다. 정책적 결정이 내려질 때마다 찬성하는 쪽과 반대하는 쪽이 언제나 존재하며 각각은 찬성과 반대에 대한 충분한 논리를 가지고 있다. 이로 인한 갈등을 해소하기 위해서는 정책 결정이 내려진 이유를 보다 투명하고 상세하게 제공하여 보다 많은 사람들이 납득할 수 있게 해야 하며, 정책으로 피해를 입는 사람들을 위해서는 그 피해를 줄일 수 있는 방안을 함께 마련하여 제시해야 한다.

한편 코로나19로 학교의 일상을 빼앗기면서 우리는 학교가 학습적 측면뿐 아니라 학생들의 돌봄 및 정서 지원 등 다양한 영역에서 그동안 많은 역할을 해왔던 것을 알 수 있었다. 학교는 단순히 지식만을 전달하는 장소가 아니라 하루 중 많은 시간을 생활하면서 여러 서비스를 제공받고 건강한 사회적 관계를 유지할 수 있는 힘을 기르는 장소였다. 2020년에는 이러한 학교의 기능을 최대한 유지하면서 학생들이 지속적으로 학습과 배움을 이어갈 수 있도록 다각적 방식으로 학사운영을 추진했으나 유례없는 코로나19라는 위기 상황 속에서 불가피한 한계와 아쉬움이 남기도 했다.

이에 향후 개선을 위하여 코로나19 상황의 학사운영 방안들을 단기적 대응 경험으로만 남겨둘 것이 아니라 향후에도 적용 가능한 정책으로 발전시킬 필요가 있다. 이렇게 만들어지는 정책 및 제도는 향후 코로나19와 같은 감염병 상황에 대한 효과적 대응뿐 아니라 중장기적으로는 미래교육으로 나아갈 수 있는 새로운 학사운영에 대한 도전과 변화까지도 이끌어낼 수 있을 것이다.

원격수업을 기반으로 한 온라인 개학은 한국의 의료시스템 못지않게 K-방역의 성공적 요인으로 손꼽히고 있다. 우리의 학교 수업의 모습은 교실에서 대면을 전제로 이루어지던 것에서 온라인에서 이루어지는 모습으로 변화하였고, 온라인 개학은 이제 일시적 이벤트가 아닌 일상적 개념이 되었다. 따라서 보다 안정적이고 내실화된 원격수업 운영을 위해 온라인 개학의 성과 및 한계 분석, 새로운 과제 도출이 필수적일 것이다. 원격수업 분야의 과제는 다음과 같이 정리할 수 있다.

첫째, 원격수업을 위한 인프라 조성 측면에서 전국 단위의 대규모 학생 수용이 가능한 단일한 공적 통합 플랫폼 구축이 필요하다. 2020년 온라인 개학 초기에는 기존에 구축되어 있던 e학습터와 온라인클래스를 증설하여 활용함으로써 단기간 내 신속한 대응이 가능하였다. 플랫폼은 아니었다는 점에서 운영 초기에 대규모 동시 접속에 따른 서버 과부하, 접속 지연, 자료 업로드 저하 등의 불안정성 문제가 발생하였고 원격수업 운영을 위한 기능에 제한이 있었다. 이러한 플랫폼은 학교 단위에서 사용이 용이하고 콘텐츠를 제공하는 데 유용하지만 실시간 쌍방향 수업 진행이 불가하다는 한계가 있었다. 따라서 향후 코로나19와 유사한 감염병, 국가 재난 상황에 대비하여 안정적으로 원격수업을 운영하기 위해서는 대규모 인원의 동시 접속이 가능하고 실시간 쌍방향을 포함한 다양한 유형의 원격수업 운영과 출석 인정, 평가, 진도율 관리 등의 기능을 갖춘 공적 통합 플랫폼 구축이 요구된다.

둘째, 온라인 개학의 경험을 바탕으로 교과, 학생 등의 특성에 맞게 원격수업이 이루어질 수 있도록 다양한 수업 모델이 개발될 필요가 있다. 온라인 개학으로 '원격수업 운영 기준안'에 따라 학교 현장에서 활용할 수 있는 원격수업 유형이 안내되었고, 이에 따라 교사들은 자체적으로 자료를 개발하여 활용하는 노력을 기울였다. 그러나 갑작스러운 온라인 개학으로 원격수업에 대한 경험이 충분치 않은 상황에서 교사들의 원격수업은 다양하지 못한 측면도 있었다. 따라서 교사들이 교과, 학생 특성에 따라 활용할 수 있도록 다양한 원격수업 모델과 그에 따른 가이드라인을 개발하여 제공할 필요성이 요구한다.

셋째, 교육과정에 기반한 원격수업 콘텐츠 개발 및 아카이브 구축이 필요하다. 온라인 개학 초기에는 갑작스런 국가 감염병 상황으로 이에 대비한 콘텐츠 개발이 신규로 이루어지기에는 제약이 있었으나 코로나19가 장기화되고 원격수업이 확대 활용될 것이 예상됨에 따라 향후에는 국가 교육과정 기반의 각 교과 특성에 맞는 콘텐츠 개발이 활성화될 필요가 있다. 교과서 내용과 직접적으로 연계되면서 강의, 학습활동, 평가가 하나의 모듈로 구성된 콘텐츠 개발이 필요하다. 이와 함께 대상, 주제, 수준 등을 고려한 다양한 원격수업 콘텐츠도 개발 및 제공될 필요가 있다. 이를 통해 원격수업에 따른 교육격차 우려의 문제를 일면 해소할 수 있을 것으로 보인다. 또한 아카이브 구축을 통해 교사들에게는 관련 주제의 원격수업 설계에, 학생과 학부모들에게는 내용 이해 및 학습 측면에서 도움을 줄 수 있을 것이다.

넷째, 주제별, 수준별로 다양한 교사 원격수업 역량 강화 프로그램을 개발할 필요가 있다. 온라인 개학 경험으로 교사들의 원격수업에 대한 친숙함과 운영 역량이 이전에 비해 향상된 점은 분명하나, 온라인 개학에 따른 수업방법의 변화는 원격수업 준비와 운영에서 교사들에게 상당한 부담으로 작용하였다. 온라인 개학 초기에는 원격수업과 관련된 교육이나 연수가 주로 학교 또는 교사 차원에서 이루어져 원격수업 운영에 대한 학교별, 교사별 편차가 발생하기도 하였다. 특히 교사의 원격수업 준비도에 따라 학생들에게 제공되는 원격수업의 경험과 질이 달라질 수 있기 때문에 개별 교사들의 역량을 높이고 편차를 줄이기 위한 노력이 중요하다. 특별히 원격수업을 위한 주제별, 수준별로 체계적인 교사 역량 강화 프로그램 개발이 요구된다.

제7장 비대면 교육 관련 정책의
목표와 방향

1. 학교의 기능에 대한 고찰과 미래교육에 대한 대응

학업성취도국제비교연구(PISA)에 따르면 한국은 OECD 회원국 가운데 인지적 영역에서 늘 상위권을 차지하고 있으며, 주요 과목에서 상위권의 성취를 보이고 있다. 그러나 정의적 측면을 측정한 결과에서는 '과학에 대한 자아효능감', '흥미', '즐거움', '동기' 등은 OECD 평균보다 낮은 것으로 나타나고 있다. 이처럼 세계 여러 나라와 비교할 때 인지적 측면의 성취는 높으나 정의적 측면에 대한 조사결과가 낮은 점은 경쟁체제로 운영되어 온 우리나라 교육체제에 대한 고민이 필요한 부분이라 할 것이다.[155]

이처럼 교육체제에 대한 고민과 함께 학교의 역할과 기능에 대한 개선이 필요하다는 점도 과거부터 지속적으로 제기되어 오고 있는 과제인 바, 본격적인 비대면 시대를 맞이하여 학교의 기능과 역할에 대하여 진지하게 재고찰하며 그 새로운 방향성을 설정해야 할 것이다.

---

155 황은희, 「교육 혁신 사례 분석을 통한 미래교육 실천 과제」, 한국교육개발원, 2019, p. 3.

근대 학교교육체제는 19세기 이후 등장하여 21세기인 현재까지 그 대상과 범위를 확대해왔으며, 20세기 이후 학교교육에 대한 대안적 논의들이 지속적으로 전개되고 있다. 그럼에도 이제까지 학교교육을 근본적으로 대체하는 새로운 시스템을 도입한 사례는 전 세계적으로 없다. 국민교육 체제는 교육 대상의 확대, 행정체제의 정비, 공적 재원 및 통제체제의 발달 등을 특징으로 하며 초등교육은 국가의 지원에 의한 무상교육 및 의무 취학을 통해 확대되었고, 중등의 경우 소수정예화된 고전적 엘리트 교육체제에서 다소 벗어나 현대적인 교과와 교수법을 도입하고 직업 기술교육을 확장하는 방식으로 전개되어왔다. 교육의 확대로 행정체제가 정비되어 기존에 비해 학교 구조는 단순화되고 관료적 체제가 만들어졌으며, 체계적으로 훈련된 인력에 의해 교육이 수행되고 통제되어 갔으며, 이 과정에서 교육에 대한 통제 권한은 점차 국가로 집중되었다.[156]

이러한 학교교육은 일정 부분 사회적 기능과 교육적 기능을 담당하고 있는데, 학교가 사회통합적 역할을 매개하면서 국가와 사회의 기본적 규범과 규칙들을 전수하고 시민으로서 갖추어야 할 기본 소양을 제공하는 역할을 수행하고 있다. 또한 경제적 기능을 산업구조와 긴밀히 연결시킴으로써 학교과정을 거친 후에 그 사회의 산업경제의 구성원이 될 수 있도록 하고 있다. 더불어 국가·사회적으로 인증된 교육경험을 제공함으로써 공공선에 기여하는 보편타당한 지식을 부여하고 있다. 한편 근대사회에서 학교는 하나의 불가결한 제도로 기능하며 가족, 공장, 회사, 병원 등의 제도들처럼 학교도 하나의 제도가 되어 기능

---

156 류방란, 「제4차 산업혁명 시대의 교육 : 학교의 미래」, 한국교육개발원, 2018, p. 46.

을 수행하고 있음을 주목해야 한다.

오늘날 많은 사회들에서 학령 전 유아부터 20세 미만의 청소년들은 상당한 기간을 학교라는 제도 안에서 생활하고 있다. 이러한 학교는 일정 연령대의 아동·청소년에 대한 제도적 사회화의 장소로 기능해왔고, 기존에 가족이나 공동체가 해오던 보육 기능까지도 일부 위탁받고 있다고 볼 수 있다. 이렇듯 제도화한 학교의 위상 속에서 볼 때 사회 변화에 따라 학교가 소멸될 것인가라는 질문 혹은 문제의식은 가족이나 교회, 경찰, 국가 등의 기성제도가 어떻게 변화할 것인가라는 질문과 함께 모색해야 할 복합적으로 근본적인 문제라는 것을 생각해볼 수 있다.[157]

사회가 변화한다 하더라도 학교의 기본적 기능은 지속되어야 한다. 학교는 사회적 돌봄의 역할을 수행해왔으며, 또래들과의 상호작용을 통하여 사회 진출을 준비하는 기능을 수행하여 왔다. 향후 현실 공간에서의 직접적인 사회적 상호작용이 줄어드는 상황이라면 희소성의 의미를 지니고 학교라는 공간에서 다양한 사람들을 만나는 것의 의미는 더욱 부각될 수 있다.

또한 교육에 대한 계층 격차의 심화에 따라 소수의 상류층을 제외하고는 아동 양육에 대한 부담이 더욱 커질 것이며 사회적 양육과 돌봄에 대한 요구가 증대할 것이다. 기계에 의해 대체된다 하더라도 일정 기간 아동에 대한 사회적 돌봄 요구는 커질 수 있을 것이며 학교가 이러한 역할을 지속적으로 수행할 것을 기대할 수 있다.[158]

---

157 류방란, 「제4차 산업혁명 시대의 교육 : 학교의 미래」, 한국교육개발원, 2018, pp. 47~ 49 참조.

158 류방란, 「제4차 산업혁명 시대의 교육 : 학교의 미래」, 한국교육개발원, 2018, p. 130.

한편 학교교육의 핵심을 차지하였던 교과 지식교육은 4차 산업혁명의 시기를 맞아 위기에 처하게 되었다. 인공지능이 단순한 지식이나 수리 능력을 넘어 뇌가 할 수 있는 지적 능력을 보유하기 시작했으며, 인간보다 더욱 빠르고 효율적으로 그리고 정확한 방식으로 문제에 대한 답을 도출하게 되었다. 이처럼 지식을 둘러싼 환경 변화에 따라 향후의 학교는 지식 접근의 용이성으로 인해 지식을 애써 배우려 하지 않을 수 있으며, 때문에 지식과 정보의 생산, 전달, 확산 속도가 과거와 확연히 다른 세상이 된 지금, 무엇을 가르쳐야 하는가를 판단하기 어렵게 되었다.

기존의 지식 전달의 의미가 쇠퇴해가는 시점에서 새롭게 잠재된 능력들이 요구되고 있다. 이는 인간이 논리적인 공식과 틀에서 벗어나 주체적으로 지식을 활용할 수 있는 능력, 하나의 개인으로 능력을 계발하기보다는 다른 인간들과 협업하고 주체적으로 문제의 상황을 이해하며 분석하는 능력을 키울 것을 요청하고 있다. 개인의 능력이 기계에 의해 대처되는 4차 산업혁명 시기에는 개인이 자신만의 능력으로 평가를 받는 것 자체가 무의미해질 가능성이 크며, 타인과의 협력을 통해 기계가 생성할 수 없는 신뢰와 같은 가치들을 생성하고 공유해나갈 수 있다. 이처럼 미래의 교육은 단순히 지식 전달을 넘어 타인과 함께 협력하여 집단지성을 발휘하는 과정, 타인에 대한 이해와 공감, 자신에 대한 성찰을 할 수 있는 방향으로 전개되어야 할 것이다.[159]

---

159 류방란, 「제4차 산업혁명 시대의 교육 : 학교의 미래」, 한국교육개발원, 2018, pp. 118~123 참조.

2. 디지털 전환에 대한 거시적·장기적 접근

국외의 교육 동향을 살펴보면, 미래의 교육 환경 변화에 대응하여 교육정보 인프라의 구축, 디지털 기술에 대한 동등한 접근성 보장, 디지털 학습자원 활용성 증대를 위한 목표를 가지고 국가 차원의 가이드라인 안에서 다양한 프로그램을 추진하는 동시에 민간 참여와 활동을 독려하기 위한 이니셔티브 및 지원을 제공하는 추세이다.

〈표 33〉국가별 디지털 교육정책

국가	디지털 교육정책 등
미국	• (퓨처레디스쿨, Future Ready School) 디지털 학습전략 수립 및 시행을 촉진하기 위해 시작되었으며, 교육지도자(교육가)에게 디지털 학습에 대한 영감과 정보를 제공하는데 초점을 두고 교육정책 자문기관인 All4ed(Alliance for Excellent Education) 주도 하에 추진되고 있는 프로그램, 학교 및 도서관에 대한 연결성 확충을 골자로 하는 ConnectED initiative를 통해 정비된 테크놀로지 관련 자원들을 최적으로 활용하기 위해 구체적인 디지털 학습전략이 필요하다는 인식에서 시작, 연방정부의 재정지원을 받지 않고 파트너 기관들의 컨설팅 지원 및 All4ed 등의 후원을 통해 독립적 프로그램으로 추진 • (디지털 프로미스, Digital Promise) 2008년 조지 부시 대통령이 통과시킨 고등교육기회법 제802조에 따라 의회에서 인가한 센터로 ICT 교육적 활용을 전담하는 연구기관, ICT 교육적 활용과 관련된 사업과 연구를 통한 미국 국민의 배움의 기회 개선을 목적으로 실행 중이며, 디지털 프로미스 학교운영, 교육자들에게 마이크로 수준의 인증을 허락하는 자격증을 배부, 혁신학교 리그, 디지털 콘텐츠와 데이터를 교환할 수 있는 교육시장 형성 등이 주요 사안임
프랑스	• (E-Pran 프로그램) 프랑스의 교육을 위한 디지털 플랜 일환으로 추진되는 E-Pran(Espace de formation, de rechereche de d'animation numerique)은 혁신적 디지털 교수 및 학습법과 관련된 연구 프로젝트가 실시될 수 있도록 기금을 지원, 교육 당국이 지역적 범위에서 디지털 교육을 발전시키기 위해 추진하는 프로젝트들의 시행을 지원하고, 시범 학교들의 성공적인 프로젝트가 프랑스 전역에 확대될 수 있도록 지원함

국가	디지털 교육정책 등
독일	• (디지털 지식사회를 위한 교육운동) 독일 연방교육연구부 (BMBF)가 독일 학교의 디지털 교육 개선을 목표로 디지털 지식사회를 위한 교육운동전략을 발효함에 따라 주정부와 협력하여 독일 학교들이 디지털 장비를 갖추고 이를 활용하여 새로운 교수학습 콘텐츠를 실천할 수 있도록 지원 • (학교 디지털 교육개선 프로그램, Digital Prkt#D) BMBF와 주정부가 함께 추진하는 학교 디지털 교육 개선 프로그램, 5년간 50억 유로를 투자하여 전국 약 4만 개 학교들에 디지털 장비를 지원함으로써 적절하고 새로운 교수학습 컨셉 등이 구현될 수 있도록 지원, 학교에 브로드밴드 연결성, W-LAN, 관련 기기 등 디지털 장비 지원뿐 아니라 새로운 교수학습 컨셉 실천, 교사 훈련 실시, 공통의 기술표준 등을 담당
핀란드	• (드림스쿨, Dream School) 핀란드 카우니아이넨(Kauniainen)의 지역학교 당국이 2006년부터 기존 학교 모델에서 벗어나 '학생 중심의 접근법'을 강조하는 학교 시스템 개선 프로젝트, 참여적 학습환경과 교육과정의 융합을 이끌어내기 위해 ① 학생 중심의 멀티 프로페셔널 학습(다양한 학습경로 지원), ② 교사 역할의 재정의(가이드 역할), ③ 학습을 위한 평가(긍정적 영향을 주는 평가), ④ 오픈소스 테크놀로지(최대 12년 동안 학생들의 학습과정과 결과물을 누적하여 관리할 수 있는 전자 포트폴리오), ⑤ 배움을 지속하는 학습조직(Plan-do-study-act)의 5가지 비전을 제시
싱가포르	• (스마트네이션, Smart Nation) 장기적 국가정책으로 모든 국민이 의미있고 만족스러운 삶을 살며, 테크놀로지를 활용해 많은 일들을 할 수 있고 여러 흥미로운 기회들을 누릴 수 있는 스마트 국가를 추진, 교육 분야에서 ① 유아교육 테크놀로지 등 디지털 교육 혁신을 정부 주도의 투자로 진행하며, ② 싱가포르 정보통신개발청(IDA)에서 유아교육 테크놀로지 도입, 데이터 애널리스틱스 툴을 기반으로 한 학습 향상, 스마트러닝 페이스, 사물인터넷 학교 등 디지털 교육 혁신을 주도, ③ 향후 교실에서 가상현실 테크놀로지를 활용하는 이니셔티브 추진

출처 : 임철일 외, 「4차 산업혁명시대에 적합한 미래교육 프레임워크와 미래학교 연구」, 4차 산업혁명위원회, 2018, 82-83면 참고.

이처럼 변화하는 환경과 비대면의 확대에 대응하여 디지털 교육으로의 전환에 대한 다양한 정책을 수립하고 있지만, 단순한 디바이스 지원이나 디지털 콘텐츠 확충을 넘어 보다 거시적인 관점에서 디지털 전환을 추진하여야 한다. 이는 미래교육에 대한 제도화와 함께 물리적 환경 구축 및 기술 활용이 최적화될 수 있는 환경이 수반되어야 하며, 정부와 학교만이 아닌 지역사회와 민간이 함께 연계하여 교육 전환을 이룩하여야 한다. 이러한 유기적이고 거시적인 관점의 전환에 대한 고려가 없으면 미래교육에 대한 시도가 단편적이고 단기적으로 그칠 가능성이 높으며, 이에 따라 전체적인 효과를 기대하기 어렵기 때문이다. 따라서 제도적 지원을 통하여 전체 국가 차원에서 장기적이며, 계획적인 재원 확보와 실행계획이 수립 가능하도록 할 필요가 있다. 디지털 전환을 위한 구체적인 요소로 시설의 조성, 기술의 지원, 조직의 운영이 함께 고려되어야 할 것이다.[160]

3. 비대면 교육 인프라 확충

코로나19로 인한 디지털 경제로의 전환이 가속화됨에 따라 비대면 인프라에 대한 구축은 전 산업 분야의 주요한 과제로 여겨지고 있으며 교육 분야에서도 예외는 아니라 할 것이다. 특히 2020년 7월에 발표된 '한국판 뉴딜'에서도 교육 인프라의 디지털 전환을 주요 과제로 내세웠다. 전국 초중고·대학·직업훈련기관의 온·오프라인 융합학습 환경을 위해 디지털 인프라 기반 구축 및 교육 콘텐츠 확충을 추진하고, 이를 위해 2025년까지 총사업비 1.3조 원을 투자, 일자리를 0.9만 개

---

160 임철일 외, 「4차 산업혁명 시대에 적합한 미래교육 프레임워크와 미래학교 연구」, 4차산업혁명위원회, 2018, pp. 93~94.

창출한다는 계획이다. 한국판 뉴딜에서는 인프라의 확충으로 ① 무선 망, ② 스마트 기기, ③ 온라인 플랫폼의 3대 인프라 확충을 제시하고 있지만 한국판 뉴딜이라는 프레임워크를 기반으로 양적 확충에 이어 질적 확충으로 이어질 수 있는 정책을 수립할 필요가 있다.

4. 취약계층에 대한 접근방법의 전환

교육격차에 대한 정책은 어느 시기에나 중요하였지만 코로나19로 촉발된 환경 변화는 취약계층에 대한 배려와 보다 적극적인 정책을 요구하게 되었다. 국내뿐 아니라 국외에서도 소득이나 계층에 따른 교육격차가 분명히 확인되고 있으며 이러한 현상은 곧 사회적, 경제적 안정성과 직결된다.

코로나19 이전과 이후를 비교할 때 학습격차는 점점 커지고 있다. 그 이유로는 ① 학생의 자기주도적 학습 능력의 차이, ② 학부모의 학습 보조 여부, ③ 학생-교사 간의 소통의 한계, ④ 학생의 사교육 수강 여부, ⑤ 학습환경 변화에 따른 적응력의 차이 등으로 파악해볼 수 있다. 예를 들어 학생의 학습 능력이 좋거나 학습할 환경이 잘 갖추어진 가정의 경우에는 원격수업이라 할지라도 학습이 원활하게 진행되지만, 그렇지 못한 경우에는 학습격차가 크게 발생하는 것이다.

문제는 위의 5가지 원인 중 3가지가 소득 수준에 따라 좌우되는 요인이고, 공교육 시스템을 통한 대면 수업이 사라지면서 소득 수준에 따른 격차가 더 커지고 있다는 점이다. 코로나19 시대의 학교교육이 직면한 가장 큰 문제는 '소득 수준과 가정 배경에 따른 학습격차'이며

이러한 격차는 학습의 차이와 학력의 차이뿐 아니라 '정서의 격차'도 만들고 있다.[161]

학교 교실에서 이루어지던 평등을 지향하는 교육은 비대면 상황에서는 쉽게 통하지 않는다. 디지털 시설의 구비 여부와 같은 환경에 따라 학습의 질이 달라지고 교사가 채워주던 학습격차를 학원이나 사교육을 통해 보완할 수 있느냐 없느냐는 결정적 차이를 드러낸다. 조손가정이나 다문화가정, 한부모가정, 저소득층 가정 등 다양한 형태의 취약계층에서는 디지털 기기를 다루는 것도 쉽지 않다. 이러한 상황에서 도시의 저소득층,[162] 그중 극빈층이 입는 피해가 가장 크며, 이는 코로나19가 지나간다 하여도 이를 따라잡을 시간적·경제적·물리적 자원이 부족하여 향후 가장 큰 피해를 입을 것이 충분히 예상되는 바이다. 한편 장애 학생의 경우에는 더욱 취약할 수밖에 없는데, 특수교육에서 비대면 온라인 교육이 가능한가라는 문제가 특수교사들 사이에서 큰 화두가 되었으며, 현실적으로 어렵다는 결론이 내려졌지만 학교현장에서는 여전히 갈등 요소로 남아 있다.[163]

교육 취약계층에 대한 디바이스 지원이 충분히 이루어지고 있다고는 하지만 이는 미시적 요소에 불과하며 보다 거시적 관점에서의 취약계층 지원에 대한 접근이 필요하며, 비대면의 관점이 아닌 교육격차의

---

161 오동선, 코로나와 교육불평등, 한국교육사회학회 학술대회 발표자료, 한국교육사회학회, 2020, p. 2.

162 농어촌 학교의 경우 소규모 학교가 많아 대면 교육이나 돌봄활동이 진행되고 있어, 오히려 농어촌 학교에서는 상대적으로 정상적인 교육이 가능하다.

163 오동선, 코로나와 교육불평등, 한국교육사회학회 학술대회 발표자료, 한국교육사회학회, 2020, p. 4.

관점에서 다양한 정책을 벤치마킹할 필요가 있다. 예를 들어, 소득격차뿐 아니라 인종차별로 인해 교육격차의 문제를 심각하게 겪고 있는 미국의 교육격차 해소 사례에서 벤치마킹하는 방안이나, 복지부와 연계한 정책을 수립하는 방안 등[164] 교육 관점을 넘어서는 정책 수립이 필요하다.

---

164 예를 들어 미국의 '모든학생성공법(ESSA)'은 교육격차 해소를 위한 획일적 접근법의 한계를 보완하기 위하여 각 주(정부)에 학교 개선, 교사 평가 등에 있어 이전보다 더 큰 권한을 부여하고 있다. '모든학생성공법'의 주요 내용으로는 ① 취약계층 등 지원이 필요한 학생들을 중점적으로 보호하는 조치들을 통해 교육격차를 줄이고 평등을 촉진, ② 미국 모든 학생들이 성공적인 미래의 학업 및 직업을 준비할 수 있도록 높은 학업 표준을 바탕으로 교육을 제공할 것을 요구, ③ 주에서 실시하는 연단위의 평가를 통해 학업 표준에 따른 학생의 발전 정도를 측정함으로써 교육자, 가정, 학생, 지역사회들에 필수적인 정보를 제공, ④ 지역의 정책 입안자들과 교육자들이 증거 기반, 지역 기반의 중재를 하도록 지역의 혁신을 강화, ⑤ 양질의 조기 교육을 강화하는 정부 차원의 투자를 확대·유지하고 ⑥ 학생들의 학업 개선이 이루어지지 않거나 정체되는 학교들이 긍정적 변화를 하도록 유도하고 책무성을 갖도록 하고 있다. ; 김현욱·정일환, 미국의 교육격차와 지원정책 분석, 「비교교육연구」 제28권 제1호, 2018, pp. 100~101 참조.

제8장 비대면 교육 관련 정책의 구체적 실현 방안

1. 비대면 교육의 내용 강화를 위한 정책 추진 과제와 실현 방안

가. 수업별 특성에 따른 콘텐츠의 개발 및 보급

비대면 수업으로 전환되면서 교수자들의 수업 콘텐츠 제작에 대한 부담이 상당한 것으로 나타나고 있다. 수업을 실시하기 위해 대부분 온라인에서 활용 가능한 수업 콘텐츠를 별도로 제작하여야 하기 때문이다. 이에 개별 교과목에서 활용 가능한 수업 콘텐츠를 지원하고 이와 더불어 수업 내용에 부합하는 보조 콘텐츠들이 수업에서 적극적으로 활용될 수 있도록 기반 환경을 구축할 필요가 있다.

이에 온라인에서 활용 가능한 수업용 콘텐츠를 개발함과 더불어 플랫폼을 구축하여 이를 적극적으로 활용과 공유가 가능하도록 한다. 온라인에 있는 다양한 콘텐츠들을 목록화하고 한 번에 이용이 가능하도록 콘텐츠를 모아서 제공하고, 뿐만 아니라 교수자 개인이 개별적으로 제작한 수업 콘텐츠를 공동으로 이용할 수 있도록 공유 기능도 함께 제공하도록 한다.

콘텐츠를 제공한 교수자에 대한 보상체계도 마련하여 수업자료의 제작과 공유가 보다 활발하게 이루어질 수 있도록 한다. 교육용 목적이 아닌 콘텐츠도 수업의 보조자료로 충분히 활용 가능하다. 따라서 이 경우에도 교수자들이 적극적으로 콘텐츠를 활용할 수 있도록 참고용 자료에 대한 목록이나 활용 사례 등을 제공하도록 한다.

이러한 수업별 특성에 따른 콘텐츠 개발 및 보급은 온라인 수업 콘텐츠의 개발을 통해 온라인 수업의 효율성을 제고할 수 있음은 물론, 교수자들의 부담을 경감시킬 수 있을 것으로 기대된다.

나. 비대면 수업에 따라 누락되는 교과목에 대한 대응 방안 모색

체육, 미술, 음악이나 실험·실습 등 대면 수업을 전제로 하는 교과목과 수업 내용의 경우 비대면 수업으로 전환됨에 따라 학습에 심각한 결손이 일어나고 있다. 이러한 교과목들은 비대면으로 실시될 경우 전통적 교수방법의 적용이 어렵고 학습자와의 상호작용과 피드백, 평가를 실시하기 어렵다는 문제점이 있다. 이에 해당 교과목들의 특성과 학습목표 달성을 위한 수업 방식과 도구들의 개발과 지원이 필요하다.

체육, 미술, 음악 등 대면 수업이 필수적이거나 대면 수업을 통해서만 학습목표를 달성할 수 있는 수업에 대해 비대면으로 전환하였을 경우에 수업 방식과 학습 내용의 설계, 수업 방식과 내용 교수법과 더불어 교구와 시설 등에 대한 연구와 개발이 이루어지도록 지원한다.

AR, VR 등 4차 산업혁명 기술을 활용한 수업 교구 등을 개발하여 활용하게 된다면 보다 효율적으로 실험·실습 등의 수업 진행이 가능할 것으로 예상된다. 이에 대한 필요성과 적용 방식에 대해 많은 논의가 이루어져 있는 상황으로 악기 연주, 미술작품 감상, 과학실험, 재난 훈련 등에 적용이 가능한 것으로 제시되고 있다.[165] 따라서 이와 같은 기술 등을 통한 수업 교구의 개발을 적극적으로 지원하고 해당 교구의 보급을 통해 비대면 수업 환경에서도 모든 교과목들이 균형있게 학습될 수 있도록 하여야 한다.

비대면 수업의 전환으로 누락되는 교과목에 대한 교수방법 등을 개발함으로써 교과목간 균형있는 학습을 실시할 수 있으며, 최신 기술을 통한 교구 개발 등을 통해 관련 산업의 발전을 도모할 수도 있을 것으로 기대된다.

2. 비대면 교육방식 지원을 위한 정책 추진 과제와 실현 방안

가. 대안적 교육의 시도 : 학생-멘토 매칭 프로그램

비대면 수업이 실시됨에 따라 가장 우려되는 부분은 학생간 교육과 학습의 격차가 발생한다는 점이다. 이를 보완하는 방안으로 취약계층에 대한 디바이스 지급, 식비 지원 등이 이루어지고 있으나 이러한 방식은 학습격차를 좁히는 데 결정적 기여를 하지 못하게 된다. 특히 비대면으로 수업이 전환되면서 발생하는 학습격차가 사교육의 실시 여건에 따라 더욱 심화되는 현상을 보이고 있어 이에 대한 대응이

---

165 경상남도교육청 외, 미래교육 콘텐츠 구성 연구용역 결과보고서, 2019.

필요하다.

취약계층에 속하는 학생들에게 지역의 대학생 등으로 구성된 멘토와 매칭하여 학습을 지원할 수 있도록 한다. 구체적으로는 멘토링 프로그램 운영을 위한 시스템(플랫폼)을 구축하고 학생과 멘토가 각각 시스템을 통해 매칭되도록 한다. 학생은 원하는 수업의 내용과 수업 방식을 제안하고, 멘토는 지도가 가능한 수업의 내용과 수업 방식, 요건 등을 제안하고 개별 사용자가 선택할 수 있게 하거나 매칭 알고리즘 등을 통해 최적의 멘토와 학생을 배정하는 방식으로 운영한다.

수업은 온라인을 통해서만 이루어지도록 하고 멘토에 대한 관리가 가능하도록 평가시스템을 마련하고 지역 시도 교육청에서 전담하여 관리하는 조직과 인력을 설치하도록 한다. 또는 개별 학교단위에서 멘토를 고용하고 활용할 수 있도록 지원정책을 실시하는 방식으로도 가능할 것이다. 멘토에게는 봉사활동에 대한 인정이나 소정의 지원금 등을 지급하는 등 유인책을 통해 적극적으로 참여할 수 있도록 한다.

이러한 멘토의 지원과 도움을 통해 취약계층에 대한 비대면 수업에 따르는 학습결손의 보충적 지도가 가능해질 것이다. 경제적 이유로 사교육을 받지 못하는 취약계층의 학생에게는 사교육을 받는 것과 유사한 효과가 기대 가능하며, 이를 지원하는 멘토에 대해서는 일자리 창출 등의 효과로 이어질 것으로 기대된다.

나. 사교육 시스템의 일시적 활용

비대면 수업으로 인하여 발생하는 수업의 질과 내용의 저하로 이어지는 문제점을 보완하기 위하여 이미 양질의 수업 콘텐츠를 운영하고 있는 학원 등 사교육 시스템을 일시적으로 활용하는 것도 고려할 수 있다. 개별 교사들의 수업 콘텐츠가 부족한 상황에서 이미 학습 내용 등이 잘 갖추어진 사교육의 온라인 콘텐츠를 활용하면 이러한 콘텐츠 부족 문제를 해결할 수 있으며, 온라인 수업으로 인해 발생하는 학생 간의 학습격차도 일부 해소될 수 있을 것으로 보인다. 다만 공교육을 원칙으로 하는 교육제도 내에서 사교육을 장려한다는 비판이 예상되므로 일시적이고 제한적으로 운영될 필요가 있다.

사교육 시장에서 제공되고 있는 콘텐츠를 개별 학교 단위에서 활용이 가능하도록 교육부 또는 시도 교육청에서 해당 교육기관과의 업무협약(MOU 등)을 체결하여 일시적으로 콘텐츠를 활용할 수 있도록 한다. 업무협약 등을 맺은 교육기관의 콘텐츠를 학생들에게 제공하고 학생들이 이를 수강한 횟수와 콘텐츠 활용의 누적 건수 등에 대하여 비용을 지원하는 방식으로 운영한다. 혹은 바우처 등을 학생들에게 지급하여 학생들이 원하는 교육기관에서 수업을 수강하는 데 활용하도록 한다. 이를 통해 학원 등에서 수업을 수강한 학생들에게 수강 인증을 하고 이를 학교 수업을 수강한 것과 동일하게 평가에 활용하도록 한다. 온라인 수업을 제공하기 어려운 영세 규모의 학원에 대해서는 온라인 수업을 실시할 수 있도록 콘텐츠 개발 비용, 영상제작 비용, 플랫폼 구축 비용 등을 지원하는 것도 고려할 수 있다. 다만 모든 학생에게 이를 지원하는 것이 어려울 경우 취약계층에 한하여 지원하는 등 제한적으로 운영하도록 한다.

일시적으로 학원 등의 사교육 콘텐츠를 활용하여 수업 결손을 방지하고 보완할 수 있을 것으로 보인다. 학원 또한 코로나19 확산이 지속됨에 따라 운영에 어려움을 겪고 있어 이를 통해 학원 운영에 대한 지원의 효과도 나타날 수 있을 것으로 기대된다.

3. 교원에 대한 정책적 지원 방안

가. 단위 학교별 온라인 수업 기술지원 인력 배치

온라인 수업 실시 이전의 교수자들은 교과목의 설계와 교수방법 등 수업 내용에 대한 관리만 실시하면 되었으나 비대면 수업이 본격적으로 실시된 이후에는 수업 내용과 더불어 온라인 수업을 실시하는 시스템까지 갖추어야 하므로 이로 인한 업무 가중이 심각한 상황이다. 이에 비대면 수업을 지원하기 위한 보조교사나 조력자, 학습관리자 등의 역할을 수행할 인력과 기술적 지원이 필요하다.

단위 학교별로 온라인 콘텐츠를 촬영, 편집, 송출 등의 기술적 부분을 지원해 줄 영상편집팀을 별도로 고용할 수 있도록 정책적·재정적 지원을 실시한다. 대학에서는 교수학습센터 등에서 교수자들의 온라인 콘텐츠 녹화와 편집, 콘텐츠 관리 등의 업무를 이미 지원하고 있는데, 초·중·고등학교의 단위 학교에서도 이와 유사한 기술적 지원 시스템을 운영하는 것이다. 소속 교사의 비율에 따라 영상편집팀을 고용하도록 하고 수업 영상의 녹화와 실시간 수업 전반에서 관리와 지원을 하도록 한다. 수업 영상을 녹화하는 경우 촬영을 위한 기기 등을 설치하고 촬영을 실시한 후 촬영된 콘텐츠에 대해서는 편집 등을 맡아 진행하도록 한다. 편집된 파일에 대해서도 공동으로 활용할 수 있는 플랫폼 등을 개설하거나 활용할 수 있도록 지원하고 이에 대한 관리까지 지원팀에서 실시하도록 한다. 실시간 수업의 경우 해당 교사가 실시간 수업을 실시할 수 있도록 기기 설치에서 인터넷 환경 점검 등의 업무를 수행하도록 한다.

이 같은 단위 학교별로 별도의 온라인 수업을 관리·지원해주는 영상편집팀을 고용할 수 있도록 지원할 경우 개별 교사의 업무 피로도를 절감할 수 있음은 물론, 개별 교사별로 디지털 기기 활용 능력의 차이에서 오는 수업의 질적 격차도 해소가 가능할 것으로 보인다. 또한 영상편집팀의 고용으로 새로운 일자리 창출이 가능하며, 이는 디지털 뉴딜정책 등 정부의 일자리 창출 정책에 대한 긍정적 효과로도 이어질 수 있다.

나. 환경 변화 적응을 위한 연수 확대

개별 교수자들의 온라인 수업을 위한 기기 활용 능력과 역량에 따라 수업의 질과 내용이 현격하게 격차가 발생하고 있다. 기기 활용 능력뿐 아니라 수업의 온라인 콘텐츠 제작에 있어서도 이러한 격차로 인해 개별 교수자 간 차이가 발생하고 있다. 따라서 개별 교수자들이 온라인 수업을 실시하고 운영함에 있어서 필요한 사항과 정보를 습득하고 연수받을 수 있는 지원 정책을 실시하는 것이 필요하다.

교원에 대한 교육과 연수 프로그램은 이미 다양하게 실시되고 있으므로 이를 기반으로 온라인 수업 콘텐츠 제작, 기기 활용법, 활용 플랫폼에 대한 정보와 활용 방법 등에 대한 정보를 취득할 수 있는 연수 프로그램 등을 운영하도록 한다. 또한 개별 학교마다 인터넷 환경과 기기 구축 환경 등이 모두 상이하므로 기기 활용 등의 정보를 제공하는 연수담당팀을 조직하고 이 팀이 개별 학교에 방문하여 개별 단위학교의 온라인 학습 환경에 맞추어 컨설팅 등을 실시할 수 있도록 한다. 교원에 대한 연수 등의 프로그램을 별도로 운영하더라도 이를 실제적으로 적용하고 활용하는 데 어려움이 있는 교원에 대하여 단위 학교별로 이러한 문제점을 지원하기 위한 보조교사 등을 채용할 수 있도록 지원한다. 온라인 수업 기기 등의 설치와 도구 활용법 등을 안내하고 설명하는 등의 역할과 PPT 등 온라인 수업자료를 제작할 때 필요한 기초적 활용 능력 등에 대한 보조적 역할을 하도록 한다.

단위 학교별 상황과 개별 교수자의 역량에 따른 맞춤형 지원을 통해 온라인 수업이 실질적이고 효과적으로 운영될 수 있으며, 보조교사의 채용으로 일자리 창출 효과도 기대된다.

다. 교원 커뮤니티의 활성화 및 지원

콘텐츠 제작과정에 대한 지원과 비대면 수업 실시에 대한 기술적 지원은 수업 실시에 대한 보조적 요소에 해당할 뿐 온라인 수업 콘텐츠의 내용과 수업의 학습효과를 달성하는 데에는 영향을 미치지 못한다. 따라서 비대면 수업을 실시하는 경우에 수업설계와 교수법, 학생의 평가방식과 기준, 학습효과 달성을 위한 도구의 활용방법 등에 대한 고민이 필요하다. 교육정보화 사업 등을 통해 디지털 교육 콘텐츠와 도구들이 출시되고 있지만 결국 이를 활용하는 것은 개별 교원으로, 해당 교육 콘텐츠와 도구들에 대한 활용 정도와 효용가치는 교원의 능력과 선택에 달려 있는 것이다.

이러한 점에서 대면 수업과의 차이점과 비대면 수업을 실시함에 따라 발생하는 문제점들에 대한 효과적 대응 방식에 대한 아이디어와 해결책을 논의할 수 있는 교원 커뮤니티를 형성할 수 있도록 하고 이를 지원함으로써 보다 양질의 콘텐츠를 생산하고 다양한 교수방법 등이 모색되어 비대면 수업의 질 제고와 학습목표 달성에 기여할 수 있도록 하여야 한다.

현재 구성된 교원 커뮤니티에 대한 수요조사를 통해 필요한 행정적·재정적 지원을 실시하도록 한다. 커뮤니티 운영에 대한 재정적 지원과 보다 활발하게 운영될 수 있도록 온라인 플랫폼을 구축하는 등의 방안을 마련하도록 한다. 교육부 내에 커뮤니티를 지원하는 전담 지원 조직을 구성하고 커뮤니티에서 제안된 정책 제안이나 개선 의견 등에 대해 적극적으로 정책에 반영할 수 있도록 하는 소통 채널의 역할도 함께 수행하도록 한다. 또한 커뮤니티 활동에 있어 기여도가 높은 교원에 대한 포상 등을 실시하여 교원들이 적극적으로 커뮤니티에 참여할 수 있도록 여건을 조성하도록 한다.

콘텐츠를 개발하고 연구하는 것을 지원하는 것에서 더불어 이를 실제 학습에서 활용하는 개별 교원들의 노하우가 공유되고 문제점에 대한 해결책을 논의할 수 있는 커뮤니티를 지원함으로써 비대면 수업 콘텐츠의 활용 능력과 수준을 제고하고, 수업의 질 향상으로 이어질 것으로 기대된다. 보다 빠르고 효율적으로 비대면 수업으로의 전환이 이루어지는 데에도 기여할 것으로 보인다.

4. 비대면 교육 기반 구축의 방향과 추진 과제

가. 학교 이외의 공공시설 활용 등

취약계층 등의 경우 가정 내에서 비대면 수업 환경을 갖추지 못하는 것이 대다수이다. 디바이스 등 수업을 실시할 수 있는 도구들은 정책지원을 통해 보완하였지만 비용이 소요되는 인터넷 환경 등의 차이로 수업이 실질적으로 전달되지 못하는 경우가 상당하다. 더욱이 학교는 취약계층에 있어서는 수업뿐 아니라 가정에서 불가능한 돌봄의 기능도 하고 있는데 비대면 수업으로 전환됨에 따라 이 기능을 하지 못하고 있다는 점이 새로운 문제가 되고 있다. 따라서 취약계층에 대한 이러한 학교의 공간적·생활적 기능을 보완할 수 있는 방법의 모색이 필요하다.

코로나19 확산 방지를 위하여 운영을 제한하고 있는 지역 내 주민센터, 문화시설, 공공도서관 등의 공공시설을 비롯하여 교회나 사찰 등의 종교시설이나 사설 문화시설 등을 취약계층이 온라인 수업을 수강할 수 있는 장소로 활용하도록 한다. 시설 내 와이파이와 온라인 수업을 수강할 수 있는 기기를 보급하고 책상과 의자 등을 설치하는 등 환경을 구축하고 급식도 실시가 가능하도록 하거나 식사가 가능한 바우처 등을 제공하도록 한다.

방역수칙의 기준에 따른 규모와 인원을 수용하도록 하고, 담당교사를 지정하거나 보조교사 등을 배치하여 개별 시설에서 학생 관리와 돌봄 기능이 모두 구현될 수 있도록 한다. 시설을 제공한 기관 등과 사용료 또는 지원금 등을 지급하는 계약 등을 통하거나 세제 혜택 등 지원을 통해 자발적으로 공간을 제공하도록 유도하는 방법으로도 실시가 가능할 것이다.

지역 내 유휴시설을 적극적으로 활용하여 취약계층에 대한 비대면 수업 시설 및 환경적 문제를 해결하고, 취약계층에 대한 학교의 돌봄 기능도 다시 실시될 수 있을 것으로 기대된다.

나. 학령인구 전체에 대한 동일한 수준의 비대면 교육 환경 구축

코로나19 확산에 따른 대응책으로 단위 학교 내에 원활한 온라인 수업이 가능하도록 인터넷 기반 환경 구축 등의 사업이 실시되는 등 학교에서의 환경 정비는 빠르게 진행되어 가고 있는 것으로 볼 수 있다. 그러나 온라인 수업을 수강하는 학생들의 경우 인터넷 환경이 제대로 구축되어 있는 상황은 아니기 때문에 온라인 수업이 실시되면서 영상이 끊기거나 저화질 화면으로 수강하는 등의 문제들이 발생하고 있다. 따라서 학생들이 온라인 수업을 수강하는 가정 등에서 원활한 인터넷 사용이 가능하도록 하는 방안이 모색되어야 한다. 특히 신기술이 접목된 수업도구나 다양한 온라인 콘텐츠 활용은 네트워크망이 원활하게 구축되어 있을 것을 전제로만 가능하므로 이에 대한 적극적 지원이 필요한 상황이다.

전국 단위의 교육 전용 네트워크망을 설치하고, 가정 내 공급되는 온라인 수업 콘텐츠는 무료로 네트워크를 사용할 수 있도록 국가가 이를 지원한다. 전기통신 사업자와 업무협약 등을 통해 별도로 망을 구축하고 해당 사용료를 국가가 지불하는 방식으로 운영할 수 있으며, 이 네트워크망은 5G 이상의 고도의 기술이 적용되어 전송속도를 보장할 수 있도록 한다. 이 망은 교육 용도로 특화시키고 행정·교육·학생관리 전반이 가능하도록 연계하도록 하며, 클라우드 서비스 등도 제공될 수 있도록 한다. 상당한 비용과 시간이 투자되어야 할 것이므로 중장기적 계획을 통해 실시하되, 인터넷 공급이 취약한 도서 산간 지역 등을 시범 지역으로 시작하고 점차 확대해 나가는 방법으로 실시될 수 있을 것이다. 실시 과정에서 민간협력과 투자 유치를 통해 비용적 부담에 대한 감소 방안도 모색하도록 한다.

취약계층과 인터넷 보급이 취약한 지역에서도 온라인 수업이 원활하게 실시가 가능해질 것이며, 원활한 인터넷 보급으로 온라인 교육 콘텐츠의 활용도와 수업 공급이 지역간, 세대간 차별 없이 균형있게 제공될 것으로 기대된다.

다. 개별 학교단위 온라인 수업 플랫폼 구축비용 지원

학교 현장에서는 온라인 수업 운영·관리 플랫폼이 필요하다. 이를 갖추지 못할 경우 교수자별로 수업 운영 플랫폼을 활용하게 되어 동일 학교 내에서도 교수자별로 상이한 수업 방식으로 운영될 수밖에 없다. 또한 개별 학교에서 플랫폼을 구축하지 못한 경우 상용 서비스를 사용하게 됨으로써 비용이 발생하기도 하고 교육용이 아닌 경우 수업 운영에 효율적이지 못하거나 부적합한 경우도 상당하다.

교육부 등에서 제공하는 플랫폼의 경우 전국의 학생이 동시에 접속하는 상황을 대비하고 있지는 못할 뿐 아니라 학교마다 수업의 운영방식이나 내용이 모두 다르므로 결국 단위 학교에서 온라인 수업 운영을 위한 플랫폼을 구축할 수밖에 없다. 따라서 개별 학교에서 온라인 수업 운영 및 관리를 위한 플랫폼을 구축할 수 있도록 비용을 지원하고 온라인 수업 운영 및 관리 목적의 플랫폼을 구축할 때 필요한 기능과 기능별 구현 방식 등이 포함된 가이드가 제안될 필요가 있다.

이에 단위 학교별로 학교에서 온라인 수업의 운영과 관리를 실시하기 위한 플랫폼을 구축하거나, 상용 서비스를 활용할 경우에 대한 비용과 함께 플랫폼 외에도 활용이 요청되는 클라우드 서비스 등에 활용도 가능하도록 지원하도록 한다. 나아가 개별 학교에서 온라인 수업 및 운영관리를 위한 플랫폼을 구축할 경우 해당 플랫폼에서 구현되어야 하는 기능과 활용 방식 등에 대한 가이드를 제공하여 체계적이고 합리적으로 플랫폼이 구축될 수 있도록 한다. 온라인 수업을 실시·운영·관리함에 있어서 교육 용도에 특화된 기능도 함께 고려하여 제공할 수 있어야 한다.

이 같은 단위 학교에서 온라인 수업 운영 및 관리를 위한 플랫폼을 구축하는 데 전문적 지식을 보유하고 있지 못하므로 플랫폼 구축 또는 이용 비용을 지원함으로써 온라인 수업 운영이 보다 체계적이고 합리적으로 운영될 수 있을 것으로 기대된다.

| 참고문헌 |

〈국내문헌〉

경상남도교육청 외, 미래교육 콘텐츠 구성 연구용역 결과보고서, 2019.

과학기술정보통신부, 취약계층 디지털 정보화 수준 69.9%, 전년대비 1.0%p 향상, 2020. 3. 6. 보도자료.

교육부, 「교육회복 종합방안」 기본계획, 2021. 7. 29. 발표자료.

교육부, 2020 교육분야 코로나19 대응, 2021.

교육부, 2020년 7월 해외교육정보 동향자료, 2020.

교육부, 2020년 국가수준 학업성취도 평가 결과 및 학습지원 강화를 위한 대응 전략 발표, 2021. 6. 2. 보도자료.

교육부, 2021년도 교육정보화 시행계획, 2021. 3.

교육부, 디지털교과서 활용·개선을 위한 국민과의 비대면 간담회 개최, 2020. 12. 14. 보도자료.

교육부, 처음으로 초·중·고·특 신학기 온라인 개학 실시, 2020. 3. 31. 보도자료.

교육부, 코로나19 대응을 위한 교육 분야 학사운영 및 지원방안 발표, 2020. 3. 2. 보도자료.

교육부·전국시도교육감협의회, 2021년 학사 및 교육과정 운영 지원방안, 2021. 1. 28.

권순정, "코로나19 이후 교육의 과제: 재조명되는 격차와 불평등, 그리고 학교의 역할", 「서울교육 이슈페이퍼」 2020 여름호(239호), 서울특별시교육청 교육연구정보원, 2020.

기획재정부, 「한국판 뉴딜 종합계획」 발표 – 선도국가로 도약하는 대한민국으로의 대전환–, 2020. 7. 14. 보도자료.

김민아·박경화·이준기, "온라인 학습공동체에서 나타나는 과학교사들의 지식공유 사례연구: SEDU21을 중심으로", 「과학과 과학교육 논문지」 41권 1호, 전북대학교 과학교육연구소, 2016.

김현욱·정일환, "미국의 교육격차와 지원정책 분석", 「비교교육연구」 제28권 제1호, 한국비교교육학회, 2018.

나정은, "비대면 교육상황에서의 러닝 커뮤니티 활성화 방안-자율 공부방 운영 사례를 중심으로", 「문화와 융합」 제42권 8호, 한국문화융합학회, 2020.

도재우, "교육전달의 새로운 대안 : 실시간 온라인 수업(Synchronous Online Course)", 「교육개발」 2020 가을호(통권 216호), 한국교육개발원, 2020.

도재우, "면대면 수업의 온라인 수업 전환과정에서 발생하는 설계 장애물에 대한 탐색", 「교육문화연구」 제26권 제2호, 인하대학교 교육연구소, 2020.

류기혁·이영주, "초등예비교사의 테크놀로지 내용교수지식(TPACK) 증진을 위한 교육실습과 연계된 온라인 교사학습공동체 활동의 효과", 「한국교원교육연구」 제34권 제2호, 한국교원교육학회, 2017.

류방란, "제4차 산업혁명 시대의 교육 : 학교의 미래", 한국교육개발원, 2018.

민영, "인터넷 이용과 정보격차 : 접근, 활용, 참여를 중심으로", 「언론정보연구」 제48권 제1호, 서울대학교 언론정보연구소, 2011.

배영임·심혜리, "코로나19, 언택트 사회를 가속화하다", 「이슈&진단」 제416호, 경기연구원, 2020.

서경혜, "온라인 교사공동체의 협력적 전문성 개발: 인디스쿨 사례연구", 「한국교원교육연구」 제28권 제1호, 한국교원교육학회, 2011.

서경혜·최유경·김수진, "초등 교사들의 온라인상에서의 수업자료 공유에 대한 사례연구", 「초등교육연구」 제24집 2호, 한국초등교육학회, 2011.

손찬희·강성국·하성준, "학습권 보장을 위한 온라인수업 적용 사례 연구:

고등학교를 중심으로", 「창의정보문화연구」 제2권 제1호, 한국창의 정보문화학회, 2016.

신유리·경민숙·백선영·함선옥, "청소년의 식생활라이프스타일에 따른 배 달·테이크아웃 음식 소비행태 분석", 「동아시아식생활학회지」 제31 권 제3호, 동아시아식생활학회, 2021.

오동석, 코로나와 교육불평등, 한국교육사회학회 학술대회자료집, 한국교 육사회학회, 2020.

유영수, Post-코로나 시대, '비대면(Untact) 미래서비스' 정의 및 분류에 대 한 고찰, 한국 IT서비스학회 2020 춘계학술대회 자료집, 한국IT서비 스학회, 2020.

윤기준·이계산·이창현, "체육 교사학습공동체 온라인 카페 활용 탐색 사례 연구", 「한국스포츠교육학회지」 제25권 제4호, 한국스포츠교육학회, 2018.

이기호, "지능정보사회에서의 디지털 정보 격차와 과제", 「보건복지포럼」 통권 제274호, 한국보건사회연구원, 2019.

이동주·김미숙, "코로나19 상황에서의 대학 온라인 원격교육 실태와 개선 방안", 「Multimedia-Assisted Language Learning」 제23권 제3호, 한 국멀티미디어언어교육학회, 2020.

이쌍철 외, "교육분야 감염병(covid-19) 대응 과제 - 정규수업 인정 원격교 육을 중심으로", 한국교육개발원, 2020.

이은수·한유정·주윤경, "디지털 포용 정책 동향과 사례 - 2020년 주목해야 할 디지털 포용 선진사례 20선 -", 「Digital Inclusion Report」 1호, 한 국정보화진흥원, 2020.

이의재·제성준·윤현수, "코로나19 펜데믹(pandemic) 상황에서 고등학교 경력 체육 교사가 겪는 온라인 수업 실천의 어려움과 극복 전략 탐 색", 「학습자중심교과교육연구」 제20권 제14호, 학습자중심교과교 육학회, 2020.

이재진, "이-러닝(e-learning) 교수·학습의 질관리를 위한 평가모형 및 준

거 탐색", 「홀리스틱융합교육연구」 제10권 제1호, 한국홀리스틱융합
교육학회, 2006.

임철일 외, "4차 산업혁명시대에 적합한 미래교육 프레임워크와 미래학교
연구", 4차산업혁명위원회, 2018.

정미라, 코로나 19 팬데믹과 학교 교육의 교육 불평등, 한국교육사회학회
학술대회자료집, 한국교육사회학회, 2020.

정영식, "고등학교 선택 교육과정 운영을 위한 온라인수업 제도화 방안",
「한국콘텐츠학회논문지」 제14권 제3호, 한국콘텐츠학회, 2014.

주윤경, "지능정보사회와 정보불평등", 「KISO저널」 제33호, 한국인터넷자
율정책기구, 2018.

주현, "SNS 기반 교사학습공동체에 관한 사례 연구 : 교사 전문성을 중심으
로", 「평생학습사회」 제12권 제4호, 한국방송통신대학교 원격교육연
구소, 2016.

한국과학기술기획평가원, "코로나19에 대응하는 주요국 교육 정책과 시사
점", 「과학기술&ICT 정책·기술 동향」 166호, 2020.

한국교육학술정보원, "COVID-19에 따른 초·중등학교 원격교육 경험 및
인식 분석-기초 통계 결과를 중심으로-", 2020.

한국정보화진흥원, 2019년 디지털정보격차실태조사, 2019. 12.

한송이·남영옥, "대학의 온라인 수업 질 제고를 위한 교수역량 요인 요구분
석", 「학습자중심교과교육연구」 제20권 제13호, 학습자중심교과교
육학회, 2020.

한송이·이가영, "실시간 온라인 수업에 대한 교수자 인식 연구: A대학의 사
례를 중심으로", 「문화와 융합」 제42권 7호, 한국문화융합학회, 2020.

홍순정·장은정·서윤경, "원격교육 교수자의 역량모델 규명", 「교육정보미
디어연구」 제10권 제2호, 한국교육정보미디어학회, 2004.

황은희, "교육 혁신 사례 분석을 통한 미래교육 실천 과제", 한국교육개발
원, 2019.

〈해외문헌〉

Cheawjindakarn, B., Suwannatthachote, P. & Theeraroungchaisri, A., "Critical success factors for online distance learning in higher education: A review of the literature", Creative Education, Vol.3, 2012.

Di Pietro, G., Biagi, F., Costa, P., Karpiński, Z. & Mazza, J., "The likely impact of COVID-19 on education: Reflections based on the existing literature and recent international datasets", JRC Technical Report, 2020.

European Commission, "Digital Education Action Plan 2021-2027: Resetting education and training for the digital age", 2020.

European Law Institute, "ELI PRINCIPLES FOR THE COVID-19 CRISIS", 2020.

Finnish National Agency for Education, "Distance education in Finland during the COVID-19 crisis", 2020.

Jessup-Anger, J. E., "Theoretical Foundations of Learning Communities", New Directions for Student Services, No.149, 2015.

Lang, M. & Costello, M., "An investigation of factors affecting satisfactory student learning via on-line discussion boards", Research, Reflections and Innovations in Integrating ICT in Education, Badajoz: Formatex, 2009.

Maria Macià & Iolanda García, "Informal online communities and networks as a source of teacher professional development: A review", Teaching and Teacher Education, Vol.55, 2016.

Michael Kerres, "Against All Odds: Education in Germany Coping with Covid-19", Postdigital Science and Education, Vol.2, 2020.

OECD, "School Education during COVID-19: Were Teachers and

Students Ready?", Country Note, 2020.

Trust, T., "Professional Learning Networks Designed for Teacher Learning", Journal of Digital Learning in Teacher Education, Vol.28 No.4, 2012.

Utah Education and Telehealth Network, "Statewide Connectivity and Learning Resources to Support Students During the Coronavirus Outbreak", 2020.

Utah State Board of Education, Extended School "Soft Closure" Frequently Asked Questions (FAQs), 2020.

West, R. E. & Williams, G. S., ""I don't think that word means what you think it means": A Proposed Framework for Defining Learning Communities", Education Technology Research and Development, Vol.65, 2017.

東京大学国立情報学研究所, 東京大学のCOVID-19感染防止と教育の両立に向けた試み, 2020. 09. 11.

文部科学省, 新型コロナウイルス感染症の状況を踏まえた大学等の授業の実施状況, 2020. 07. 17.

北海道教育委員会, 新型コロナウイルス感染症対策に係る リモート学習応急対応マニュアル, 2020. 05. 14.

北海道教育庁学校教育局, 令和元年度「全国高等学校教育改革研究協議会」ICT環境を基盤とした先端技術等を活用した新しい学びの実現~北海道における遠隔教育の取組~, 2019. 10. 18.

遠隔教育の推進に向けたタスクフォース, 遠隔教育の推進に向けた施策方針, 2018.

中央教育審議会, 幼稚園, 小学校, 中学校, 高等学校及び特別支援学校の学習指導要領等の改善及び必要な方策等について(答申), 2016. 12.

学校ICT環境整備促進実証研究事業, (遠隔教育システム導入実証研究事業)

〈인터넷 자료〉

교육부, "원격수업 플랫폼 7종, 특징을 한눈에 비교해보세요!", 2020. 4. 7., (https://blog.naver.com/moeblog/221895324704), (최종검색일: 2020.10.21.)

김빛이라, "[취재후] 577억 원 들인 '디지털 교과서', 교사들 평가는 '낙제점'", KBS, 2020. 9. 21.자 보도, (https://news.kbs.co.kr/news/view.do?ncd=5008696), (최종검색일: 2020.10.22.)

김영미, "핀란드, 고등학교 227곳에 코로나19 대응 보조금 1700만 유로 지원", 뉴스잇다, 2020. 9. 18.자 보도, (http://www.itdaa.kr/news/articleView.html?idxno=32143), (최종검색일: 2020.10.21.)

김형원, "3년에 20배 성장 밀키트 시장, 협업으로 성장 가속", IT조선, 2021. 7. 19.자 보도, (http://it.chosun.com/site/data/html_dir/2021/07/16/2021071601514.html), (최종검색일: 2021.09.18.)

뉴시스, "교육부 577억 쏟아부은 디지털교과서…원격수업 교사 65% 외면", 동아닷컴, 2020. 10. 6.자 보도, (https://www.donga.com/news/Society/article/all/20201006/103257324/1), (최종검색일: 2020.10.25.)

류태호, "코로나 19 팬데믹 이후 교육의 '뉴노멀'은?", 프레시안, 2020. 5. 25.자 보도, (https://m.pressian.com/m/pages/articles/2020052509170549331#0DKW), (최종검색일: 2020.10.25.)

매일경제, "[사설] 쌍방향 안되는 초중고 원격수업 교육질 저하 우려 커진다", 매일경제, 2020. 10. 12.자 보도, (https://www.mk.co.kr/opinion/editorial/view/2020/10/1039926), (최종검색일: 2020.12.09.)

법제처, "미국의 "가족의교육권및프라이버시에관한법률"에 관한 소개", (https://world.moleg.go.kr/web/dta/lgslTrendReadPage.do?CTS_SEQ=2374&AST_SEQ=315), (최종검색일: 2020.10.25.)

손현경, "[단독] 코로나19에 학교 밖 청소년 지원시설 80% 폐쇄…비대면 지원", 이투데이, 2020. 11. 7.자 보도, (https://www.etoday.co.kr/news/view/1962983), (최종검색일: 2020.12.09.)

신남호, "[주장] 코로나 이후 발생한 '교육격차 해소' 방안 세 가지", 오마이뉴스, 2020. 9. 11.자 보도, (http://www.ohmynews.com/NWS_Web/View/at_pg.aspx?CNTN_CD=A0002675094), (최종검색일: 2020.12.01.)

이상구, "[칼럼] 코로나19로 인한 교육 불평등의 올바른 해법", Hangil Times, 2020. 10. 14.자 보도, (http://hangiltimes.com/news/view.php?idx=30632), (최종검색일: 2020.12.09.)

이지현, "캠퍼스 없는 혁신대학, '미네르바스쿨'을 아시나요?", BLOTER, 2015. 10. 4.자 보도, (http://www.bloter.net/archives/239571), (최종검색일: 2020.10.25.)

장지훈·김도용·이승환·박종홍, "초등 온라인 개학, '실시간 수업'에 웃고 '접속지연'에 실망(종합)", NEWS1, 2020. 4. 16.자 보도, (https://www.news1.kr/articles/?3909323), (최종검색일: 2020.10.21.)

전국교직원노동조합, 코로나19 상황, 2020년 1학기 교육실태와 교사 요구 조사 결과, 2020. 8. 21. 보도자료, (https://www.eduhope.net/bbs/board.php?bo_table=maybbs_eduhope_4&wr_id=219927&menu_id=2010), (최종검색일: 2020.12.09.)

주독일한국교육원, "독일 코로나-19 관련 개학 현황 및 계획", (http://changesoul.de/keid/board.php?board=keidb204&command=body&no=485), (최종검색일: 2020.10.20.)

주독일한국교육원, "독일 코로나바이러스로 인한 휴교 중 학교운영", (http://changesoul.de/keid/board.php?board=keidb204&command=body&no=484), (최종검색일: 2020.10.21.)

진정호, "교직원공제회, 저소득층 학생에 디지털 기기 지원", 연합인포맥스, 2020. 11. 16.자 보도, (https://news.einfomax.co.kr/newsarticle

View.html?idxno=4117735), (최종검색일: 2020.12.09.)

최현주, "인공지능(AI) 면접 치러보니… "표정·목소리·뇌파까지 분석"", 중앙일보, 2018. 3. 11.자 보도, (https://news.joins.com/article/ 22430484), (최종검색일: 2020.10.21.)

한국판뉴딜 홈페이지, (https://www.knewdeal.go.kr/front/view/task04. do), (최종검색일: 2020.10.15.)

한지이, "배달주문 폭주… 소비는 온라인이 대세", 연합뉴스 TV, 2020. 12. 6.자 보도, (https://www.yonhapnewstv.co.kr/news/MYH-20201206009200641), (최종검색일: 2020.12.16.)

홍석재, ""코로나19 학습결손, 정말 심각하게 보고 있다"-유은혜 사회부 총리 겸 교육부 장관 인터뷰", 한겨레, 2021. 5. 8.자 보도, (https:// www.hani.co.kr/arti/society/society_general/994346.html), (최종검색일: 2021.09.18.)

황용석, "디지털 포용정책의 체계적인 전략과 비전, 정책수단 절실하다", 나라경제 이슈 2019년 4월호, KDI경제정보센터, (https://eiec.kdi. re.kr/publish/naraView.do?cidx=11999), (최종검색일: 2020.10.25.)

AMERICAN LEGISLATIVE EXCHANGE COUNCIL, "STATEWIDE ONLINE EDUCATION ACT", (https://www.alec.org/model-policy/ statewide-online-education-act/), (accessed: 2020.10.25.)

Bianca C. Reisdorf & Laleah Fernandez, "No access, no class: Challenges for digital inclusion of students", HEINRICH BÖLL STIFTUNG, Apr 15 2021, (https://www.boell.de/en/2021/04/15/no%20access-no-class-challenges-for-digital-inclusion-of-students) (accessed: 2020.10.28.)β

BILDUNGSLAND NRW, "Ministerin Gebauer: Mit der Ausstattung unserer Lehrkräfte machen wir einen großen Schritt in die digitale Zukunft unserer Schulen", Jul 29 2020, (https://www.schulministerium. nrw.de/presse/pressemitteilungen/ministerin-gebauer-mit-der-ausstattung-unserer-lehrkraefte-machen-wir), (accessed: 2020.10.12.)

Carter Williams, "Utah public, charter schools to continue 'soft closure' through end of school year", Apr 14 2020, (https://www.ksl.com/article/46741573/utah-public-charter-schools-to-continue-soft-closure-through-end-of-school-year), (accessed: 2020.10.25.)

Catarina Stewen, "AS FINNISH TEACHERS MOVE CLASSES ONLINE, FAMILY ROUTINES CHANGE", This is Finland, Aug 2020, (https://finland.fi/life-society/as-finnish-teachers-move-classes-online-family-routines-change/), (accessed: 2020.10.17.)

City of Helsinki, "Wilma", (https://www.hel.fi/helsinki/en/childhood-and-education/comprehensive/cooperation/wilma/), (accessed: 2020.10.12.)

ConnectSafely, "The Parent's Guide to Student Data Privacy", (https://www.connectsafely.org/student-data-privacy/), (accessed: 2020.10.25.)

DW.com, "What's the harm in Zoom schooling or contact tracing?", May 26 2020, (https://www.dw.com/en/whats-the-harm-in-zoom-schooling-or-contact-tracing/a-53568876), (accessed: 2020.10.22.)

EUropean Commission, "New school year: support to schools facing the remote teaching challenge", Aug 12 2020, (https://ec.europa.eu/jrc/en/news/new-school-year-support-schools-facing-remote-teaching-challenge), (accessed: 2020.10.15.)

Federal Communications Commission, "Keep Americans Connected", (https://www.fcc.gov/keep-americans-connected), (accessed: 2020.10.25.)

FERPA and Virtual Learning Related Resources, Mar 2020, (https://

studentprivacy.ed.gov/sites/default/files/resource_document/
file/FERPA%20%20Virtual%20Learning%20032020_FINAL.pdf),
(accessed: 2020.10.25.)

Finnish National Agency for Education, "Impact of COVID-19 on higher
education student mobility in Finland", Jun 30 2020, (https://
www.oph.fi/en/news/2020/impact-covid-19-higher-education-
student-mobility-finland), (accessed: 2020.10.18.)

Finnish National Agency for Education, "New school year began in contact
teaching", Aug 13 2020, (https://www.oph.fi/en/news/2020/new-
school-year-began-contact-teaching), (accessed: 2020.10.17.)

Freie Hansestadt Bremen, "Digitaler-Millionen-Schub für Bremer
Schulen", Jul 7 2020, (https://www.bildung.bremen.de/sixcms/
detail.php?gsid=bremen117.c.253483.de), (accessed: 2020.10.15.)

Ian C. Ballon, Kate Black & Tyler J. Jaurence, "COVID-19 and COPPA:
Children's Internet Privacy in a New, Remote World", The National
Law Review, Jul 27 2020, (https://www.natlawreview.com/article/
covid-19-and-coppa-children-s-internet-privacy-new-remote-
world), (accessed: 2020.10.18.)

ITC-LMS, (https://itc-lms.ecc.u-tokyo.ac.jp/login), (accessed: 2020.10.
15.)

Joe Heim & Scott Clement, "Working parents face tough decisions as
schools reopen", The Washington Post, Aug 18 2020, (https://
www.washingtonpost.com/education/for-many-parents-the-
return-to-work-depends-on-how-schools-reopen/2020/08/17/
ff1a2682-de81-11ea-8051-d5f887d73381_story.html), (accessed:
2020.12.01.)

LearnSafe, "Distance Learning, Student Safety, and the CARES Act",
(https://learnsafe.com/distance-learning-student-safety-and-the-

cares-act/), (accessed: 2020.10.25.)

Lisa Weintraub Schifferle, "COPPA Guidance for Ed Tech Companies and Schools during the Coronavirus", FTC, Apr 9 2020, (https://www.ftc.gov/news-events/blogs/business-blog/2020/04/coppa-guidance-ed-tech-companies-schools-during-coronavirus), (accessed: 2020.10.18.)

Newsnow Finland, "Drive to donate computers for distance learning students", Mar 31 2020, (https://newsnowfinland.fi/startups-tech/drive-to-donate-computers-for-distance-learning-students), (accessed: 2020.10.12.)

Papp, R., "Critical success factors for distance learning", Proceedings of the Americas Conference on Information Systems(AMCIS) 2000, (https://aisel.aisnet.org/amcis2000/104), (accessed: 2020.10.25.)

Phyllis W. Jordan, "What Congressional Covid Funding Neans for K-12", Aug 11 2021, (https://www.future-ed.org/what-congressional-covid-funding-means-for-k-12-schools/), (accessed: 2021.10.17.)

School Education Gateway, (https://www.schooleducationgateway.eu/en/pub/index.htm), (accessed: 2020.10.15.)

Schulgipfel, "800.000 Lehrerinnen und Lehrer sollen Dienstlaptops bekommen", Sep 21 2020, (https://www.zeit.de/politik/deutschland/2020-09/schulgipfel-digitalisierung-dienstlaptops-lehrer-digitalpakt-kultusministerkonferenz?utm_referrer=https%3A%2F%2Fwww.google.com%2F), (accessed: 2020.10.21.)

Scott Goldschmidt, "Minding FERPA during COVID-19", THOMSON COBURN LLP, May 11 2020, (https://www.thompsoncoburn.com/insights/blogs/regucation/post/2020-05-11/minding-ferpa-during-covid-19), (accessed: 2020.12.01.)

Texas Education Agency, "Strong Start Resources", (https://tea.texas.gov/texas-schools/health-safety-discipline/covid/strong-start-resources), (accessed: 2020.10.25.)

The Washington Post, "July 24-31, 2020, Washington Post-Schar School poll of parents", Aug 18 2020, (https://www.washingtonpost.com/context/july-24-31-2020-washington-post-schar-school-poll-of-parents/f7552bde-6f87-4e1a-83a2-268953720ff5/), (accessed: 2020.10.28.)

University of Eastern Finland, "Opetuksen aktivointi-ja kommunikointimahdollisuuksia", (https://www3.uef.fi/fi/aktivointi-ja-kommunikointi), (accessed: 2020.10.19.)

University of Helsinki, "CORONAVIRUS SITUATION AT THE UNIVERSITY OF HELSINKI", (https://www.helsinki.fi/en/news/coronavirus-situation-at-the-university-of-helsinki), (accessed: 2020.10.17.)

University of Helsinki, "UNIVERSITY OF HELSINKI MOODLE-NEWS", (https://blogs.helsinki.fi/moodle-news/en/), (accessed: 2020.10.17.)

Utah Education Network, "Learn @ Home", (https://www.uen.org/learnathome), (accessed: 2020.10.15.)

Utah State Board of Education, "CORONAVIRUS INFORMATION AND RESOURCES", (https://schools.utah.gov/coronavirus?mid=4985&aid=8), (accessed: 2020.10.25.)

World Bank, "How countries are using edtech (including online learning, radio, television, texting) to support access to remote learning during the COVID-19 pandemic", (https://www.worldbank.org/en/topic/edutech/brief/how-countries-are-using-edtech-to-support-remote-learning-during-the-covid-19-pandemic), (accessed: 2020.10.12.)

オンライン授業・Web会議 ポータルサイト@ 東京大学, (https://utelecon. github.io/), (accessed: 2020.10.17.)

京都大学情報環境機構, 遠隔講義支援サービス, (http://www.iimc.kyoto-u. ac.jp/ja/services/distlearn/), (accessed: 2020.10.18.)

関西大学, 2020年度秋学期授業特設ページ, (https://www.kansai-u.ac.jp/ ctl/effort/case.html), (accessed: 2020.10.17.)

大河原克行, "通学困難な生徒に遠隔授業--大阪府教育委員会とマイクロソフト", ZDNet Japan, 2013. 3. 27., (https://japan.zdnet.com/article/ 35030044/), (accessed: 2020.10.17.)

東京都教育委員会, 都立学校における学習支援サービスを活用したオンライン学習の取組について, (https://www.kyoiku.metro.tokyo.lg.jp/ press/press_release/2020/release20200508_01.html), (accessed: 2020.10.17.)

東海大学, 遠隔授業支援金, (https://www.u-tokai.ac.jp/caution/detail/post _67.html), (accessed: 2020.12.10.)

令和元年 12月 19日 文部科学大臣決定, GIGA スクール実現推進本部の設置について, (https://www.mext.go.jp/content/20191219-mxt_ syoto01_000003363_08.pdf), (accessed: 2020.10.18.)

文部科学大臣 萩生田光一, 子供たち一人ひとりに個別最適化され, 創造性を育む教育 ICT 環境の実現に向けて～令和時代のスタンダードとしての1人1台端末環境～《文部科学大臣メッセージ》, 2019.12.19., (https://www.mext.go.jp/content/20191225-mxt_ syoto01_000003278_03.pdf), (accessed: 2020.10.18.)

文部科学省, 全日制・定時制課程の高等学校の遠隔授業, (https://www. mext.go.jp/a_menu/shotou/kaikaku/1358056.htm), (accessed: 2020.10.17.)

文部科学省初等中等教育局長 小松親次郎, 学校教育法施行規則の一部を改正する省令等の施行について(通知)(平成27年文科初第289号),

2015.04.24. (https://www.mext.go.jp/a_menu/shotou/kaikaku/1360985.htm), (accessed: 2020.10.24.)

早稲田大学, 秋学期と来年度以降の授業のあり方について, (https://www.waseda.jp/top/news/69866), (accessed: 2020.10.17.)

早稲田大学,「新型コロナウィルス感染症拡大に伴う緊急支援金」ならびに「オンライン授業受講に関する支援」の申請について, (https://www.waseda.jp/inst/scholarship/news/2020/05/01/2197/), (accessed: 2020.12.10.)

국정과제협의회 정책기획시리즈 15

디지털 포용사회와 비대면 교육

발행일	2021년 12월 30일
발행인	조대엽
발행처	**대통령직속 정책기획위원회** 서울특별시 종로구 세종대로 209 정부서울청사 13층 대통령직속 정책기획위원회 (02-2100-1499)
판매가	19,000원
편집·인쇄	경인문화사 031-955-9300
ISBN	979-11-975858-3-8 03370

Copyright@대통령직속 정책기획위원회, 2021, Printed in Korea